예문으로 익히는
러한 사전

문예림

순 서

차	P
А	1
Б	3
В	12
Г	32
Д	38
Е	50
Ж	52
З	54
И	64
К	71
Л	84
М	88
Н	97
О	108
П	123
Р	159
С	168
Т	196
У	205
Ф	213
Х	214
Ц	217
Ч	218
Ш	223
Щ	225
Э	225
Ю	227
Я	227
부록	231

머리말

 예문으로 익히는 **러한사전**은 러시아어 학습자들을 위한 기본 단어 사전으로서, 학습효과를 최대화하기 위해 보다 쉽고, 이해하기 쉽고, 암기하기 쉽도록 배려하였으며, 특히 초보자가 쉽게 러시아어와 친숙해지도록 상용 예문을 엄선하였다.

 러시아어 학습은 기본 문형과 상용어휘를 철저히 습득하는 것이 중요하며, 따라서 사용도가 높은 기본 단어를 적절한 예문을 통하여 이해하고 기억하는 것이 확실한 학습 방법이라고 하겠다.

 본 사전은 학습자가 알아야 할 사항, 이해하기 어렵거나 오해의 소지가 있는 부분에 대해서 가능한 한 상세하게 설명하여 러시아어의 이해를 돕고자 했다. 따라서 본 사전은 이해를 목적으로 한 사전임을 밝혀둔자.

 본 사전이 채택한 2,500여 기본 단어를 예문을 통해 익힌다면 중급의 수준에서 러시아어의 8할 정도를 이해할 수 있다고 판단된다. 러시아어 학습에 많은 발전이 있기를 기대한다.

2002년 1월
슬라브 연구원 최숭

해 설

1. 본 사전의 특징
 1) 표제어로 사용빈도수가 가장 높은 2,500단어 정도를 선택했다.
 2) 예문에 사용된 단어는 모두 이 사전의 표제어와 그 의미의 범위내에서 엄밀히 제한, 그 사용방법의 정확성을 제시하였다.
 3) 본문은 러시아어와 우리말을 좌우 대조시키는 방법으로 보기에 용이하도록 하였다.
 4) 발음기호를 표기하여 혼자 공부하는 사람들의 기초발음 습득을 용이하게 하였다.
 5) 어형변화에 관한 정보는 부록에 상세히 수록하였을 뿐만 아니라, 이 밖에도 부록에 다양한 내용을 첨가하였다.

2. 사전의 사용방법
 1) 발음표기
 표제어에는 물론, 예문 중에 있는 모든 2음절 이상의 단어에는 (´)의 기호를 붙여 악센트 위치를 제시하고 있고, 표제어에는 그 표준 발음을 국제음성자모(IPA)에 의해서 표시했다.
 설명을 필요로 하는 특수한 것은 간단히 설명을 덧붙이겠다.

[ɨ] 한국어의 [의]와 가장 가까운 모음.
[I] [이]보다도 입을 약간 넓게 벌려 [에] 가깝게 발음하는 악센트 없는 모음.
[ə] 입을 그다지 벌리지 않고 애매모호하게 발음되는 악센트 없는 모음.
[ʒ] [ʃ]음의 유성음으로, 발음시 혀끝이 입 천장에 붙어서는 안된다.
[ts] [t]와 [s]의 결합음으로 한국어의 [쯔]와 흡사한 음이다.
[tʃ] 영어의 lunch, chair 등의 [ch]에 흡사한 음이나, 영어보다는 언제나 연하게 발음된다.
[ʃ'ʃ'] 한국어의 [시]음을 두번 발음한다.
[x] [K]의 위치에서 발음하는 무성마찰음.
[r] 혀끝이 2·3회 떠는 음.

〔j〕 〔아〕〔유〕〔요〕 등의 앞에서 들리는 짧은 〔이〕.
〔'〕 바로 앞의 자음의 구개음화(〔이〕를 발음할 때의 혀의 위치에서 모든 자음을 발음한다)를 표시하는 기호.

이밖의 표기에 대해서는 대체로 영어 발음 기호에 준하여 생각하면 된다.
2) 기호·약어일람
〔 〕 발음 표기 및 약어를 표시한다.
《 》 어형변화·용법상의 주의를 표시한다.
( ) 번역한 말이나 문장 내지 의미의 보충, 또는 생략가능의 어귀를 표시한다.
— 「…과 함께 사용된다」의 의미.
／ 「또는」의 의미를 표시한다.
⇨ 「대조·참조하시오」의 뜻.
Ⅰ, Ⅱ, Ⅲ… 단어 뜻을 크게 구분하기 위해 사용한다.
①, ②, ③… 단어 뜻을 작게 구분하기 위해 사용한다.
1, 2, 3 … 부록의 어형변화표의 참조번호(*표가 오른쪽 윗편에 붙어 있는 것은 ё가 나타나는 변종을 표시한다.

a, b, c … 부록의 명사 악센트형 일람의 참조기호.
A, B, C … 부록의 형용사란 어미형 일람의 참조기호로 그 하위 구분으로서 다시 아라비아 숫자를 사용한다.
(A1, B2 등)
P_2 남성명사에서 단수생격은 보통 어미이나 그 이외에 어미를를 갖는 형도 사용된다는 것을 표시하는 기호.
$Π_2$ 남성명사에서 단수전치격에 보통 어미가 -e가 되나, 그 이외 특히 전치사 в/на와 함께사용되는 어미 -ý/-ю를 취하는 형태도 있고, 또한 -ь으로 끝나는 여성명사에서 단수전치격에 보통어미는 -и가 되지만, 그 이외에 마찬가지로 전치사 в/на 와 함께 사용되는 특별한 어미-й도 있다는 사실을 나타내는 기호.

|男| 남성명사　　|形| 형용사　　|副| 부사
|女| 여성명사　　|代| 대명사　　|接| 접속사

男/女	총성명사	數	수사	前	전치사
中	중성명사	完	완료체동사	助	조사
複	복수형전용명사	不完	불완료체동사	述	무인칭술어

男 남성(형)　　　與　　여격　　　　順序 순서(수사)
女 여성(형)　　　對　　대격　　　　集合 집합(수사)
中 중성(형)　　　造　　조격　　　　定　 정(대명사·동사)
單 단수(형)　　　前　　전치격　　　不定 부정(대명사·동사)
複 복수(형)　　　活　　활동체　　　1回　 1회(동사)
主 주격　　　　　比　　비교급
生 생격　　　　　最上　최상급

А

а [a]
　접 ① (대비) …이고, …지만. ② (대립) …이 아니고 …다; …이지 …은 아니다. ③ (文頭에서) 그러면, 그런데.

Он шути́л, *а* я серди́лся.
　그는 농담을 했지만, 나는 화를 냈다.

Это не кни́га, *а* тетра́дь.
　이것은 책이 아니라 노트이다.

А как вас зову́т?
　그러면, 당신의 이름은 무엇입니까?

абсолю́тно [apsal'útnə]
　부 절대로, 전혀.

Это *абсолю́тно* невозмо́жно.
　그것은 절대로 불가능하다.

а́вгуст [ávgust] 1 a
　男 8月.

Война́ ко́нчилась в *а́вгусте*.
　전쟁이 8월에 끝났다.

авто́бус [aftóbus] 1 a
　男 버스.

Иногда́ я сажу́сь в *авто́бус*.
　나는 가끔 버스를 탄다.

автома́т [aftamát] 1 a
　男 ① 자동 장치; 공중전화. ② 자동소총.

Я доста́ну вам сигаре́ты в *автома́те*.
　자동판매기에서 담배를 사다 드리겠읍니다.

Там стои́т солда́т с *автома́том* в рука́х.
　저기에 자동 소총을 든 군인이 서있다.

автомоби́ль [aftəmab'íl'] 14 a
　男 자동차.

Он е́дет на *автомоби́ле*.
　그는 자동차를 타고 간다.

а́втор [áftər] 1 a
　男 〔活〕 저자, 작가.

А́втор э́того рома́на — изве́стный сове́тский писа́тель.
　이 장편소설의 저자는 유명한 소비에트의 작가이다.

авторите́т [aftər'it'ét] 1 a
　男 ① 권위. ② 〔活〕 권위자, 대가. 거장.

Он име́ет большо́й *авторите́т*.
　그는 대단한 권위를 가지고 있다.

Он кру́пный *авторите́т* в хи́мии.
　그는 화학의 대가이다.

агре́ссия [agr'és's'ijə] 55 a
　女 침략.

На́до боро́ться про́тив *агре́ссии*.
　침략에 대항하여 싸워야만 한다.

а́дрес [ádr'ɪs] 3 c
　男 주소, 번지.

Скажи́те ваш *а́дрес*.
　당신의 주소를 가르쳐 주십시오.

академик [akad'ém'ik] 17 а 男〔活〕아카데미회원.
  Наш профéссор — *академик*. 우리의 교수는 아카데미회원이다.
акадéмия [akad'ém'ijə] 55 а 女 ①아카데미. ② 특수 전문분야의 대학.
  Онá рабóтает в *Акадéмии наýк*. 그녀는 과학 아카데미에서 일하고 있다.
  Он поступи́л в воéнную *акадéмию*. 그는 육군사관학교에 입학했다.
актёр [akt'ór] 1 а 男〔活〕배우, 연기자.
  Э́тот *актёр* игрáет глáвную роль. 이 배우는 주연으로 출연하고 있다.
акти́вный [akt'ívnij] 96 А 6 形 활동적인, 적극적인.
  Он принимáл *акти́вное* учáстие в э́том дéле. 그는 이 사업에 적극적으로 참여했다.
алмáз [almás] 1 а 男 다이아몬드, 금강석.
  Алмáз — сáмый твёрдый материáл. 다이아몬드는 가장 단단한 물질이다.
америкáнец [am'ır'ikán'ıʦ] 70 а 男〔活〕미국인.
  Сегóдня в Москвý приéхала грýппа *америкáнцев*. 오늘 일단의 미국인들이 모스끄바에 도착했다.
америкáнский [am'ır'ikánsk'ij] 99 形 미국의, 미합중국(사람)의, 아메리카의.
  Мне нрáвится *америкáнская* литератýра. 나는 미문학을 좋아한다.
анáлиз [anál'is] 1 а 男 분석, 해석.
  В э́той кни́ге мы дáли *анáлиз* собы́тий. 이 책에서 우리는 여러 사건을 분석했다.
англи́йский [angl'íjsk'ij] 99 形 영국(사람)의.
  Он изучáет *англи́йский* язы́к. 그는 영어를 공부하고 있다.
англичáнин [angl'iʧ'án'in] 7 а 男〔活〕영국 사람.
  Он *англичáнин* и́ли америкáнец? 그는 영국 사람입니까, 미국 사람입니까?
аппарáт [aparát] 1 а 男 ① 기구, 장치. ② (정치 조직의) 기구, 기관.
  Аппарáт вы́шел из стрóя. 기구가 쓸모없게 되었다.
  Он перешёл на рабóту в госудáрственный *аппарáт*. 그는 국가기관으로 자리를 옮겼다.
апрéль [apr'él'] 14 а 男 4월.
  Я нáчал рабóтать здесь с 나는 4월부터 이곳에서 근무하기

апре́ля.
апте́ка [apt'ékə] 49 а
Мать посла́ла сы́на в *апте́ку.*
арифме́тика [ar'ifm'ét'ikə] 49 а
Арифме́тика — нау́ка о чи́слах.
а́рмия [árm'ijə] 55 а
Его́ оте́ц — вое́нный и слу́жит в *а́рмии.*
артилле́рия [art'il'ér'ijə] 55 а
Он слу́жит в *артилле́рии.*
атмосфе́ра [atmas'f'érə] 46 а
На Луне́ нет *атмосфе́ры.*
У него́ тёплая *атмосфе́ра.*
а́том [átəm] 1 а
А́томы образу́ют моле́кулы.
а́томный [átəmnij] 96
А́томную эне́ргию ну́жно испо́льзовать в ми́рных це́лях.
аэропо́рт [aerapórt] 1 а $П_2$ в
Аэропо́рт — возду́шные воро́та го́рода.

시작했다.
[名] 약국, 약방.
어머니는 아들을 약국에 심부름 보냈다.
[名] 산수, 산술.
산수는 수에 관한 학문이다.
[名] 군(한 나라의 군사력); 육군
그의 아버지는 육군에 복무하고 있는 군인이다.
[名] 포병대.
그는 포병대에 근무하고 있다.
[名] ① 대기. ② 분위기.
달에는 대기가 없다.
그에게서는 따뜻한 분위기가 풍긴다.
[男] 원자.
원자는 분자를 형성한다.
[形] 원자의.
원자력은 평화적인 목적으로 이용되어야 한다.

[男] 공항.
공항은 도시의 공중 출입구이다.

Б

ба́бушка [bábuʃkə] 90 а
Я люблю́ свою́ *ба́бушку.*
ба́за [bázə] 46 а

Он со́здал техни́ческую *ба́зу* для го́рной промы́шленности.
Она́ рабо́тает на вое́нной *ба́зе.*
банк [bánk] 17 а
Мне на́до пойти́ в *банк.*
бег [b'ék] 17 с $П_2$ на
Он победи́л в *бе́ге* на сто ме́-

[名] [活] 할머니, 노파.
나는 우리 할머니를 좋아한다.
[名] ① 토대; 기반. ② 기지, 근무지.
그는 광공업의 기술적 기반을 확립했다.

그녀는 군사 기지에서 일하고 있다.
[男] 은행.
나는 은행에 가야 한다.
[男] 달리기, 경주; 경쟁.
그는 100 m 달리기에서 우승했다.

тров.

бе́гать [b'égət'] 142

Этот ма́льчик бы́стро *бе́гает*.
Де́ти *бе́гают* в саду́.
Ка́ждое у́тро он *бе́гает* на рабо́ту.

беда́ [b'ɪdá] 46 d
Он помо́г мне в *беде́*.

бе́дный [b'édnɪj] 96 D 13

Он роди́лся в *бе́дной* семье́.
Этот расска́з напи́сан *бе́дным* языко́м.

бежа́ть [b'ɪʒát'] 191

Вот шко́льники *бегу́т* в шко́лу.

без [b'ɪz] (무성자음 앞에서는 [bis], 어떤 종류의 자음결합 앞에서는 **бе-зо** [b'ɪza/b'ɪzə])
Он вы́шел из до́ма *без* шля́пы.
Без вас приходи́л кто́-то.
Уже́ *без* пяти́ де́вять.

безопа́сность [b'ɪzapásnəs't'] 56 a
Здесь мы в по́лной *безопа́сности*.

бе́лый [b'élɪj] 96 F 1

Она́ но́сит *бе́лое* пла́тье.
Я хочу́ *бе́лый* хлеб.

бе́рег [b'ér'ɪk] 3 с *П₂* на
Этот го́род стои́т на *берегу́* мо́ря.

берёза [b'ɪr'ózə] 46 a
У до́ма растёт *берёза*.

不完 [不定] ([定] бежа́ть) ① 달리다, 뛰다. ② 뛰어다니다. ③ (항상) 달려가다·오다, 달려서 갔다오다.
이 소년은 빨리 달린다.
아이들이 정원에서 뛰어다닌다.
매일 아침 그는 직장에 뛰어다닌다.

因 불행, 재앙, 재난.
그는 어려울 때 나를 도와주었다.

形 ① 가난한, (생활이)빈곤한. ② 빈약한, 조잡한, 변변치 못한.
그는 가난한 가정에서 태어났다.
이 단편소설은 조잡한 언어로 쓰여졌다.

不完 [定] ([不定] бе́гать) 뛰어가다·오다.
저기 봐라, 학생들이 학교로 뛰어가고 있다.

前 (一生) …없이, …이 없는; …이 (외출하여) 부재중에; …時 … 분전(分前).
그는 모자를 쓰지않고 집을 나왔다.
당신이 안계실 때 누군가 왔었어요.
벌써 9시 5분전이다.

因 안전.

여기에서 우리는 아주 안전하다.

形 ① 하얀, 흰색의. ② (長語尾로 만) 담색의.
그녀는 하얀드레스를 입고 있다.
나는 흰빵을 좋아한다.

男 해안, 기슭.
이 도시는 해안에 위치하고 있다.

因 자작나무.
집 앞에 자작나무가 있다.

беседа [b'ıs'édə] 46 а

② ① 대화, 회담, 담화, 좌담회.
② 회견, 인터뷰.

Председа́тель провёл *бесе́ду* с колхо́зниками.
의장은 집단농장원들과 좌담회를 가졌다.

Бесе́да с мини́стром состои́тся че́рез час.
장관과의 회견이 한 시간 후에 있을 것이다.

беспоко́иться [b'ıspakóittsə] 153

[不完] (о–前) 염려하다, 근심하다, 걱정하다.

Я *беспоко́юсь* о его́ здоро́вье.
나는 그의 건강이 염려스럽다.

библиоте́ка [b'ıbl'iat'ékə] 49 а

② ① 도서관. ② 장서.

Вчера́ я взял кни́ги в *библиоте́ке*.
어제 나는 도서관에서 책을 빌렸다.

У него́ больша́я *библиоте́ка*.
그에게는 많은 장서가 있다.

биле́т [b'ıl'ét] 1 а

男 표, 입장권.

Мы взя́ли два *биле́та* в теа́тр.
우리는 극장표 두장을 샀다.

би́тва [b'ítvə] 46 а

② 전투, 싸움, 결전.

Он уча́ствовал в *би́тве* за Москву́.
그는 모스끄바 방어전에 참가했다.

бить [b'ít'] 225

[不完] Ⅰ (–対) ① 때리다. ② 완전히 지게 하다. Ⅱ (в–対/по–與 о–対)쳐서 소리를 내다. Ⅲ ① 솟아나오다. ② 소리가 나다, 울리다.

Нельзя́ *бить* ребёнка.
어린 아이를 때리면 안된다.

На́ша кома́нда ча́сто *бьёт* ва́шу.
우리 팀은 당신 팀을 자주 이깁니다.

В о́кна *бьёт* дождь.
창문으로 빗방울이 내리친다.

Вода́ *бьёт* ключо́м.
물이 그치지 않고 솟아나오고 있다.

Бьёт тре́тий звоно́к и начина́ется конце́рт.
벨이 3번 울리면 음악회는 시작된다.

бла́го [blágə] 29 а

田 ① (単) 복지, 복리. ② (複)행복, 만족.

Он тру́дится на о́бщее *бла́го*.
그는 공공복지를 위하여 애쓰고 있다.

Жела́ю вам всех *благ*.
당신의 행복을 빕니다.

благодари́ть [bləgədar'ít'] 165

[不完] (–対 за –対) …을 감사하다, 감사드리다.

Благодарю́ вас за по́мощь.
당신의 도움에 감사드립니다.

благодаря́ [bləgədar'á]

前 (–與) …의 덕분에.

блестя́щий

Благодаря́ вам мы ко́нчили рабо́ту в срок.
당신 덕분에 우리는 기간내에 일을 끝냈읍니다.

блестя́щий [bl'ıs't'áʃʃ'ij] 101 A4
形 ① 빛나는, 반짝이는. ② 훌륭한.
У неё *блестя́щие* глаза́.
그녀는 반짝이는 눈동자를 가졌다.
Он *блестя́щий* студе́нт.
그는 훌륭한 학생이다.

бли́зкий [bl'ísk'ij] 99 D 14 比 бли́же
形 ① 가까운. ② 밀접한, 친한, 친밀한.
Я наблюда́л э́то на *бли́зком* расстоя́нии.
나는 가까운 거리에서 그것을 관찰했다.
Он мой *бли́зкий* друг.
그는 나의 친한 친구이다.

бли́зко [bl'ískə] 比 бли́же
I 述 가깝다. II 副 가까이, 친하게.
Магази́н совсе́м *бли́зко*.
상점은 아주 가까이에 있다.
Он живёт *бли́зко*.
그는 가까이 살고 있다.

блокно́т [blaknót] 1 а
男 필기장(메모용), 수첩.
Мне ну́жно купи́ть но́вый *блокно́т*.
나는 새로운 필기장을 사야한다.

бог [bóx] 17 g
男 〔活〕 신, 하느님.
Он ве́рит в *бо́га*.
그는 신을 믿고 있다.

бога́тство [bagátstvə] 29 а
中 ① 부, 재산. ② (複) 자원.
Он и́щет огро́много *бога́тства*.
그는 막대한 부를 추구하고 있다.
Бога́тства океа́на ну́жно широко́ испо́льзовать.
해양자원이 널리 이용되어야 한다.

бога́тый [bagátij] 96 A 1 比 бога́че
形 ① 부유한, 돈 많은. ② (-造) 풍부한.
Он *бога́тый* челове́к.
그는 부자다.
Э́тот край *бога́т* озёрами.
이 지방은 호수가 많다.

боево́й [bəjıvój] 97
形 ① 전투의. ② 혁신적인. ③ 대담한, 담력있는.
Наш полк успе́шно вы́полнил *боево́е* зада́ние.
우리 부대는 성공적으로 전투 임무를 수행하였다.
Он написа́л *боеву́ю* статью́.
그는 혁신적인 논문을 썼다.
Он *боево́й* па́рень.
그는 대담한 청년이다.

бое́ц [bajéts] 73 ь
男 〔活〕 ① 병사. ② 투사.
Там стоя́т *бойцы́* и команди́ры.
저기에 병사와 지휘관이 서있다.
Он *бое́ц* трудово́го фро́нта.
그는 산업 전사이다.

бой [bój] 25 с P_2, $П_2$ в
男 전투, 싸움, 격투.
Он поги́б в *бою́*.
그는 전사했다.

бок [bók] 3 с P_2, $П_2$ в/на
男 옆구리 : 측면.

У меня болит в *боку*. 나는 옆구리가 아프다.
Машина упала нá *бок*. 자동차가 뒹굴었다.

более [ból'ɪjə] 副 ① 보다 많게, …이상. ② (形, 副 앞에 첨가되어 比較級을 만든다) 보다더, 더욱더.

Это стоит *более* десяти рублей. 이것은 10루블 이상 나간다.
Он *более* высокий, чем я. 그는 나보다 키가 크다.

болéзнь [bal'éz'n'] 56 а 囡 병.

Вчера он не работал из-за *болезни*. 그는 어제 아파서 일을 하지 못했다.

болéть[1] [bal'ét'] 189 (1·2人称 없이) 不完 아프다.

— Что у вас *болит*? —어디가 아프십니까?
— У меня *болят* руки и ноги. —손과 발이 아픕니다.

болеть[2] [bal'ét'] 144 不完 ① (—造) 병들다, 앓다.
② (за —対) (팬으로) 응원하다, 후원하다.

Он долго *болеет* сердцем. 그는 오랫동안 심장병을 앓고있다.
Все корейцы болели за своих олимпийцев. 모든 한국인들은 자기나라의 올림픽 선수들을 응원했다.

болóто [balótə] 29 а 田 늪과 못, 소택지.

В нашем краю много *болот*. 우리 지방에는 많은 늪과 못이있다.

бóльно [ból'nə] I 述 괴롭다, 고통스럽다. II 副 아프게, 지독하게.

Мне *больно* ходить. 나는 걷는 것이 괴롭다.
Он *больно* ударил меня. 그는 나를 몹시 때렸다.

больнóй [bal'nój] 97, 단 I ②는 В7 I 形 ① (長語尾로만) 병든. ② (短語尾) (—造) 앓고 있다, 병들다.
II 男 [活] 병을 앓고 있는 사람, 환자.

У неё *больной* отец. 그녀에게는 병든 아버지가 있다.
Дети *больны* гриппом. 아이들이 유행성 감기를 앓고 있다.
У *больного* высокая температура. 환자는 체온이 높다.

бóльше [ból'ʃi] I 述 (большой 의 比較級 短語尾) 보다 크다. II (много 의 比較級) (—生) ① 代 [数量] 보다 많다. ② 副 보다 많이, …이상.
III 副 (—否定辞) 더, 이 위에 또,

Моя ко́мната *бо́льше* ва́шей. 제 방이 당신의 방보다 큽니다.
У него́ *бо́льше* книг, чем у меня́. 그는 나보다 더 많은 책을 가지고 있다.
Он покупа́ет книг *бо́льше* меня́. 그는 나보다 더 많은 책을 산다.
Бо́льше я туда́ не пойду́. 나는 그곳에 더 이상 가지 않겠다.

большеви́к [bəl'ʃiv'ík] 17 b 男 [活] 볼쉐비키파의 사람, 소련 공산당원.
Ле́нин со́здал па́ртию *большевико́в*. 레닌은 볼쉐비크 당을 세웠다.

большинство́ [bəl'ʃinstvó] 29 b 田 대다수, 대부분.
Большинство́ студе́нтов уе́хало на кани́кулы. 대부분의 학생들이 휴가를 떠났다.

большо́й [bal'ʃój] 100 比 бо́льше / бо́льший 形 ① (길이, 치수, 용량이) 큰. ② (정도가) 현저한.
Мы живём в *большо́м* но́вом до́ме. 우리는 지은 지 얼마 되지않은 커다란 집에서 살고 있다.
Он чу́вствует *большу́ю* ра́дость. 그는 커다란 기쁨을 느끼고 있다.

бо́мба [bómbə] 46 a 女 폭탄.
Бо́мбы упа́ли в мо́ре. 폭탄이 바다에 떨어졌다.

боре́ц [bar'éts] 71 b 男 [活] ① 투사, 전사. ② 투기의 선수, 레슬링 선수.
Кинг был выдаю́щимся *борцо́м* за гражда́нские права́ не́гров. 마틴 루터 킹은 흑인들의 공민권을 위해 싸운 탁월한 투사였다.
Сего́дня встреча́ются *борцы́* тяжёлого ве́са. 오늘은 중량급의 선수들이 대전한다.

борода́ [bəradá] 46 i 女 턱수염.
У моего́ де́душки дли́нная *борода́*. 우리 할아버지는 턱수염이 길다.

боро́ться [barótsə] 223 不完 싸우다, 투쟁하다.
Мы *бо́ремся* за лу́чшее бу́дущее. 우리는 보다 나은 미래를 위하여 싸우고 있다.

борт [bórt] 3 c П₂ в/на 男 뱃전.
Ско́лько пассажи́ров на *борту́*? 승객이 몇 명 승선해 있읍니까?

борьба́ [bar'bá] 46 b 女 ① 싸움, 투쟁. ② 시합 ; 투기.
Они́ веду́т *борьбу́* про́тив войны́. 그들은 반전투쟁을 하고 있다.

На по́ле идёт интере́сная *борьба́*. | 그라운드에서 재미있는 시합이 벌어지고 있다.

боти́нки [bat'ink'i] 67 a
В э́том магази́не продаю́т де́тские *боти́нки*.
| 復 구두, 단화.
| 이 상점에서는 아동화를 팔고 있다.

боя́ться [bajátsə] 190

Он ничего́ не *бои́тся*.
| 不完 (一生) 두려워하다, 겁내다, 근심하다, 걱정하다.
| 그는 아무것도 두려워하지 않는다.

брат [brát] 5 a
У него́ два *бра́та*.
| 男 〔活〕 형, 남동생, 형제.
| 그는 형제가 2명이다.

бра́тский [brátsk'ij] 99
Он люби́л дру́га *бра́тской* любо́вью.
| 形 형제의; 친밀한.
| 그는 형제의 정으로 친구를 사랑했다.

брать [brát'] 206

Смотри́те, ма́льчики подхо́дят к де́реву и *беру́т* я́блоки.
Мы *берём* кни́ги в библиоте́ке.
Они́ всегда́ *бра́ли* свою́ соба́ку в парк.
| 不完 (完 взять) (一対) ① 잡다, 손에 쥐다. ② 얻다, 받다, 빌리다. ③ 가지고 가다·오다, 데리고 가다·오다.
| 보세요, 소년들이 나무로 다가가서 사과를 따고 있어요.
| 우리는 도서관에서 책을 빌립니다.
| 그들은 항상 공원에 개를 데리고 다녔다.

бра́ться [bráttsə] 207

Он не знал, как *бра́ться* за таку́ю рабо́ту.
| 不完 (完 взя́ться) (за—対) 시작하다, 착수하다.
| 그는 그런 일을 어떻게 시작해야 할지 몰랐다.

брига́да [br'igádə] 46 a
Брига́да в ру́сской а́рмии появи́лась при Петре́ I (пе́рвом).
Мы с ним рабо́таем в пе́рвой *брига́де*.
| 女 ① 여단. ② 작업반.
| 러시아군에서 여단은 뾰뜨르 I세 때 생겨났다.
| 나와 그사람은 제1 작업반에서 일하고 있다.

бровь [bróf'] 56 g
У де́вочки во́лосы све́тлые, а *бро́ви* тёмные.
| 女 눈썹.
| 소녀의 머리는 금발이고, 눈썹은 까맣다.

броса́ть [brasát'] 143

Дере́вья *броса́ли* дли́нные те́-
| 不完 (完 бро́сить) ① (一対/造) 던지다, 내던지다. ② (一対) 내쫓다, 추방하다. ③ (一対/不定形) …하는 일을 그만두다.
| 나무는 긴 그림자를 드리웠다.

ни.

Нельзя́ *броса́ть* свои́ ве́щи как попа́ло. — 자신의 물건을 함부로 버리지 마시오.

Ра́зве ты до сих пор *броса́л* кури́ть хоть оди́н раз? — 너는 지금까지 한번이라도 담배를 끊어 본 적이 있느냐?

броса́ться [brasátʦə] 143 — 不完 (完 бро́ситься)) ① 뛰어나가다, 나오다; 덤벼들다. ② 뛰어내리다, 뛰어들다.

На чемпио́на *броса́лись* же́нщины со цвета́ми в руке́. — 손에 꽃을 든 여인들이 우승자에게로 덤벼 들었다.

Они́ друг за дру́гом *броса́ются* в во́ду и плыву́т на бе́рег. — 그들은 차례로 물에 뛰어들어 해변가로 헤엄쳐 간다.

бро́сить [brós'it'] 163 — 完 (⇨ 不完 броса́ть)).

Ма́льчик *бро́сил* ка́мнем в окно́. — 소년은 창문에 돌을 던졌다.

Он *бро́сил* свою́ семью́ и уе́хал в Аме́рику. — 그는 가족을 버리고 미국으로 가버렸다.

Я уже́ давно́ *бро́сил* кури́ть. — 나는 벌써 오래 전에 담배를 끊었어요.

бро́ситься [brós'itʦə] 163 — 完 (⇨ 不完 броса́ться)).

По кома́нде они́ *бро́сились* вперёд. — 명령에 따라 그들은 앞으로 돌진했다.

Кто́-то *бро́сился* с мо́ста в ре́ку. — 누군가가 다리에서 강물로 투신했다.

брю́ки [br'úk'i] 49 а — 複 바지.

Он но́сит се́рые *брю́ки*. — 그는 회색 바지를 입고 있다.

бу́дто [búttə] — 接 ① 마치 …인 것 처럼. ② …같다.

Он молчи́т, *бу́дто* ничего́ не зна́ет. — 그는 마치 아무것도 모르는 양 침묵을 지키고 있다.

Говоря́т, *бу́дто* он бо́лен. — 그가 아픈 것 같다고들 말한다.

бу́дущее [búduʃʃ'ijə] 101 — 中 미래; 장래성.

Она́ мечта́ет о счастли́вом *бу́дущем*. — 그녀는 미래의 행복을 꿈꾸고 있다.

бу́дущий [búduʃʃ'ij] 101 — 形 미래의, 장래의, 이 다음의.

В *бу́дущем* году́ мы пое́дем на юг. — 내년에 우리는 남부로 갈 것이다.

бу́ква [búkvə] 46 а — 女 자모, 문자.

В сло́ве «день» четы́ре *бу́квы*. — 단어 «день»은 4개의 문자이다.

бума́га [bumágə] 49 а

女 ① 종이. ② (複) 문서, 서류, 증서.

Мне нужна́ бе́лая *бума́га*.
나는 하얀 종이가 필요하다.

В моём портфе́ле ва́жные *бума́ги*.
내 가방에는 중요한 서류가 들어있다.

буржуази́я [burʒuaz'íjə] 55 а

女 부르조아.

Буржуази́я облада́ет со́бственностью на сре́дства произво́дства.
부르조아가 생산수단을 소유하고 있다.

буржуа́зный [burʒuáznij] 96

形 부르조아의.

Буржуа́зный строй зароди́лся в XIX(девятна́дцатом) ве́ке.
부르조아 체제는 19세기에 생겨났다.

буты́лка [butílkə] 88 а

女 병, 술병

На столе́ стоя́т *буты́лки*.
책상에는 병이 몇개 있다.

Он заказа́л *буты́лку* вина́.
그는 포도주 1병을 주문했다.

буфе́т [buf'ét] 1 а

男 ① 부페 식당, 부페 음식. ② 식기용 찬장.

Наш *буфе́т* открыва́ется в семь часо́в.
우리 부페 식당은 7시에 문을 연다.

В столо́вой стои́т большо́й *буфе́т*.
식당에는 커다란 식기용 찬장이 있다.

бы [bi]

助 (-動詞過去形/不定形) ① (가정적 조건·귀결). ② (원망, 의지). ③ (정중한 제안·권고). ④ (疑問詞-ни의 양보 구문중에서 사용된다).

Е́сли *бы* я был свобо́ден, я бы пое́хал с ва́ми.
만일 내가 한가했다면, 당신과 함께 떠났을 겁니다.

Я хоте́л *бы* поговори́ть с ва́ми.
저는 당신과 이야기를 나누고 싶습니다.

Нам *бы* домо́й е́хать.
집으로 돌아가는 편이 좋을 것 같습니다.

Что *бы* ни случи́лось, я ве́рю тебе́.
어떤 일이 있더라도, 나는 너를 믿는다.

быва́ть [bivát'] 143

不完 ① (1·2人称이 없이) 종종 있다, 종종 나타나다·생겨나다. ② (1번이 아니고)있다, 가다, 오다. ③ 때때로 …이다.

Э́то ча́сто *быва́ет*.
이것은 자주있는 일이다.

Я ре́дко *быва́ю* в теа́тре.
나는 좀처럼 극장에 가지 않는다.

Ле́то в Москве́ *быва́ет* дово́льно жа́ркое.
모스끄바의 여름은 제법 덥다.

бы́вший [bífʃij] 101   形 이전의, 전의.
Вчера́ я случа́йно встре́тил своего́ *бы́вшего* нача́льника.
어제 나는 옛 상관을 우연히 만났다.

бы́стро [bístrə]   副 빨리, 급히, 속히.
По́езд идёт *бы́стро*.
기차는 빨리 달린다.

бы́стрый [bístrij] 96 D 1   形 ① 빠른. ② 급격한.
Бы́стрыми шага́ми он прошёл по коридо́ру.
그는 빠른 걸음으로 복도를 지나갔다.
Э́то меша́ет *бы́строму* ро́сту се́льского хозя́йства.
이것이 농업의 급속한 발전을 저해하고 있다.

быт [bít] 1 a П₂ в   男 생활 양식, 관습, 풍속.
Телеви́дение вошло́ в наш *быт*.
텔레비전은 우리 생활의 일부가 되었다.

быть [bít'] 248   不完 (⇨ есть¹) ① 있다. ② 가다, 오다. ③ …이다, …이 되다. ④ (未來변화에서만), (不完了体의 不定形과 함께 써서 合成未來를 만든다).
Вчера́ ве́чером я ещё *был* в Москве́, а сего́дня я здесь.
어제 저녁까지만 해도 모스끄바에 있었는데, 오늘은 여기에 있다.
За́втра мы с ней *бу́дем* в теа́тре.
내일 나는 그녀와 극장에 갈 것이다.
Оте́ц *был* рабо́чим, а сын *бу́дет* инжене́ром.
아버지는 노동자였으나, 아들은 기사가 될 것이다.
За́втра пра́здник и мы не *бу́дем* рабо́тать.
내일은 휴일이기 때문에 우리는 일을 하지 않을 것이다.

бюро́ [b'uró] 《不変》   田 ① 사무소(국). ② 안내소.
В *бюро́* пять чле́нов.
사무국의 멤버는 5명이다.
Он рабо́тает в *бюро́* пого́ды.
그는 관상대에서 근무하고 있다.

В

в [v] (무성자음 앞에서는 [f], 어떤 종류의 자음 결합 앞에서는 во[va/və])   前 I (—前) ① (…의 속)에, (어떤 장소)에. ② (어떤 상태)에서; …를 몸에 착용하다. ③ (어떤 시간·년·월)에. ④ (어떤 거리)에. II (—對) ① (…의 속)으로, (어떤 장소)로. ② (어떤 상태가)

되다. ③ (어떤 시간·시각)에.
④ (어떤 치수·중량)의.

Книга у меня *в* портфе́ле.	책은 내 가방에 들어있다.
Мы живём *в* го́роде.	우리는 도시에서 살고 있다.
Мы с ним ра́ньше бы́ли *в* дру́жбе.	나와 그는 전에 우호 관계가 있었다.
Уже́ мно́гие хо́дят *в* пальто́.	벌써 많은 사람들이 외투를 입고 있다.
В де́тстве они́ учи́лись вме́сте	어린 시절에 그들은 같이 공부했다.
В э́том году́ весна́ пришла́ ра́но.	올해는 봄이 일찍 왔다.
Мы бы́ли *в* Москве́ *в* а́вгусте.	우리들은 8 월 한달동안 모스끄바에 있었다.
В кото́ром часу́ у вас начина́ется рабо́та?	당신들은 몇시에 일을 시작합니까?
Он стоя́л *в* двух-трёх шага́х от меня́.	그는 내개서 2, 3 보 떨어져 서있었다.
Мы вошли́ *в* ко́мнату.	우리는 방안으로 들어갔다.
Они́ пришли́ *в* весёлое настрое́ние.	그들은 기분이 좋아졌다.
По́езд прихо́дит *в* пять часо́в.	열차는 5 시에 도착한다.
Э́то у́лица длино́й *в* два киломе́тра.	이 거리의 길이는 2 km이다.

ваго́н [vagón] 1 a 　名 (철도의)차량.
Места́ у нас бы́ли в тре́тьем *ваго́не*. 　우리들의 좌석은 3 호차에 있다.

ва́жно [váʒnə] 　I 形 중요하다. II 副 중요하게, 거만하게.
Э́то для меня́ о́чень *ва́жно*. 　이것은 나에게 무척 중요하다.
Она́ *ва́жно* де́ржит себя́. 　그녀는 거만하게 행동한다.

ва́жный [váʒnij] 96 D 13 　形 ① 중요한. ② 거만한.
Э́то о́чень *ва́жный* вопро́с. 　이것은 매우 중요한 문제이다.
Он хо́дит с *ва́жным* ви́дом. 　그는 거만하게 다닌다.

ва́за [vázə] 46 a 　名 꽃병, 병.
Она́ поста́вила цветы́ в *ва́зу*. 　그녀는 꽃병에 꽃을 꽂았다.

ваш [váʃ] 118 　代 [所有] 자네들·너희들의 ; 당신들의 ; 당신의.
Ребя́та, э́то *ва́ша* шко́ла? 　얘들아, 이것이 너희들 학교냐?
Как *ва́ша* фами́лия? 　당신의 성(姓)은 어떻게 됩니까?

вверх [v'v'érx] 　副 위로, 위쪽으로 ; 상류로.

Он шёл *вверх* по лéстнице. 그는 계단을 따라 올라갔다.
вверху́ [v'v'erxú] 副 위에, 위쪽에, 상단에.
Вверху́ на пóлке лежáт кни́ги. 선반 상단에 책이 놓여있다.
ввести́ [v'v'ıs't'í] 217 完 (不完 вводи́ть) (-対) ① (속으로) 들어가다. ② (제도 등을) 도입하다.

Хозя́ин *ввёл* гостéй в столóвую. 주인이 손님을 식당으로 맞아들였다.
У нас на завóде *ввели́* нóвый мéтод произвóдства. 우리 공장에 새로운 생산 방식이 도입되었다.
вводи́ть [vvad'ít'] 177 不完 (⇒ 完 ввести́)
Подожди́те, сейчáс вас *ввóдят* в нóмер. 기다려 주십시요, 곧 방으로 안내해 드리겠읍니다.
Онá здесь всегдá *ввóдит* нóвую мóду. 그녀는 여기에 항상 새로운 유행을 몰고 온다.
вдоль [vdól'] 前 (一生) …을 따라서.
Вдоль стены́ стоя́т сту́лья. 벽을 따라서 의자가 놓여있다.
вдруг [vdrúk] 副 갑자기, 돌연.
Вдруг пошёл дождь. 갑자기 비가 내리기 시작했다.
ведь [v'ét'] I 接 …라고 하는 것은 …이니까.
助 정말 그렇지 않습니까?
Веди́ нас, *ведь* ты знáешь доро́гу. 네가 길을 알고 있으니까, 우리들을 안내해다오.
Ведь он вам говори́л так. 그가 당신에게 그렇게 말했으니까요.
везти́ [v'ıs't'í] 219 不完 〔定〕(〔不定〕 вози́ть) (-対) 태우고 가다·오다, 운반해 가다·오다.

Вот грузови́к *везёт* молокó в гóрод. 저기 트럭이 도시로 우유를 운송 하고 있다.
век [v'ék] 3 с P_2, $П_2$ на 名 ① 세기. ② 시대, 시기.
Скóро бу́дет двáдцать пéрвый *век*. 곧 21세기다.
А́томный *век* ужé начался́. 원자력 시대는 이미 시작되었다.
вели́кий [v'ıl'ík'ıj] 99, ①은 A5, ②③은 C1 比 бóльший 形 ① 위대한, 훌륭한. ② 대단히 큰. ③ (短語尾) (치수·길이가) 너무 크다.

Мы сдéлали всё для э́той *вели́кой* цéли. 우리는 이 위대한 목적을 위하여 모든 것을 다했다.
К *вели́кой* моéй рáдости, он 매우 기쁘게도, 그는 집에 있었다.

оказа́лся до́ма.
Э́ти сапоги́ мне *велики́*. 이 장화는 나에게 크다.

величина́ [v'ɪlɪtʃ'ɪná] 46 d 图① 크기, 용적, 치수. ② (数学) 수치.

Ка́мень был *величино́й* с кула́к. 돌은 주먹만했다.

Величина́ А постоя́нная. A의 수치는 일정하다.

ве́ра [v'érə] 46 a 图① (в-对) …에 대한 신뢰, 확신. ② 신앙 ; 종교.

Он никогда́ не теря́л *ве́ры* в побе́ду. 그는 결코 승리에 대한 확신을 잃지 않았다.

Здесь живу́т лю́ди вся́кой *ве́ры*. 이곳에는 각양각색의 종교를 가진 사람들이 살고있다.

ве́рить [v'ér'ɪt'] 154 不完 (完 пове́рить) ① (-與) 신용·신뢰하다. ② (в-对) 확신하다, 믿다.

Я вам *ве́рю*. 나는 당신을 신뢰합니다.
Мы *ве́рим* в побе́ду. 우리는 승리를 확신하고 있다.

ве́рно [v'érnə] I 述 옳다, 맞다, 그렇다. II 副 옳게, 충실하게.

— Э́то берёза? —이것이 자작나무냐?
— Да, *ве́рно*. —그래, 맞아.
Учени́к *ве́рно* реши́л зада́чу. 학생들은 문제를 정확히 풀었다.

верну́ть [v'ɪrnút'] 151 完 (-对) ① 돌려주다, 되돌리다. ② 돌아가게 하다.

Верни́те э́ти кни́ги в библиоте́ку. 이 책을 도서관에 돌려주세요.

Меня́ *верну́ли* домо́й и́з-за боле́зни. 나는 아파서 집으로 돌아왔다.

верну́ться [v'ɪrnútsə] 151 完 되돌아오다·가다.

Вчера́ он *верну́лся* домо́й по́здно ве́чером. 어제 그는 밤 늦게 집으로 돌아왔다.

ве́рный [v'érnɪj] 96 D 13 形① 옳바른, 정확한. ② 신뢰할 수 있는 ; (-與) 충실한.

Часы́ пока́зывают *ве́рное* вре́мя. 시계는 정확한 시간을 가리키고 있다.

Он *ве́рный* своему́ сло́ву. 그는 약속을 반드시 지킨다.

вероя́тно [v'ɪrajátnə] (挿入語) 아마, 다분히.
Он, *вероя́тно*, не придёт. 그는 아마 오지 않을 것이다.

ве́рхний [v'érxn'ij] 98 形 상부의 ; 위(겉)에 있는.
  На ве́рхнем этаже́ они́ живу́т. 윗층에 그들이 살고 있다.
  Она́ сняла́ *ве́рхнюю* оде́жду. 그녀는 겉옷을 벗었다.
верши́на [v'ɪrʃínə] 46 a 囡 정상, 정점, 꼭대기.
  Верши́ны гор покры́ты ве́чным сне́гом. 산꼭대기는 만년설로 덮혀있다.
вес [v'és] 3 с P_2 $П_2$ на 阳 중량, 무게 ; 체중.
  Вес гру́за о́коло пяти́ тонн. 화물의 무게가 5 톤 가량 된다.
ве́село [v'és'ɪlə] I 述 즐겁다, 재미있다. II 副 즐겁게, 유쾌하게.
  Мне *ве́село* смотре́ть на э́тих дете́й. 나는 아이들을 바라보고 있는 것이 즐겁다.
  Он *ве́село* смея́лся. 그는 유쾌하게 웃었다.
весёлый [v'ɪs'ólij] 96 D 2 形 ① 유쾌한, 즐거운, 쾌활한. ② (長語尾로만) 재미있는.
  Он о́чень *весёлый* па́рень. 그는 매우 쾌활한 청년이다.
  Мне нра́вятся *весёлые* расска́зы. 나는 재미있는 이야기를 좋아한다.
весе́нний [v'ɪs'én'n'ij] 98 形 봄의.
  Сего́дня совсе́м *весе́нняя* пого́да. 오늘은 완연한 봄 날씨이다.
весна́ [v'ɪsná] 82 d 囡 봄.
  За зимо́й сле́дует *весна́*. 겨울 뒤에는 봄이 온다.
весно́й [v'ɪsnój] 副 봄에.
  Я прие́ду к вам *весно́й*. 나는 봄에 당신 집에 가겠읍니다.
вести́ [v'ɪs't'í] 217 不完 [定] ([不定] води́ть) ① (-対) 데리고 가다·오다. ② (-対) 운전하여 가다·오다. ③ (無補語, 1·2 人称 없이) (길 등이) 향하다, 통하다. ④ (-対) 행하다, 하다.
  Мать *ведёт* ребёнка за́ руку. 엄마가 아기 손을 잡고 데리고 간다.
  Вы отли́чно *ведёте* маши́ну. 당신은 자동차 운전을 아주 잘 하시는 군요.
  Куда́ *ведёт* э́та доро́га? 이 길은 어디로 나 있느냐 ?
  Тепе́рь но́вый преподава́тель *ведёт* заня́тия. 지금은 새로 오신 선생님이 수업을 하고 계신다.
весть [v'és't'] 56 g 囡 소식, 통신, 통보.
  До́лго от него́ не́ было никаки́х 오랫동안 그에게서 아무런 소식이 없었

вестей.
весы́ [v'ısí] 1 ь
Весы́ пока́зывают сто гра́ммов.
весь [v'és'] 117
Сего́дня я *весь* день чита́л.
Э́то ещё не *всё* письмо́.
Слух пройдёт по *всей* стране́.
Он реши́л *все* зада́чи.
весьма́ [v'ıs'má]
Э́то *весьма́* тру́дная зада́ча.
ве́тер [v'ét'ır] 59 a P_2, $П_2$ на
Вдруг подня́лся си́льный *ве́тер*.
ве́тка [v'étkə] 88 a
Пти́ца се́ла на *ве́тку*.
ве́чер [v'éʧ'ır] 3 c

Она́ рабо́тает с утра́ до *ве́чера*.
У нас сего́дня литерату́рный *ве́чер*.
вече́рний [v'ıʧ'érn'ij] 98
Он хо́дит в *вече́рнюю* шко́лу.
ве́чером [v'éʧ'ırəm]
Что вы де́лаете сего́дня *ве́чером*?
ве́чный [v'éʧ'nij] 96 А 6
Здесь идёт *ве́чная* борьба́ люде́й с боле́знями.
вещество́ [v'ıʃʃ'ıstvó] 29 ь
Э́то *вещество́* встреча́ется в приро́де в твёрдом состоя́нии.
вещь [v'éʃʃ'] 57 g

Как называ́ется э́та *вещь*?
Он пое́хал на вокза́л с *веща́ми*.
Э́то его́ лу́чшая *вещь*.
взгляд [vzgl'át] 1 a

다.
阅 서울, 계량기.
저울이 100g을 가리키고 있다.
代 [定] 전체의 ; 모두, 총.
오늘 나는 하루종일 책을 읽었다.
이것은 아직 편지의 전문은 아니다.
소문이 온 나라 안에 퍼질 것이다.
그는 문제를 전부 해결했다.
副 (文語) 매우, 대단히, 아주.
이것은 매우 어려운 과제이다.
男 바람.
갑자기 강풍이 몰아쳤다.

女 (나무)가지.
새 한 마리가 나뭇가지에 앉았다.
男 ① 저녁, 밤. ② 저녁때의 모임, 파티, 야회.
그녀는 아침부터 저녁까지 일한다.
오늘 우리는 문학의 밤이 있다.

形 저녁(때)의, 밤의.
그는 야간 학교에 다니고 있다.
副 저녁(때)에, 밤에.
오늘 밤에 당신은 무엇을 하실 겁니까?

形 영원한, 영구의 ; 불변의.
여기서는 인간과 병마와의 끝없는 싸움이 계속되고 있다.
中 물질.
이 물질은 자연계에서는 고체의 상태로 존재한다.

女 ① 물건, 물품. ② (阅) 하물, 짐. ③ 작품.
이 물건 이름이 무엇입니까?
그는 짐을 들고 역으로 갔다.
이것은 그의 걸작품이다.
男 ① 시선, 눈의 표정, 눈짓. ② 의견, 견해.

взглянýть

Это ясно с пéрвого *взгля́да*. 이것은 일목요연하다.
Откýда у тебя́ такие стра́нные 어디서 너는 그러한 기묘한 생각을
взгля́ды? 갖게 되었냐?

взгляну́ть [vzgl'ınút'] 152 ⓕ (на−対) 흘깃보다, 시선을 던지다.
Он да́же не *взгляну́л* на меня́. 그는 나에게 시선조차 던지지 않았다.

вздохну́ть [vzdaxnút'] 151 ⓕ〔1回〕한숨 쉬다, 탄식하다, 숨 쉬다.

В отвéт он тóлько *вздохну́л*. 대답하는 대신에 그는 한숨을 내 쉬 었다.

взрóслый [vzróslij] 96, I 은 А 2 I 圈 성년에 달한, 어른의. II 男〔活〕어른, 성인.

У неё *взрóслый* сын. 그 여자는 다 큰 아들이 있다.
Взрóслые остáлись в кóмнате. 어른들은 방안에 남았다.

взрыв [vzríf] 1 a 男 폭발; 폭파.
Произошёл *взрыв* гáза. 가스가 폭발했다.

взять [vz'át'] 234 ⓕ (不完 брать)(−対) ① 붙잡 다, 손에 움켜지다. ② 잡다, 얻 다, 빌리다, ③ 가지고 가다·오 다, 데리고 가다·오다.

Онá *взяла́* кни́гу со столá. 그녀는 책상에서 책을 집었다.
Я *возьму́* э́то, а скóлько стóит? 나는 이것으로 하겠어요, 그런데 값이 얼마죠?
Ты *взял* с собóй учéбник? 너는 교과서를 가지고 왔느냐?

взя́ться [vz'átsə] 230 ⓕ (不完 брáться)(за−対) 시 작하다, 착수하다.

Ужé порá *взя́ться* за рабóту. 벌써 일할 시간이다.

вид [v'ít] 1 a, I 은 P_2, $П_2$ в/на 男 I ① 외관, 외모, 모양. ② 시 야, 시계, 조망. ③ 경치, 풍경, 전망. II 종류, 종목.

У негó был здорóвый *вид*. 그는 건강한 모습이었다.
Я потеря́л её из *ви́да*. 나는 그녀를 시야에서 놓쳤다.
Отсю́да прекрáсный *вид*. 이곳에서는 전망이 좋다.
Мой люби́мый *вид* спóрта — футбóл. 내가 좋아하는 스포츠 종목은 축구이다.

видáть [v'idát'] 143 I 不完 (−対) 눈에 띄다. II 础 (無人称) 보이다.

Я не *видáл* егó с апрéля. 나는 4월부터 줄곧 그를 못봤다.
Ничегó не *видáть*. 아무것도 보이지 않는다.

ви́деть [v'íd'ıt'] 184 不完 (ⓕ уви́деть)(−対) ① 보

	다, 보이다, 눈에 띄다 ; 알다. ② 만나다.
Отсюда мы хорошо *видим* весь город.	이곳에서는 도시 전체가 잘 보인다.
Я смотрю, но ничего не *вижу*.	나는 자세히 쳐다 보았지만 아무것도 보이지 않는다.
Очень рад *видеть* вас.	당신을 만나 뵙게되어 기쁩니다.
видимо [v'ídimə]	(挿入語) 아마, …같다.
Ты, *видимо*, ещё не знаешь об этом.	너는 아직 이 일을 모르는 것 같구나.
видно [v'ídnə]	I 述 ① (-처) 보이다. ② (-что) 명백하다, 분명하다. ‖ (挿入語) (口語) 아마, 필경, 아무래도.
Отсюда хорошо *видно* парк.	여기서는 공원이 잘 보인다.
Всем *видно*, что он прав.	그가 옳다는 것은 누가 보아도 명백하다.
Он, *видно*, не придёт.	그는 아무래도 오지 않을것 같다.
видный [v'ídnij] 96 E 2	形 ① 잘 보이다, 눈에 띄다. ② (長語尾로만) 훌륭한, 우수한, 잘 알려진. 중요한.
С горы деревня хорошо *видна*.	산에서는 촌락이 잘 보인다.
Его отец — *видный* учёный.	그의 아버지는 유명한 학자이다.
вилка [v'ílkə] 88 a	女 포크.
Мясо и рыбу едят *вилкой*.	고기와 생선은 포크로 먹는다.
вино [v'inó] 29 d	中 포도주, 와인 ; 주류(酒類).
Вино ударило ему в голову.	그는 포도주를 마시고 취했다.
виноватый [v'inavátij] 96 A 1	形 ① 죄·책임있는. ② (長語尾로만) 미안한듯한.
Он в этом *виноват*.	그것은 그가 나쁘다.
Она сидела с *виноватым* видом.	그녀는 미안한듯이 앉아 있었다.
виноград [v'inagrát] 1 a	男 (單) 포도(나무·열매).
Около дома растёт *виноград*.	집 주변에 포도나무가 있다.
винтовка [v'intófkə] 88 a	女 소총.
Мы стреляли из *винтовки*.	우리는 소총을 쏘았다.
висеть [v'is'ét'] 194	不完 걸려있다, 붙어있다.
На стене *висят* картины.	벽에는 그림이 걸려있다.
власть [vlás't'] 56 g	女 ① (單) 권력 ; 정권 ; 권한. ②

влияние

Народ взял *власть* в свои руки. 민중은 권력을 장악했다.
По решению *властей* закрыли порт. 당국의 결정에 따라 항구가 폐쇄되었다.

влияние [vl'iján'ijə] 42 а 田 영향, 영향력 ; 작용.
Влияние отца на сына велико. 자식에 대한 아버지의 영향력은 대단한 것이다.

вместе [vm'és't'ı] 副 함께, 동시에.
Он живёт *вместе* с родителями. 그는 부모와 함께 살고 있다.

вместо [vm'éstə] 副 (一生) ...의 대신에.
Я сделаю это *вместо* тебя. 내가 네 대신 이 일을 하겠다.

внезапно [vn'izápnə] 副 갑자기, 돌연히, 뜻밖에.
Он приехал *внезапно*. 그는 갑자기 왔다.

внешний [vn'éʃn'ij] 98 形 ① 외부의 ; 외면적인. ② 국외의, 대외적인.
По одному *внешнему* виду судить трудно. 외모만으로 판단한다는 것은 어렵다.
Мы изучаем *внешнюю* политику Советского Союза. 우리는 소련의 외교 정책을 연구하고 있다.

вниз [vn'ís] 副 아래로 ; 하류로.
Лодка плывёт *вниз* по течению реки. 보트는 강물을 따라 하류로 내려가고 있다.

внизу [vn'izú] 副 아래에 ; 하부에.
Мы живём *внизу*, а они живут вверху. 우리는 아래층에 살고, 그들은 윗층에 살고 있다.

внимание [vn'imán'ijə] 42 а 田 ① 주의, 주목. ② 배려.
Он слушает лекцию с большим *вниманием*. 그는 대단히 주의깊게 강의를 듣고 있다.
Спасибо за ваше *внимание*. 친절 / 경청에 감사드립니다.

внимательно [vn'imát'ıl'nə] 副 주의깊게 ; 친절하게.
Слушайте *внимательно*. 주의깊게 들어주십시오.

вновь [vnóf'] 副 다시, 새로이.
Вновь вернулось жаркое лето. 더운 여름이 다시 돌아왔다.

внук [vnúk] 17 а 男 [活] 손자.
Бабушка любит своего *внука*. 할머니는 자기의 손자를 사랑한다.

внутренний [vnútr'ın'n'ij] 98 形 ① 내부의 ; 내면의. ② 국내의, 대내적인.
Внутреннее оборудование за- 공장의 내부설비가 아직 완성되지

воды ещё не закончено.
않았다.

Он рассматривает основные вопросы *внутреннего* положения.
그는 국내 정세의 근본적인 문제들을 검토하고 있다.

внутри [vnutr'í]
I 副 속에, 안에, 내부에. II 前 (-生) …의 안에, 내부에.

Всё у меня *внутри* дрожит от страха.
내 몸속의 모든것이 공포로 떨고 있다.

Внутри дома было тихо.
집안은 조용했다.

внучка [vnút∫'kə] 90 a
囡 [活] 손녀.

У неё две *внучки*.
그녀는 2 명의 손녀가 있다.

вовсе [vófs'ɪ]
副 (口語) (-否定辞) 전혀, 전연, 완전히.

Я *вовсе* не это сказал.
나는 이 일을 결코 이야기하지 않았다.

во-вторых [vəftaríx]
(挿入語) 둘째로, 제 2 의.

Во-первых, я устал, и *во-вторых*, хочу спать.
우선 나는 피곤하고, 그 다음으로 자고 싶다.

вода [vadá] 46 f
囡 물.

Дайте мне стакан *воды*.
물 한잔 주십시요.

водить [vad'ít'] 177
不完 [不定] ([定] вести) (-対)
① 데리고 다니다. ② 데리고 돌아다니다; 안내해서 돌아다니다. ③ 운전·조정하다.

Каждое утро мать *водит* мальчика в детский сад.
매일 아침 어머니는 사내 아이를 유치원에 데리고 가신다.

Она целый час *водила* нас по музею.
그녀는 우리에게 꼬박 한시간 동안 박물관을 안내해 주었다.

Теперь я редко *вожу* машину.
현재 나는 자동차를 좀처럼 운전하지 않는다.

водка [vótkə] 88 a
囡 보드카.

Они выпили бутылку *водки*.
그들은 보드카 1 병을 다 마셔 버렸다.

воевать [vəjɪvát'] 148
不完 전쟁하다, 싸우다.

Мы будем *воевать* до последнего солдата.
우리는 최후의 한명까지 싸울 작정이다.

военный [vajénnij] 96
I 形 ① 전쟁의. ② 군·군사의.
II 男 [活] 군인.

Генерал объявил *военное*
장군은 계엄령을 선포했다.

положение.

Мой муж был на *военной* службе.

나의 남편은 군복무를 하고 있었다.

К нам подошёл *военный*.

우리들이 있는 곳으로 군인 1명이 다가왔다.

возвращаться [vəzvraʃ'ʃ'átsə] 143

不完 돌아오다, 귀환하다.

Вот школьники *возвращаются* домой.

저기 학생들이 집으로 돌아오고 있다

воздух [vózdux] 17 a

男 ① 공기, 대기. ② 호외.

Приятно дышать чистым *воздухом*.

신선한 공기를 마시는 것은 유쾌하다.

Нужно чаще бывать на *воздухе*.

더 자주 호외를 낼 필요가 있다.

воздушный [vazdúʃnij] 96

形 ① 공기의. ② 항공의.

Воздушный слой Земли называется атмосферой.

지구의 공기층을 대기라고 부른다.

Над городом начался *воздушный* бой.

도시의 상공에서 공중전이 시작되었다.

возить [vaz'it'] 178

不完 〔不定〕(〔定〕везти) (—対) (항상)운송 · 운반하다 ; 실어가다 · 오다, 실어나르다.

Автобусы *возят* пассажиров по городу.

버스는 시내에서 승객을 실어 나른다.

возле [vóz'l'ı]

副 옆에, 근처에, 가까이에. Ⅱ 前 (—生) …의 옆 · 가까이에.

Он живёт *возле*.

그는 가까이 살고 있다.

Машина остановилась *возле* дома.

자동차는 집 근처에서 정차했다.

возможно [vazmóʒnə]

Ⅰ 述 가능하다, 있을 법 하다. Ⅱ (挿入語) 어쩌면.

Возможно, что к вечеру мы закончим работу.

저녁때 까지 우리는 일을 끝낼 수 있을 것이다.

Возможно, будет дождь.

어쩌면 비가 올지도 모르겠다.

возможность [vazmóʒnəs't'] 56 a

女 ① 가능성 ; 기회. ② (複)능력, 재능.

Вам надо верить в *возможность* счастья.

당신은 행복의 가능성을 믿어야 합니다.

По этому можно судить о его

이 일에서 그의 창작능력을 판단

творческих *возмóжностях*. 할 수 있다.
возмóжный [vazmóʒnij] 96 A 6 形 가능한, 있을 수 있는.
Им всё кáжется *возмóжным*. 그들은 무엇이든지 할 수 있을 것 같은 생각이 든다.
возникáть [vəz'n'ikát'] 143 (1·2 人称 없이) 不完 생기다, 일어나다, 발생하다.
Об этом у нас чáсто *возникáют* спóры. 종종 이점에 관해서 우리들 사이에서는 논쟁이 일어난다.
вóзраст [vózrəst] 1 a 男 연령.
Онá одногó *вóзраста* со мной. 그녀는 나와 동갑이다.
войнá [vajná] 46 d 女 전쟁.
Егó отéц не вернýлся с *войны́*. 그의 부친은 전쟁에서 돌아오지 않았다.
войскá [vajská] 29 c 複 군대, 부대.
Нáши *войскá* зáняли гóрод. 아군이 도시를 장악했다.
войти́ [vajt'í] 244 完 (不完 входи́ть) (в-对) 들어 가다, …이 되다.
Ктó-то *вошёл* в кóмнату. 누군가 방으로 들어갔다.
Это у нас *вошлó* в привы́чку. 이것은 우리들의 습관이 되었다.
вокзáл [vagzál] 1 a 男 역 (특히 그 건물).
Скажи́те, пожáлуйста, как пройти́ к *вокзáлу*? 미안합니다만, 역으로 가는 길을 가르쳐 주시겠읍니까?
вокрýг [vakrúk] I 副 주위에, 둘레에서. II 前 (一生) …의 주위에, 주위를.
Вокрýг нет ни одногó человéка. 주위에는 한사람도 없다.
Ученики́ собрали́сь *вокрýг* учи́теля. 선생님의 주위에 학생들이 모였다.
волнá [valná] 46 h 女 물결, 파도.
Нá море бы́ли огрóмные *вóлны*. 바다에는 거대한 파도가 치고 있었다.
вóлосы [vólǝsi] 2 g 複 머리카락(전체), 털(신체의).
У неё краси́вые *вóлосы*. 그녀의 머리는 아름답다.
вóля [vól'ǝ] 47 a 女 ① 의지, 뜻. ② 자유;자유로운 상태.
Онá сдéлала это прóтив своéй *вóли*. 그녀는 자신의 뜻과는 상관없이 이것을 했다.
Дéвочка вы́пустила пти́цу на *вóлю*. 소녀는 새를 풀어주었다.
вон [vón] 助 (口語) 봐라 저쪽을, 저것이다.

Вон он идёт. 저기 그사람이 온다.
вообще [vaapʃʃʃé] 副 ① 대개, 대체로, 일반적으로.
② (一否定辞) 전혀, 결코.

Вообще это верно. 대체로 그것은 옳다.
Я *вообще* её не видел. 나는 결코 그녀를 만나지 않았다.
вооружение [vaaruʒen'ijə] 42 а 田 병기, 군비, 무장.
Мы против увеличения *вооружений*. 우리는 군비 확장을 반대한다.

во-первых [vap'érvix] (挿入語) 첫째로.
Во-первых, он молод, и во-вторых, силён. 첫째로 그는 젊고, 둘째로는 힘이 세다.

вопрос [vaprós] 1 а 男 ① 질문. ② 문제, 문제점.
У меня к вам *вопрос*. 당신에게 질문이 있읍니다.
Вопрос в том, кто это будет делать. 문제는 누가 이것을 할 것이냐는 것이다.

ворота [varótə] 29 а 複 문, 대문, 문짝.
Я подожду вас у *ворот* школы. 교문 앞에서 당신을 기다리고 있겠읍니다.

восемнадцать [vəs'ımnáttsət'] 130 数 18.
Эта книга стоит *восемнадцать* рублей. 이 책은 18루불 이다.

восемь [vós'ım'] 129 数 8, 8개.
Каждые два дня он работает до *восьми* часов вечера. 이틀에 한번씩 그는 저녁 8시까지 일한다.

восемьдесят [vós'ım'd'ıs'ət] 135 数 80.
Её бабушка очень старая, ей *восемьдесят* лет. 그녀의 할머니는 매우 연로하신데, 연세가 여든이시다.

восемьсот [vəs'ımsót] 140 数 800.
У нас в школе около *восьмисот* учеников. 우리 학교의 학생수는 약 800명이다.

воскресенье [vəskr'ıs'én'jə] 80 а 田 일요일.
В *воскресенье* будет хорошая погода. 일요일에는 날씨가 화창할 것이다.

воспитание [vəsp'itán'ijə] 42 а 田 교육, 양육; 가정교육.
Она не занимается *воспитанием* детей. 그녀는 자녀 교육을 등한시하고 있다.

восстáние [vasstán'ijə] 42 а 田 봉기, 반란, 폭동.
Все ждáли *восстáния* крестья́н. 모두가 농민 봉기를 기다렸다.

востóк [vastók] 17 а 男 ① 동쪽. ② (В ~) 동양.
Мы двúгались на *востóк*. 우리는 동쪽으로 이동하고 있었다.
Япóния нахóдится на Дáльнем *Востóке*. 일본은 극동에 위치하고 있다.

восьмóй [vas'mój] 97 數 〔序〕 8번째의, 제8의.
Кáждое у́тро я выхожу́ из дóма в половúне *восьмóго*. 매일 아침 나는 7시 반에 집을 나선다.

вот [vót] 助 ① 자, 이봐, 자 이곳·저곳에. ② (疑問詞와 함께 指示的인 의미를 강조한다).

Вот он бежúт. 저기 그가 뛰어온다.
Вот что я тебé скажу́. 바로 이 일을 너에게 얘기해 주겠다.

впервы́е [fp'ırvíjə] 副 처음으로, 최초로.
Он *впервы́е* в Москвé. 그는 모스끄바가 처음이다.

вперёд [fp'ır'ót] 副 앞으로, 앞서.
Поэ́т всё врéмя дóлжен двúгаться *вперёд*. 시인은 항상 앞서 가야만 한다.

впередú [fp'ır'ıd'í] I 副 앞에, 선두에. II 前 (一生) …의 선두·앞에.

Впередú виднú гóры. 전방에 산이 보인다.
Он шёл *впередú* меня́. 그는 내 앞에서 걸어 갔다.

впечатлéние [fp'ıtʃ'ıtl'én'ijə] 42 а 田 인상, 감명.
У меня́ остáлось прекрáсное *впечатлéние* от э́того фúльма. 나에게는 그 영화의 아주 좋은 인상이 남아 있다.

вполнé [fpaln'é] 副 충분히, 완전히.
Рабóта *вполнé* удалáсь. 일은 완전히 성공이었다.

впрóчем [fpróʧ'ım] 接 그런데, 그렇지만.
Фильм хорóший, *впрóчем* ты сам увúдишь. 이 영화는 좋다, 네가 보면 알겠지만.

враг [vrák] 17 b 男 〔活〕 ① 적. ② (集合名詞로도 사용되어) 적군.

У негó мнóго *врагóв*. 그에게는 적이 많다.
Онú брóсились на *врагá*. 그들은 적군을 향해 돌진했다.

врать [vrát'] 209 不完 거짓말하다.

врач

Этот мальчик *врёт*. 이 소년은 거짓말을 하고 있다.

врач [vráʧ'] 21 ь 男 〔活〕 의사 (여성에게도 사용된다)

Её мать работает *врачóм* в детской поликлинике. 그녀의 어머니는 소아과 병원의 의사로 일하고 있다.

врéмя [vr'ém'ə] 44 с 田 ① 시간, 때. ② 시각. ③ 시절, 시대.

У меня нет *врéмени*. 나는 시간이 없다.
Скóлько сейчáс *врéмени*? 지금 몇시입니까?
Это было прекрáсное *врéмя*. 그때는 멋진 시절이었다.

врóде [vród'ɪ] 前 (-生) …과 유사한·비슷한.

Я встрéтил собáку *врóде* моéй. 나는 우리 개와 비슷한 개를 봤다.

вряд [vr'át] 副 (- ли)》아마도…일 것이다.

Вряд ли они приéдут сегóдня. 그들이 오늘 올까?

всё [fs'ó] Ⅰ, Ⅱ는 117 Ⅰ 代 〔定〕 전부의, 전체의 (⇨ весь). Ⅱ 田 모든 것, 온갖 것. Ⅲ 副 ① 늘, 항상, 여전히, 변함없이. ② (-比) 점점 더.

Всё лéто я провёл в СССР. 나는 소련에서 여름을 보냈다.
Всё понятно. 모두 이해된다.
Всё вы сидите один, о чём-то думаете. 당신은 항상 혼자서 무엇인가를 생각하는군요.
Дождь идёт *всё* сильнéе. 비가 점점 더 억세게 퍼부었다.

всегдá [fs'ɪgdá] 副 언제나, 항상.

Книга для меня *всегдá* бýдет лýчшим дрýгом. 책은 나에게 있어서 항상 가장 좋은 친구가 될 것이다.

всегó [fs'ɪvó] 副 ① 모두, 전부해서. ② 겨우…뿐인.

Всегó он получил 200 (двéсти) рублéй. 그는 전부해서 200루불을 받았다.
Сестрá *всегó* нá год молóже меня. 누이동생은 나보다 꼭 1살 어리다.

всеóбщий [fs'ɪópʃ'ʃ'ij] 101 А 4 形 전체적인, 보편적인.

В э́том годý были *всеóбщие* выборы. 올해 총선거가 실시되었다.

всё-таки [fs'ótək'i] 接 (- и, а, но 등) 그럼에도 불구하고, 그렇지만.

Это óчень стрáнно, но *всё-таки* э́то прáвда. 이것은 매우 이상한 일이다. 그렇지만 사실이다.

вскóре [fskór'ɪ] 副 곧, 이윽고.

Надеюсь *вскоре* вас видеть.	조만간 당신을 만나뵙기를 기대합니다.
вслед [fs'l'ét]	I 副 (за —造) …에 잇따라. II 前 (—與) 뒤를 좇아서.
Мы пошли *вслед* за ним.	우리들은 그를 뒤따라 나갔다.
Он смотрел *вслед* товарищу.	그는 친구가 가는 것을 지켜보았다.
вспоминать [fspəm'inát'] 143	不完 《完 вспомнить》 (—対 / о —前) 생각해내다, 회상하다, 회고하다.
Я не хочу *вспоминать* об этом времени.	나는 그때 일을 생각하기도 싫다.
вспомнить [fspómn'it'] 155	完 (⇨ 不完 вспоминать)
Я не могу *вспомнить* его фамилию.	나는 그의 성을 기억할 수가 없다.
вставать [fstavát'] 229	不完 《完 встать》 ① 일어서다. ② 기상하다; 일어나다, 생기다.
Не *вставайте*, у меня есть место.	일어서지 마십시오, 저는 자리가 있읍니다.
Каждый день я *встаю* в семь часов.	매일 나는 7시에 일어납니다.
встать [fstát'] 239	完 (⇨ 不完 вставать)
Все *встали* со стульев.	전원이 의자에서 일어났다.
Сегодня она *встала* рано.	오늘 그녀는 일찍 일어났다.
Передо мной *встал* важный вопрос.	내 앞에 중대한 문제가 생겼다.
встретить [fstr'ét'it'] 162	完 (不完 встречать) (—対) ① 만나다. ② 마중나가다, 영접하다.
По дороге домой я *встретил* отца.	집으로 가는 길에 나는 아버지를 만났다.
Кто *встретит* меня на вокзале?	누가 역으로 나를 마중나옵니까?
встретиться [fstr'ét'itsə] 162	完 (不完 встречаться) 《с —造》 …를 만나다; (無補語) 발견되다, 마주치다.
А где мы *встретимся*?	그런데 우리 어디서 만날까요?
встреча [fstr'éʧ'ə] 50 a	因 ① 만남. ② 영접, 마중. ③ 회견. ④ (스포츠의) 시합.
Наша *встреча* произошла на улице.	우리는 거리에서 만났다.
Встреча на вокзале была холо-	역에서의 마중은 냉랭하였다.

встреча́ть

дной.

В клу́бе заво́да состоя́лась *встре́ча* студе́нтов с писа́телями.

공장의 클럽에서 학생들과 작가들간의 회견이 있었다.

До конца́ *встре́чи* остаётся пять мину́т.

시합 종료까지는 5분 남았다.

встреча́ть [fstr'ɪtʃ'át'] 143

不完 (⇒完 встре́тить).

Тогда́ я ча́сто *встреча́л* его́ в теа́тре.

그당시 나는 극장에서 그를 자주 만났다.

Всю́ду нас *встреча́ли* с ра́достью.

가는 곳마다 우리를 기쁘게 맞아주었다.

встреча́ться [fstr'ɪtʃ'átʦə] 143

不完 (⇒完 встре́титься)

Они́ продолжа́ли *встреча́ться* вре́мя от вре́мени.

그들은 전과 다름이 없이 계속해서 종종 만났다.

всю́ду [fs'údu]

副 어느 곳에서나, 방방곡곡.

Я *всю́ду* иска́л письмо́, но не мог его́ найти́.

나는 편지를 이곳저곳 다 찾아 보았지만, 찾을 수가 없었다.

вся́кий [fs'ák'ij] 99

I 代 [定] ① (-單) 각각의, 각기의, 어떤…든지. ② 온갖, 모든. ③ (-без) 어떠한 (…도 없이). II 男 [活] 온갖사람.

Вся́кий челове́к зна́ет э́то.

누구라도 그것을 알고있다.

Здесь быва́ют *вся́кие* лю́ди.

이곳에는 온갖 사람들이 온다.

Она́ слу́шает его́ без *вся́кого* интере́са.

그녀는 그의 이야기를 전혀 관심없이 듣고 있다.

Вся́кий мо́жет э́то сде́лать.

그것은 누구라도 할 수 있다.

вто́рник [ftórn'ik] 17 а

男 화요일.

Со *вто́рника* я бу́ду свобо́ден.

화요일부터 나는 한가합니다.

второ́й [ftarój] 97

數 [序] 2번째의, 제2의.

Февра́ль — *второ́й* ме́сяц го́да.

2월은 일년중의 2번째 달이다.

входи́ть [fxad'ít'] 177

不完 (完 войти́) (в-对) 들어가다, (어떤 상태가) 되다.

— Мо́жно войти́?
— *Входи́те*, пожа́луйста.

—들어가도 됩니까?
—예. 어서 들어오십시오.

вчера́ [fʧ'ɪrá]

副 어제.

Вчера́ ве́чером по телеви́дению была́ интере́сная переда́ча.

어제 저녁 텔레비젼에서 재미있는 프로그램이 방영되었다.

вы [ví] 105

代 [人称] ① (2명 이상에 대하여)

Дéти, кто из *вас* сдéлал э́то? 너희들, 자네들; 당신들, 여러분, 제군들. ② (한 사람에 대해서) 당신.

애들아, 너희들 중에서 누가 이 일을 했느냐?

Вы наш лу́чший друг. 당신은 우리의 가장 좋은 친구입니다.
вы́бор [víbər] 1 a 男 ① 선택. ② 선택의 범위.
Вы сдéлали хорóший *вы́бор*. 당신은 선택을 잘 했읍니다.
В э́том магази́не большо́й *вы́бор* продýктов. 이 상점에는 식료품이 고루 구비되어 있다.
вы́боры [víbəri] 1 a 複 선거.
Сегóдня вся странá учáствовала в *вы́борах*. 오늘 전국에서 일제히 선거가 실시되었다.
вы́вод [vívət] 1 a 男 결론, 귀결.
Он пришёл к прáвильному *вы́воду*. 그는 옳은 결론에 도달했다.

вы́глядеть [vígl'əd'ɪt'] 184 不完 (一造) …처럼 보이다.
Онá *вы́глядит* счастли́вой. 그녀는 행복해 보인다.
вы́звать [vízvət] 198 完 (不完 вызывáть) (一対) ① 불러내다, (이름을) 부르다. ② 초래하다, 야기하다.
Я *вы́звал* егó по телефóну. 나는 그에게 전화를 했다.
Э́то *вы́звало* мнóго сомнéний. 이것은 많은 의문을 불러 일으켰다.
вызывáть [vɨzɨvát'] 143 不完 (⇨完 вы́звать).
Егó *вызывáли* к дирéктору, но егó нé было в цехý. 소장이 그를 자기에게 오라고 호출하였으나, 그는 자기부서에 있지 않았다.
Э́тот расскáз всегдá *вызывáет* смех читáтеля. 이 단편소설은 항상 독자의 웃음을 자아낸다.
вы́йти [víjt'i] 245 完 (不完 выходи́ть) ① 나가다, 나오다; (교통수단에서) 내리다. ② 없어지다, 다 떨어지다. ③ 생기다, 일어나다, 발생하다.
Онá *вы́шла* из кóмнаты. 그녀는 방안에서 나왔다.
Мы *вы́шли* на мáленькой стáнции и поéхали на маши́не. 우리는 조그만 역에서 내려, 자동차를 타고 갔다.
Чай у нас весь *вы́шел*. 집에 차가 다 떨어졌다.
Из негó *вы́йдет* хорóший врач. 그는 좋은 의사가 될 것이다.
вы́пить [víp'ɪt'] 224 完 (不完 пить) ① (一対 / 生) 마

Он *выпил* стакан водки и заговорил.
Давайте *выпьем* за нашу дружбу!
выполнить [vípəln'it'] 155

Наш завод *выполнил* план в срок.
выполнять [vipaln'át'] 145
Он всегда *выполняет* наше желание.
выпускать [vipuskát'] 143

Не *выпускайте* кота на улицу.
Этот завод *выпускает* лучшие тракторы.
выпустить [vípus't'it'] 164
Его *выпустили* на свободу.
Наш институт в этом году *выпустил* 200 (двести) специалистов.
выражать [viraʒát'] 143

Её голос *выражает* удовольствие.
выражение [viraʒén'ijə] 42 а

Язык служит средством *выражения* наших мыслей.
Что значит это *выражение*?
Я внимательно следил за *выражением* его глаз.
выразить [víraz'it'] 161
Мне ещё трудно точно *выразить* свою мысль по-русски.
вырасти [vírəs't'i] 213

시다. ② (за — 对) (…를 축하하여 / …를 위하여) 건배하다.
그는 보드카 한잔을 마시고 말하기 시작했다.
자, 우리들의 우정을 위하여 건배합시다.
完 (不完 выполнять) (-对) 수행하다, 이행하다, 완수하다.
우리 공장은 기한내에 계획을 수행했다.
不完 (⇒完 выполнить).
그는 항상 우리들의 소원을 들어 준다.
不完 (完 выпустить) (-对) ① 풀어 놓다, 해방하다. ② (사회·시장에) 내보내다, 생산하다.
고양이를 밖으로 내보내지 마시오.
이 공장은 훌륭한 트렉터를 생산하고 있다.
完 (⇒ 不完 выпускать).
그는 자유의 몸이 되었다.
우리 대학에서는 올해 200명의 전문가를 배출하였다.
不完 (完 выразить) (-对) 표현하다, 나타내다.
그녀의 목소리는 만족한 빛이 역력했다.
⊞ ① 표현하는 일, 표시. ② 표현, 말의 표현 방법. ③ 표정.
언어는 우리의 생각을 표현하는 수단이다.
이 표현은 무슨 의미입니까?
나는 주의깊게 그의 눈의 표정을 관찰했다.
完 (⇒ 不完 выражать).
나는 아직 나의 생각을 러시아어로 정확하게 표현하는 것이 어렵다.
完 (不完 расти) ① 자라나다, 성

Как ты *вырос* за этот год!

장하다, 발육하다. ② 증대·발전·진보하다.

일년 사이에 너는 참 많이 자라기도 했구나.

высо́кий [visók'ij] 99 F 3 比 вы́ше

🔲 ① (키가) 큰. ② (정도·비율·질 등이) 높은.

В ко́мнату вошла́ *высо́кая* де́вушка.

방안으로 키가 큰 처녀가 들어왔다.

Я *высо́кого* мне́ния о нём.

나는 그를 높이 평가하고 있다.

высоко́ [visakó] 比 вы́ше

Ⅰ 🔲 높이. Ⅱ 🔲 높다.

Ла́мпа виси́т *высоко́* над столо́м.

전등은 책상 위 높은 장소에 매달려 있다.

До верши́ны горы́ ещё *высоко́*.

산의 정상까지는 아직도 멀었다.

высота́ [visatá] 46 d

🔲 ① 높이, 고도. ② 고지.

Самолёт лете́л на *высоте́* десяти́ ты́сяч ме́тров.

비행기는 10,000m 고도로 날았다.

Враги́ за́няли *высоту́*.

적들은 고지를 점령했다.

выступа́ть [vistupát'] 143

🔲 (🔲 вы́ступить) (공공 장소에) 나가다, 출장·출연·등장·등단하다.

Сего́дня по телеви́дению *выступа́ет* сове́тский орке́стр.

오늘 텔레비젼에 소련의 오케스트라가 출연한다.

вы́ступить [vístup'it'] 157

🔲 (⇨🔲 выступа́ть).

На собра́нии он *вы́ступил* с докла́дом.

그는 집회에서 보고연설을 하였다.

выступле́ние [vistupl'én'ijə] 42 a

🔲 출장, 출연; 발언; 연기.

Э́то моё пе́рвое *выступле́ние* на сце́не.

이것이 나의 첫 무대이다.

вы́сший [víʃʃij] 101

🔲 ① 가장 높은. ② 고도(高度)의, 고등(高等)의.

Наш заво́д выпуска́ет изде́лия *вы́сшего* ка́чества.

우리 공장은 품질이 가장 좋은 제품을 생산하고 있다.

У него́ *вы́сшее* музыка́льное образова́ние.

그는 아주 높은 음악적 교양을 가지고 있다.

вы́ход [víxət] 1 a

🔲 ① 나가는 일, 출발, 출장. ② 출구. ③ 해결법, 방도.

Э́то был мой пе́рвый *вы́ход* по́сле боле́зни.

이것이 병이 나은 후 처음하는 외출이었다.

выходи́ть

Я бу́ду ждать вас у *вы́хода* из теа́тра.
극장 출구에서 당신을 기다리겠읍니다.

Это еди́нственный *вы́ход*.
이것이 유일한 해결책이다.

выходи́ть¹ [vixad'ít'] 177
不完 (完 вы́йти) ① 나가다, 나오다; (교통수단에서)내리다. ② 없어지다. ③ 생기다.

Обы́чно я *выхожу́* и́з дому в 8 (во́семь) часо́в.
보통 나는 8시에 집을 나선다.

У меня́ э́то из головы́ не *выхо́дит*.
그 일이 나의 뇌리속에서 사라지지 않는다.

Из него́ ничего́ не *выхо́дит*.
그는 아무리 해도 안된다. (어떠한 기대도 할 수 없다.)

выходи́ть² [vixad'ít'] 177 (1·2 人称 없이)
不完 (в / на —対) (…의 방향을) 향하고 있다.

Большо́е окно́ *выхо́дит* на у́лицу.
거리 쪽으로 커다란 창문이 나있다.

Г

газ [gás] 1 a P_2
男 ① 기체, 가스. ② (연료용의)가스.

Ну́жно определи́ть хими́ческий соста́в э́того *га́за*.
이 기체의 화학성분을 규명할 필요가 있다.

Я чу́вствую за́пах *га́за*.
가스냄새가 나는 것 같군요.

газе́та [gaz'étə] 46 a
女 신문.

Э́та *газе́та* выхо́дит три ра́за в неде́лю.
이 신문은 일주일에 3번 간행된다.

га́зовый [gázəvij] 96
形 가스의.

Брат поступи́л рабо́тать на *га́зовый* заво́д.
형은 가스공장에 취직했다.

га́лстук [gálstuk] 17 a
男 넥타이.

Он но́сит си́ний *га́лстук*.
그는 파란넥타이를 하고 있다.

гвоздь [gvós't'] 15 h
男 못.

Карти́на виси́т на *гвозде́*.
그림이 못에 걸려있다.

где [gd'é]
副 ① [疑問] 어디에, 어디에서. ② [関係] …하는·한(장소).

Где мы встре́тимся?
우리 어디서 만날까요.

Я был там, *где* никто́ из вас
나는 너희들 중 그 누구도 결코 가보

никогда не был.
где-то [gd'étə]
Я *где-то* потерял карандаш.
гектар [g'ıktár] 1 a
Один *гектар* равен 10.000 м².
(десяти тысячам квадратным метрам).
генерал [g'ın'ırál] 1 a
У него отец генерал.
геометрия [g'ıam'étr'ijə] 55 a
Геометрия — мой любимый предмет.
германский [g'ırmánsk'ij] 99

Немецкий язык является одним из *германских* языков.
Германская демократическая республика готовит великолепных спортсменов.
герой [g'ırój] 24 a
Все вышли встречать *героев* войны.
Кто главный *герой* этого романа?
гитара [g'itárə] 46 a
Он хорошо играет на *гитаре*.
глава [glavá] 46 d

Главой семьи в доме была мать.
Я ещё не дошёл до этой *главы*.

главный [glávnıj] 96
Это *главная* цель нашего испытания.
глаз [glás] 4 c P₂, П₂ в
Он посмотрел ей в *глаза*.
глубина [glub'iná] 46 d
Глубина озера — десять ме-

지 못한 장소에 있었었다.
副 (정해지지 않은) 어딘가에서.
나는 어디에선가 연필을 잃어버렸다.
男 헥타르.
헥타르는 1만 m²이다.

男 [活] (육군의) 장군, 장성.
그의 아버지는 장군이다.
因 기하학.
기하학은 내가 좋아하는 과목이다.

形 ① 게르만의, 게르만민족의. ②
독일의.
독일어는 게르만어의 하나이다.

동독은 우수한 운동선수들을 양성하고 있다.

男 [活] ① 영웅. ② 주인공.
모든 사람이 전쟁 영웅을 맞이하러 나갔다.
이 장편소설의 주인공은 누구입니까?
因 기타아.
그는 기타아를 잘 친다.
① 男/因 [活] 장(長), 우두머리.②
因 (서적, 논문 등의) 장(章).
어머니가 가장이었다.
나는 아직 이 장(章)까지 마치지 못했다.

形 중요한, 주요한.
이것이 우리 실험의 주된 목적이다.
男 눈 ; 시력.
그는 그녀의 눈을 쳐다보았다.
因 ① 깊이, 심도. ② 깊은 곳.
호수의 깊이는 10 m 이다.

тров.
В *глубине́* ле́са стоя́л дом. 숲 한가운데 집이 한채 있었다.
глубо́кий [glubók'ij] 99 F 3 比 形 깊은; 심오한.
глу́бже
Байка́л — са́мое *глубо́кое* о́зеро в ми́ре. 바이칼호(湖)는 세계에서 가장 깊은 호수이다.
глубоко́ [glubakó] 比 глу́бже I 副 깊게. II 述 깊다.
Ры́бы плыву́т *глубоко́* под водо́й. 고기들이 물속 깊은 곳에서 헤엄을 치고 있다.
Здесь глубоко́. 여기는 깊다.
глу́пый [glúpij] 96 D 1 形 우둔한; 어리석은.
Он оказа́лся *глу́пым* челове́ком. 그는 우둔한 사람으로 밝혀졌다.
гляде́ть [gl'ɪd'ét'] 192 不完 (в / на – 対) 보다, 바라보다, 전망하다.
Она́ сиди́т у окна́ и *гляди́т* на у́лицу. 그녀는 창문 옆에 앉아서 거리를 바라보고 있다.
говори́ть [gəvar'ít'] 165 不完 I 말하다, 이야기하다. II (I 完 сказа́ть) (–対) 말하다; 진술하다, 고하다, 알리다.
Вы *говори́те* по-япо́нски? 당신은 일본어를 하실 줄 아십니까?
Он всегда́ *говори́т* пра́вду. 그는 항상 진실을 말한다.
Говоря́т, что он бо́лен. 그가 아프다고들 한다.
говори́ться [gəvar'íttsə] 165 (1·2 人称 없이) 不完 말하여지다, 이야기되다.
На собра́нии *говори́лось* мно́го рече́й. 집회에서 많은 연설이 행해졌다.
год [gót] 1 g / 3 c P_2, $П_2$ в, ②는 1 g 로만. 男 ①(個数詞·数量代名詞와 함께 쓰이는 複·生은 лет) 년, 1년; 연령, 나이. ② (複) 시기, 시대.
В *году́* двена́дцать ме́сяцев. 1년은 12달이다.
Мне два́дцать *лет*. 나는 20살이다.
Э́то бы́ли лу́чшие *го́ды* его́ жи́зни. 그때가 그에게 있어서는 생의 최고의 시절이었다.
голова́ [gəlavá] 46 i 因 머리; 두뇌, 지력.
Она́ сняла́ с *головы́* шля́пу. 그녀는 모자를 벗었다.
го́лос [góləs] 3 c P_2 男 ① 목소리. ② 투표; 투표권.
Она́ кричи́т то́нким *го́лосом*. 그녀는 날카로운 목소리로 외친다.

Он собра́л мно́го *голосо́в*. 그는 많은 표를 모았다.
голубо́й [gəlubój] 97 形 하늘색의 ; 파란.
Она́ смотре́ла на *голубо́е* не́бо. 그녀는 파란 하늘을 바라보았다.
го́лый [gólij] 96 D 1 形 발가벗은, 나체의 ; 덮혀·씌워져 있지 않은, 아무것도 없는.
У него́ в кабине́те пол был *го́лый*. 그의 서재 바닥에는 아무것도 깔려 있지 않았다.
гора́ [gará] 46 i 名 ① 산 ; 언덕, 고지. ②(複)산지, 산악지방.
Мы ви́дим высо́кую *го́ру*. 높은 산이 보인다.
Они́ жи́ли в *гора́х*. 그들은 산지에서 살고 있었다.
гора́здо [garázdə] 副 (몹시 차이가 지는 모양) 훨씬.
Он ро́стом *гора́здо* вы́ше, чем его́ оте́ц. 그는 아버지보다도 훨씬 더 크다.

го́ре [gór'ə] 36 a 田 (單) (큰) 슬픔, 비애 ; 불행.
У неё большо́е *го́ре*: у́мер сын. 그녀는 아들의 죽음으로 커다란 슬픔에 잠겨 있다.
горе́ть [gar'ét'] 189 不完 ① 타다, 연소하다, 불붙다. ② (등이) 켜져 있다 ; 빛나다.

Пе́чка ещё *гори́т*? 뻬치카에 불이 아직 타고 있어요 ?
Там *гори́т* зелёная ла́мпа. 저기에 녹색 등불이 켜져 있다.
У него́ глаза́ *горя́т* от ра́дости. 그의 눈은 기쁨으로 빛나고 있다.
горизо́нт [gər'izónt] 1 a 男 지평선, 수평선 ; 시계(視界).
На *горизо́нте* показа́лся парохо́д. 수평선 위로 배가 모습을 드러냈다.
го́рло [górlə] 29 a 田 목구멍, (단지, 화병등의)목.
У меня́ боли́т *го́рло*. 나는 목이 아프다.
го́рный [górnij] 96 形 ① 산의, 산지의, 산맥의. ② 광산의.

Го́рная верши́на закры́та облака́ми. 산꼭대기는 구름으로 가려져 있다.
Он *го́рный* инжене́р. 그는 광산 기사이다.
го́род [górət] 3 c 男 시내 ; 도시, 도회지.
Мы прие́хали в *го́род* но́чью. 우리들은 밤에 도시에 도착했다.
городско́й [gəratskój] 100 形 도시의, 도회지의.
Я привы́к к *городско́й* жи́зни. 나는 도회지의 생활에 익숙해 있다.
горя́чий [gar'át∫'ij] 101 B 4 形 ① 뜨거운. ② 열렬한, 격렬한. ③ 성급한.

Хотите *горячего чая*?　뜨거운 차를 드시겠읍니까?
Происходил *горячий* спор.　격한 논쟁이 일어났다.
Раньше отец был очень *горяч*.　전에 아버지는 매우 성미가 급했었다.

господин [gəspad'ín] 9 c
男 [活] (외국인에 대해서) ① …씨. ② 신사.

Передайте это *господину* Брауну.　이것을 브라운씨에게 전해주십시오.
Кто этот *господин*?　이 신사분은 누구입니까?

гостиница [gas't'ín'itsə] 52 a
女 호텔, 여관.

Мы сняли номер в новой *гостинице*.　우리들은 새로 지은 호텔에 방을 예약했다.

гость [góś't'] 14 g
男 [活] 손님, 방문객, 귀빈.

Приходите к нам в *гости*.　저희 집에 손님으로 방문해 주십시오.

государственный [gəsudárs't'v'ɪnnɪj] 96
形 국가의, 나라의; 국립·국영의; 국가적인.

Он учится в Московском *государственном* университете.　그는 모스끄바국립대학에서 공부하고 있다.

государство [gəsudárstvə] 29 a
田 국가, 나라.

Главой *государства* является президент.　한 국가의 수반은 대통령이다.

готовить [gatóv'it'] 156
不完 (—対) ① 준비하다, 채비를 하다; 양성하다. ② (식사를) 준비하다.

Сейчас он *готовит* материалы к докладу.　지금 그는 발표할 자료를 준비하고 있는 중이다.
В этом институте *готовят* инженеров.　이 대학에서는 기사를 양성하고 있다.
Мать *готовит* обед на кухне.　엄마는 부엌에서 점심을 만들고 있다.

готовиться [gatóv'ittsə] 156
不完 (к—與) 준비를 하다.

Студенты *готовятся* к экзамену.　학생들은 시험준비를 하고 있다.

готовый [gatóvɪj] 96 A 1
形 ① 채비·준비가 돼 있는. ② 용의·각오가 돼 있는. ③ 기성의, 완성된, 이미 만들어 진.

Я *готов* к экзамену.　나는 시험을 치를 준비가 되어 있다.
Для вас я *готова* на всё.　당신을 위해 무엇이든지 할 용의가 있읍니다.

Вчера́ она́ была́ в магази́не *гото́го* пла́тья и купи́ла себе́ си́нее пла́тье.

어제 그녀는 기성복집에 가서 파란 색 원피스를 샀다.

граждани́н [grəʒdan'ín] 8 а

男 [活] ① 시민. ② 어른, 성인남 자 ; (존경의 표시로) …씨 ; (호 칭으로) 여보세요.

Он америка́нский *граждани́н*.
Вы зна́ете э́того *граждани́на*?

그는 미국 시민이다.
이분을 알고 계십니까?

гражда́нский [graʒdánsk'ij] 99

形 ① 시민의, 공민의. ② 민사의. ③ (군인이 아닌) 일반인의, 민 간의.

Он вы́полнил свой *гражда́нский* долг.
Она́ хорошо́ зна́ет *гражда́нское* пра́во.
Здесь уже́ не́ было ни одного́ *гражда́нского* челове́ка.

그는 시민으로서의 의무를 다했다.

그녀는 민법을 잘 알고있다.

이곳에는 이미 민간인이 한명도 없 다.

грамм [grám] 1 а / 2 а
Я купи́л две́сти *гра́ммов* ма́сла.

男 그램.
나는 버터를 200g 샀다.

грани́ца [gran'íʦə] 52 а
Грани́ца прохо́дит вдоль реки́.

女 경계 ; 국경.
국경은 그 강에 접해있다.

грипп [gr'íp] 1 а
У вас есть лека́рство от *гри́ппа*?

男 유행성 감기, 독감.
감기약이 있읍니까 ?

грома́дный [gramádnij] 96 А 6
Она́ чу́вствовала *грома́дное* удово́льствие.

形 커다란, 거대한.
그녀는 크게 만족했다.

гро́мко [grómkə] 比 гро́мче
Внизу́ жена́ говори́т *гро́мко* с кем-то.

副 큰소리로, 목소리를 높여.
아래층에서 아내가 누군가와 큰소리 로 이야기를 하고 있다.

грудь [grút'] 56 g *П*₂ в / на
У меня́ боли́т *грудь*.
Она́ даёт *грудь* ребёнку.

女 ① 가슴, 흉부. ② 유방, 젖.
나는 가슴이 아프다.
그녀는 아이에게 젖을 먹이고 있다.

груз [grús] 1 а
Како́й *груз* везёт э́тот парохо́д?

男 짐, 화물, 하물(荷物).
이 기선은 어떤 화물을 적재하고 있 읍니까 ?

грузови́к [gruzav'ík] 17 b
Грузови́к идёт по доро́ге.

男 트럭, 화물 자동차.
길을 따라 트럭이 달린다.

гру́ппа [grúppə] 46 a

Жи́тели собира́лись *гру́ппами*.

В на́шей *гру́ппе* вме́сте рабо́тают семь челове́к.

гру́ша [grúʃə] 51 a

В саду́ растёт высо́кая *гру́ша*.

губа́ [gubá] 46 h

Гу́бы у де́вочки дрожа́ли.

гуля́ть [gul'át'] 145

Я иду́ *гуля́ть* в парк.

名① (그렇게 많지 않은 물건의)무리, 떼. ② 집단, 그룹.

주민들은 삼삼오오 무리를 지어 모였다.

우리 그룹은 7명이 함께 일하고 있다.

名 배 (과일·나무).

정원에는 키가 큰 배나무가 있다.

名 입술.

소녀의 입술은 떨리고 있었다.

不完 산보하다, 산책하다.

나는 공원으로 산보하러 가는 중이다.

Д

да [dá]

— Ты чита́л э́ту кни́гу?

— *Да*, чита́л.

дава́ть [davát'] 229

Ка́ждый ме́сяц оте́ц *даёт* мне де́ньги.

Не *дава́йте* ему́ так поступа́ть.

давно́ [davnó]

Со́лнце уже́ *давно́* се́ло.

Мы *давно́* живём в э́том го́роде.

да́же [dáʒə]

Да́же он легко́ реши́л э́ту зада́чу.

далёкий [dal'ók'ij] 99 F 4 比 да́льше

Он вспо́мнил *далёкое* де́тство.

Она́ о́чень *далека́* от нау́ки.

далеко́ [dəl'ɪkó] 比 да́льше

Он живёт *далеко́* от го́рода.

助 (긍정·동의의 대답으로) 예.

— 너는 이 책을 읽었느냐?

— 예, 읽었읍니다.

不完 (完 дать) ①(-対) 주다, 수여하다. ②(-不定形) …를 시키다, …하는 것을 허락하다.

아버지는 매달 나에게 돈을 주신다.

그에게 그런 행동을 못하게 하세요.

副 ① 훨씬 이전에. ② 아주 오래전부터, 오랫동안.

해는 이미 오래전에 졌다.

우리는 오래전 부터 이 도시에 살고 있다.

助 …조차(도), …까지도.

그 사람 조차도 그 문제를 간단히 해결했다.

形 ① (공간적·시간적으로) 먼, 멀리있는. ② 친하지 않은.

그는 옛날의 어린시절을 회상했다.

그녀는 과학하고는 거리가 멀다.

I 副 멀리. II 述 멀다.

그는 도시에서 멀리 떨어져 산다.

До до́ма ещё *далеко́*. 집까지는 아직도 멀다.

дальне́йший [dal'n'éjʃij] 101 形 차후의 ; 이 이상의.
Мы наде́емся на *дальне́йшее* развитие нау́к. 우리는 차후의 학문발전을 기대하고 있다.

да́льний [dál'n'ij] 98 形 (공간적으로) 먼 ; 먼 일가의.
Наш кора́бль верну́лся из *да́льнего* пла́вания. 우리의 배는 원양항해에서 돌아왔다.

да́льше [dál'ʃi] ((далёкий, далеко́ 의 比較級) I 副 보다 멀리 ; 그 다음 ; (시간적으로)이후. II 形 보다 멀다.
Я живу́ *да́льше* вас от це́нтра го́рода. 나는 당신보다 시내에서 더 멀리 살고 있다.
Чита́йте *да́льше*. 계속 읽으십시오.
Этот путь немно́го *да́льше*, но доро́га лу́чше. 이 길은 좀 돌아가지만, 길은 좋다.

да́ма [dámə] 46 a 因〔活〕(존칭의 뜻으로) 부인. (신사 숙녀) 여러분!
Да́мы и господа́!
В Москве́ я случа́йно познако́мился с одно́й *да́мой*. 모스끄바에서 나는 우연히 부인 한 사람을 알게 되었다.

да́нный [dánnij] 96 I 形 이, 그 ; 해당의, 문제의. II 複 자료, 데이터.
В *да́нный* моме́нт он никого́ не принима́ет. 지금, 그는 아무도 만나지 않는다.
Он сде́лал вы́вод на основа́нии мно́гих *да́нных*. 그는 많은 자료를 토대로 하여 결론을 얻어냈다.

дать [dát'] 250 完 (⇒不完 дава́ть).
Да́йте мне, пожа́луйста, 500 (пятьсо́т) грамм колбасы́. 소시지 500g 주십시오.
Ему́ не *да́ли* говори́ть. 그는 발언할 기회를 얻지 못했다.

два [dvá] 123 數 2, 2개.
Постро́ено *два* но́вых больши́х до́ма. 새로운 커다란 집 2채가 건설되었다.
Учени́к реши́л *две* тру́дные зада́чи. 그 학생은 2개의 어려운 문제를 풀었다.

двадца́тый [dvatsátij] 96 數〔序〕20번째의, 제20의.
Мы живём в *двадца́том* ве́ке. 우리는 20세기에 살고 있다.

два́дцать [dváttsət'] 128 數 20.
Этот магази́н рабо́тает с четы́рнадцати до *двадцати́*. 이 상점은 14시 부터 20시 까지 영업을 한다.

двена́дцать [d'v'ináttsət'] 130 數 12.

дверь

Он пришёл сюда́ в *двена́дцать* часо́в.   그녀는 이곳에 12시에 왔다.

дверь [d'v'ér'] 56 / 56' g *П*₂ на   囡 문, 도어.
Она́ откры́ла *дверь*.   그녀는 문을 열었다.

две́сти [d'v'és't'i] 136   數 200.
Мы находи́лись в *двухста́х* ме́трах от ста́нции.   우리는 역에서 200m 떨어진 곳에 있었다.

дви́гатель [d'v'ígət'il'] 14 a   男 엔진 ; 모터.
Дви́гатели приво́дят маши́ны в де́йствие.   엔진이 기계를 작동시킨다.

дви́гаться [d'v'ígətsə] 200   不完 ① 나아가다, 움직여 가다. ② 움직이다.

Парохо́д ме́дленно *дви́жется* вверх по Во́лге.   기선은 볼가강을 따라 천천히 거슬러 올라가고 있다.
Но́ги у меня́ не *дви́гались*.   내발은 움직이지 않았다.

движе́ние [d'v'iʒén'ijə] 42 a   田 ① 움직임, 운동. ② 운행 ; 교통. ③ (사회적인) 운동.

Ско́рость *движе́ния* моле́кул зави́сит от температу́ры те́ла.   분자의 운동속도는 물체의 온도에 좌우된다.
На у́лице большо́е *движе́ние*.   거리는 교통이 혼잡하다.
В *движе́нии* за мир уча́ствуют изве́стные писа́тели.   유명한 작가들이 평화운동에 참여하고 있다.

дво́е [dvójə] 125   數 〔集合〕 2사람, 2개.
У них в семье́ *дво́е* дете́й.   그들의 가정에는 아이가 둘 있다.

двор [dvór] 1 b   男 건물택지내의 공터, 마당, 뜰.
Де́ти игра́ют во *дворе́*.   아이들이 마당에서 놀고 있다.
На *дворе́* хорошо́.   밖은 기분이 상쾌하다.

дворе́ц [dvar'éts] 71 b   男 ① 궁전. ② 회관.
Во *дворце́* нахо́дится музе́й.   궁전안에 박물관이 있다.
Вчера́ был конце́рт во *Дворце́* культу́ры.   어제 문화회관에서 음악회가 있었다.

де́вочка [d'évətʃ'kə] 90 a   囡 〔活〕 여자아이, 소녀.
Этой *де́вочке* во́семь лет.   이 여자아이는 8살이다.

де́вушка [d'évuʃkə] 90 a   囡 〔活〕 처녀, 아가씨.
Я познако́мился с краси́вой *де́вушкой*.   나는 아름다운 처녀를 알게 되었다.

девяно́сто [d'iv'inóstə] 132   數 90.
Здесь рабо́тают *девяно́сто* ра-   이곳에는 90명의 노동자가 일하고

бо́чих.

девятна́дцать [d'ıv'ıtná**ts**ət'] 130

Этому уже́ *девятна́дцать* лет.

그것은 벌써 19년전의 일이다.

девя́тый [d'ıv'átıj] 96

Откро́йте уче́бник на страни́це *девя́той*.

數 [序] 9번째의, 제9의.
교과서 제9페이지를 펴세요.

де́вять [d'év'ıt'] 128

Мы встре́тили э́тих *де́вять* студе́нток.

數 9, 9개.
우리는 그 9명의 여대생을 만났다.

девятьсо́т [d'ıv'ı**ts**só**t**] 139

Втора́я мирова́я война́ начала́сь в 1939-м (ты́сяча *девятьсо́т* три́дцать девя́том) году́.

數 900.
제2차세계대전은 1939년에 시작되었다.

дед [d'ét] 1 а

Это фотогра́фия моего́ *де́да*.
Дед мно́го зна́ет.

男 [活] ① 할아버지, 조부. ② (일반적으로) 노인.
이것은 우리 할아버지 사진이다.
그 노인은 많은 것을 알고 있다. (세상 일을 잘 안다.)

де́душка [d'éduʃkə] 90 а

Мой *де́душка* живёт в дере́вне.

男 [活] (дед 의 애칭형) 할아버지.
우리 할아버지는 시골에서 살고있다.

де́йствие [d'éjs't'v'ijə] 42 а

Он челове́к *де́йствия*.
Слова́ отца́ произво́дят си́льное *де́йствие* на неё.

田 ① 행동, 활동 ; (複) 행위. ② 작용 ; 효과.
그는 행동가이다.
아버지의 말씀은 그녀에게 지대한 영향을 미치고 있다.

действи́тельно [d'ıjs't'v'ít'ıl'nə]

Это *действи́тельно* так.
Да, *действи́тельно*, э́то ну́жно.

I 副 실제로, 정말로. II (挿入語) 과연, 정말, 실제.
그것은 정말로 그렇다.
그렇다, 과연 그것은 필요하다.

действи́тельность [d'ıjs't'v'í-t'ıl'nəs't'] 56 а

Это не сон, а *действи́тельность*.

女 현실, 실제.

이것은 꿈이 아니라 현실이다.

де́йствовать [d'éjstvəvət'] 146

不完 ① 행동·활동하다 ; (기계 등이) 작동하다. ② 작용하다, 영향을 주다, 효과가 있다.

Как нам *действовать* дальше?
Лекарство на меня *действует* хорошо.

앞으로 우리는 어떻게 행동해야하나?
이 약은 나에게 효과가 있다.

декабрь [d'ıkábr'] 15 b

男 12월.

Здесь *декабрь* был тёплым.

이곳은 12월이 따뜻했다.

делать [d'élət'] 142

不完 (完 сделать) (-对) ① 하다. ② 만들다.

Что вы *делаете*?
Они *делают* успехи в изучении русского языка.
Вино *делают* из винограда.

당신은 무엇을 하고 있읍니까?
그는 러시아어 학습에 커다란 성과를 거두고 있다.
와인은 포도로 만든다.

делаться [d'élətsə] 142 (1·2 人称 없이)

不完 ① 행하여지다. ② 생기다, 일어나다, 나타나다. ③ 만들어지다, 제작되다.

Это и в Японии не *делается*.
Вы знаете, что там *делается*?
На этом заводе *делаются* лучшие тракторы.

그런 일은 일본에서도 하지 않는다.
그곳에서 어떤 일이 일어나고 있는지 당신은 아십니까?
이 공장에서는 성능이 좋은 트랙터들이 만들어지고 있다.

дело [d'élə] 29 c

田 ① 일 ; 업무. ② 용무, 볼일, 용건. ③ 문제, 관계되는 일.

Как идут ваши *дела*?
Она пришла сюда по *делам*.
Это совсем другое *дело*.

일은 잘 되어 갑니까?
그녀는 볼일이 있어 이곳에 왔다.
이것은 전혀 별개의 문제다.

демократический [d'ıməkrat'ítʃ'ısk'ij] 99

形 민주적인, 민주주의의.

Граждане могут использовать свои *демократические* права.

시민들은 자신의 민주주의의 권리를 행사할 수 있다.

демократия [d'ımakrát'ijə] 55 a

女 민주주의(체제).

Это принципы *демократии*.

이것이 민주주의의 원리이다.

день [d'én'] 62 b

男 ① 낮. ② 하루, 1일. ③ (複) 시대, 시기.

И *день* и ночь шёл дождь.
Я вижу его каждый *день*.
Это произошло в *дни* революции.

낮에도 밤에도 비가 왔다.
나는 그를 매일 만난다.
이것은 혁명의 시기에 일어났다.

деньги [d'én'g'i] 91 k

複 돈, 금전 ; 자금, 부(富).

Он всегда без *денег*.

그는 항상 돈이 없다.

дере́вня [d'ɪr'évn'ə] 84 g

Дере́вня стоя́ла на берегу́ реки́.
В де́тстве он жил в *дере́вне*.

де́рево [d'ér'ɪvə] 31 а

Ле́том ли́стья на *дере́вьях* зелёные.

деревя́нный [d'ɪr'ɪv'ánnɪj] 96

На горе́ стоя́л *деревя́нный* дом.

держа́ва [d'ɪrʒávə] 46 а

Вели́кие держа́вы управля́ют всем ми́ром.

держа́ть [d'ɪrʒát'] 195

Она́ *де́ржит* ребёнка на рука́х.
Держи́те дверь откры́той.
Она́ *де́ржит* трёх ко́шек.

держа́ться [d'ɪrʒáttsə] 195

Держи́сь кре́пко за мной.
В Коре́е *де́ржатся* пра́вой стороны́, а в Япо́нии ле́вой.
Карти́на *де́ржится* на гвоздя́х.
Он пло́хо *де́ржится* за столо́м.

деся́ток [d'ɪs'átək] 65 а

На по́лке и на столе́ лежа́ли *деся́тки* книг.

деся́тый [dɪs'átɪj] 96

На тра́кторах он рабо́тает *деся́тый* год.

де́сять [d'és'ɪt'] 128

Э́тот ка́мень в *де́сять* раз бо́льше, чем тот.

因 ① 마을, 촌락. ② (單) 시골, 농촌.
마을은 강가에 위치하고 있었다.
어렸을때 그는 농촌에서 살았다.
田 나무, 수목.
여름에 나뭇잎은 푸르르다.
形 나무로 만든, 목조·목재의.
산위에 목조 가옥이 있었다.
因 국가 ; 강국.
열강이 세계를 지배한다.

不完 (—对) ① 쥐고 있다, (붙)잡고 있다. ② (어떤 상태에) 보전하다, 놓다. ③ (동물을) 기르다, 사육하다, (고용인을) 두다.
그녀는 아이의 손을 잡고 있다.
문을 열어 두어라.
그녀는 3마리의 고양이를 키운다.
不完 (за —对) …를 쥐다, 잡다, 집다. ② (—生) 기준으로 삼고 따르다. ③ (на —前) (…에 의해서)지탱되다, 매달리다. ④ 자세를 유지하다, 태도를 취하다.
나를 꼭 잡아라.
한국에서는 우측통행을 하지만, 일본은 좌측통행이다.
그림이 못에 걸려 있다.
그는 밥먹는 태도가 나쁘다.
男 10(개, 사람, 살).
선반에도 책상에도 10권의 책이 놓여 있었다.
數 〔序〕 10번째의, 제10의.
그는 10년간이나 트렉터를 몰았다.
數 10.
이 돌은 저것보다 10배나 크다.

деталь [d'ıtál'] 56 a
 Я не знаю *деталей* этого дела.
 В машине много *деталей*.
дети [d'ét'i] 13 n

 Дети с семи лет ходят в школу.
детский [d'étsk'ij] 99
 Детей до семи лет водят в *детский* сад.
детство [d'étstvə] 29 a
 Я знаю его с *детства*.

дешёвый [d'ıʃóvij] 96 D 3
 Осенью яблоки бывают *дешёвыми*.

деятель [d'éjət'ıl'] 14 a
 Горький был великим *деятелем* русской культуры.
деятельность [d'éjət'ıl'nəs't'] 56 a
 Эти книги рассказывают о *деятельности* известных учёных.
диван [d'iván] 1 a
 Она сидит на *диване*.
директор [d'ir'éktər] 3 c
 Директора школы сегодня не будет.
дисциплина [d'istsıpl'ínə] 46 a

 Необходимо поднять трудовую *дисциплину* на предприятии.
 Физика — основная *дисциплина* науки.
длина [dl'iná] 46 d
 Длина этой реки два километра.

囡 ① 상세, 세부. ② 부품.
나는 이 사건을 상세히 모른다.
이 기계에는 부품이 많다.
覆 [活] (單數는 ребёнок를 사용한다) 어린이, 아이들; 자식.
어린이는 7세부터 학교에 다닌다.
形 어린이의, 아동을 위한.
7세까지의 어린이를 유치원에 넣는다.

田 유년시대, 어린시절.
나는 어릴 때부터 그 사람을 알고 있다.

形 값싼, 염가의.
가을에는 사과가 싸다.

男 [活] 활동가, 사업가.
고리끼는 위대한 러시아문화인 이었다.

囡 활동, 사업; 일, 직업.

이 책들에는 유명한 학자들의 활동에 관하여 쓰여져 있다.

男 소파.
그녀는 소파에 앉아 있다.
男 [活] 장(長), 관리자.
교장 선생님은 오늘 안 계실 것이다.

囡 ① 규율. ② (文語) (학문의) 부문.

기업의 노동규율을 향상시킬 필요가 있다.

물리학은 과학의 기초 학문이다.

囡 길이.
이 강의 길이는 2km이다.

длинный [dl'ínnij] 96 F 5, ② 는 B 5

В за́ле стои́т *дли́нный* стол.
Рукава́ мне *длинны́*.

для [dl'ı]

Э́то места́ *для* пассажи́ров с детьми́.

днём [d'n'óm]

Я *днём* рабо́таю, а ве́чером учу́сь.

дно [dnó] 32 d

Он доста́л ка́мень со *дна* реки́.
На *дне* стака́на оста́лся са́хар.

до [də] (악센트 음절의 바로 앞에서는 [da])

От Москвы́ *до* Ленингра́да 650 (шестьсо́т пятьдеся́т) киломе́тров.
Мы рабо́тали с утра́ *до* ве́чера.
Я уста́л *до́* сме́рти.
Э́то бы́ло ещё *до* войны́.

доба́вить [dabáv'it'] 156

Доба́вьте са́хару в ко́фе.
Всё я́сно, *доба́вить* не́чего.

доби́ться [dab'ítʦə] 225

Мы *доби́лись* хоро́ших результа́тов в испыта́нии.

добро́ [dabró] 29 ь
Он сде́лал ей мно́го *добра́*.

до́брый [dóbrij] 96 E 1

形 ① 긴. ② (短語尾) 지나치게 긴.

호올에는 긴 책상이 1개 있다.
소매가 나한테는 너무 길다.

前 (一生) …을 위하여·위한, …용(用)의.

이것은 어린이를 동반한 승객을 위한 좌석입니다.

副 낮에 ; 오후에.

나는 낮에 일하고 밤에 공부한다.

田 ① (單) 해저, (움푹 패인곳 등의) 밑바닥, 최하층. ② (배, 용기 등의) 바닥, 밑바닥.

그는 강바닥에서 돌을 주어 올렸다.
컵의 바닥에는 설탕이 남았다.

前 (一生) ① (공간적·시간적 한계) …까지. ② (정도) …할 정도·만큼, …까지. ③ …이전에, …보다 이전에.

모스끄바에서 레닌그라드까지는 650 km이다.

우리는 아침부터 저녁까지 일했다.
나는 피곤해 죽을 지경이다.
이것은 벌써 전쟁 전의 일이었다.

完 (一対/生) 부가하다, 보충하다, 첨가하다.

커피에 설탕을 더 타세요.
모든 것이 명백하니 아무것도 첨가할 것이 없다.

完 (一生) 획득하다, 달성하다, 이루다.

우리는 시험에서 좋은 성적을 얻었다.

田 선(善); 선행; 호감이 가는 일.
그 사람은 그 여자에게 매우 잘 해주었다.

形 ① 착한, 선량한, 친절한. ② 좋

У неё у́мные и *до́брые* глаза́. 그녀의 눈은 총명하고 선량하다.
Он принёс мне *до́брую* весть. 그는 나에게 좋은 소식을 가져 왔다.

дово́льно [davól'nə] I 副 ① 만족스럽게. ② 꽤. II 述 (生 / 不定形) 충분하다, 됐다.

Оте́ц *дово́льно* улыба́лся, гля́дя на сы́на. 아버지는 아들을 보고 만족하게 웃었다.
Прошло́ *дово́льно* мно́го вре́мени. 꽤 많은 시간이 흘렀다.
Дово́льно пла́кать! 이제 그만 울어라!

догово́р [dəgavór] 1 a 男 조약 ; 계약.
Мы заключи́ли *догово́р* о дру́жбе. 우리는 우호조약을 체결하였다.

дождь [dóʃʃ'] 15 b 男 비.
Всё у́тро шёл *дождь*. 오전내내 계속해서 비가 왔다.

дойти́ [dajt'í] 244 完 (до—生) …까지 가다·오다, …에 도달하다.
Под сне́гом мы с трудо́м *дошли́* до ста́нции. 우리는 눈을 맞으면서 가까스로 역에 도착했다.

доказа́ть [dəkazát'] 204 完 (一対) 증명하다.
Он не мог *доказа́ть*, что он прав. 그는 자신이 옳다는 것을 증명할 수가 없었다.

докла́д [daklát] 1 a 男 ① 보고, 연설. ②(상사 등에게의) 보고, 보고서.
Он сде́лал интере́сный *докла́д*. 그는 흥미있는 보고를 했다.
Она́ пошла́ к дире́ктору с *докла́дом*. 그녀는 소장에게 보고하러 갔다.

до́ктор [dóktər] 3 c 男〔活〕① 의사. ② (학위) 박사.
На́до скоре́е вы́звать *до́ктора*. 빨리 의사를 불러야 합니다.
Он неда́вно стал *до́ктором* физи́ческих нау́к. 그는 최근에 물리학박사가 되었다.

докуме́нт [dəkum'ént] 1 a 男 ① 서류, 문서, 증서. ② 신분증명서, 통행허가증. ③ 문헌, 자료.
Уже́ соста́вили ну́жный *докуме́нт*? 필요한 서류는 이제 다 됐읍니까?

Покажи́те ва́ши *докуме́нты*. 신분증명서를 보여 주시겠읍니까?
Э́то ва́жные истори́ческие *докуме́нты*. 이것은 중요한 역사문헌이다.

долг [dólk] 17 c, ②는 P_2, $П_2$ в 男 ① (單) 의무, 본분. ② 꾼돈, 부채, 빚.

Я счита́ю э́то свои́м *до́лгом*. 나는 이것을 나의 의무로 생각한다.
У него́ бы́ли больши́е *долги́*. 그는 거액의 부채가 있었다.

до́лгий [dólg'ij] 99 D 14 比 до́льше / до́лее 形 (시간적으로) 긴, 오랜.

Он *до́лгое* вре́мя боле́л. 그는 오랫동안 앓고 있다.

до́лго [dólgə] 比 до́льше / до́лее 副 오랫동안, 장시간.

Она́ о́чень *до́лго* разгова́ривала по телефо́ну. 그녀는 아주 오랫동안 통화를 했다.

до́лжен [dólzən] B 9 困 ① 빚을 지고있다. ② (-不定形) …을 해야만 한다.

Ско́лько мы вам *должны́*? 우리는 당신에게 얼마의 빚이 있읍니까?

Учени́к *до́лжен* хорошо́ учи́ться. 학생들은 열심히 공부해야 한다.

до́ллар [dóllər] 1 a 男 달라.
Э́та кни́га сто́ит два *до́ллара*. 이 책은 2달라이다.

до́ля [dól'ə] 47 g 女 몫; 일부.
В э́том есть *до́ля* пра́вды. 그것도 일리가 있다.

дом [dóm] 3 c P_2, $П_2$ на 男 ① 가옥, 건물. ② 주거, 집. ③ 회관 …의 가(家).

Мы живём в большо́м ка́менном *до́ме*. 우리는 커다란 석조 건물에 살고있다.
Вам письмо́ *из дому*. 집에서 당신에게 편지가 왔어요.
Там сто́ит *Дом* культу́ры. 저기에 문화회관이 있다.

до́ма [dómə] 副 집에서, 자택에서.
Ве́чером меня́ не бу́дет *до́ма*. 저녁에 나는 집에 없을 것입니다.

домо́й [damój] 副 집으로; 고향으로, 국으로.
Брат верну́лся *домо́й* по́здно. 형은 늦게 집으로 돌아왔다.

доро́га [darógə] 49 a 女 ① 길, 도로. ② 진로, 코오스, 행로. ③ 여행.

Доро́га прохо́дит че́рез лес. 길이 숲을 지나 나있다.
Я не зна́ю *доро́ги* в э́ту дере́вню. 나는 그 마을로 가는 길을 모른다.

Когда они верну́лись с доро́ги?	그들은 여행에서 언제 돌아왔읍니까?
дорого́й [dəragój] 100 D 12 比 доро́же	形 ① 비싼, 고가의. ② (短語尾)귀중한, 중요한. ③ (長語尾로만) 친애하는, 귀여운.
Это о́чень *дорога́я* вещь.	이것은 매우 비싼 물건이다.
Нам *дорога́* па́мять геро́ев.	영웅들을 생각한다는 것은 매우 값진 일이다.
Дорого́й Ива́н Ива́нович!	친애하는 이반 이바노비치!
доста́точно [dastátətʃ'nə]	I 短 (-生) 충분하다. II 副 충분히, 꽤, 아주.
Для э́того *доста́точно* двух челове́к.	이일에는 2명이면 충분하다.
Он *доста́точно* умён.	그는 꽤 머리가 좋다.
доста́ть [dastát'] 239	完 ① (-対) 끄집어 내다. ② (-対) 구하다, 얻다. ③ (до -生) ...까지 미치다, 닿다.
Он *доста́л* из карма́на я́блоко и дал его́ сестре́.	그는 호주머니에서 사과를 꺼내어 그 사람의 여동생에게 주었다.
Тру́дно *доста́ть* биле́т в э́тот теа́тр.	이 극장의 입장권은 구하기가 어렵다.
Он так высо́к, что *доста́нет* руко́й до потолка́.	그는 손이 천장에 닿을 정도로 키가 크다.
достиже́ние [dəs't'iʒén'ijə] 42 a	中 ① 도달, 달성. ② 이루어 놓은 결과, 성과, 업적.
Мы стара́емся для *достиже́ния* свое́й це́ли.	우리는 우리의 목적을 달성하기 위하여 노력하고 있다.
Вот но́вые достиже́ния совреме́нной те́хники.	봐라 이것이 현대 기술의 성과이다.
дочь [dót͡ʃ'] 58 g	女 〔活〕 딸.
У неё два сы́на и три *до́чери*.	그녀는 아들이 2명이고, 딸이 3명이다.
дре́вний [dr'évn'ij] 98 A 9	形 옛날의, 고대의.
Он изуча́ет *дре́внюю* исто́рию.	그는 고대사를 연구하고 있다.
дрожа́ть [draʒát'] 186	不完 떨다, 떨리다.
Он *дрожи́т* всем те́лом.	그는 온몸을 부들부들 떨고 있다.
друг¹ [drúk] 19 c	男 〔活〕 벗, 친구, 동무.
Мы с ним больши́е *друзья́*.	나는 그와 절친한 친구이다.
друг² [drúk] 19 c 《друг 의 뒤에서	(單) (2명의)한쪽; 서로.

주격 이외의 형태가 되풀이 된다. 전치사는 양자의 사이에 놓는다.)

Они помогают *друг другу*. 그들은 서로서로 돕고 있다.
Мы бываем *друг у друга*. 우리는 서로 왕래한다.
Они похожи *друг на друга*. 그들은 서로 닮았다.

другой [drugój] 100　I 形 ① 다른; 별도의, 또 한쪽의. ② 다음(의). II 代 (명사를 이끌지 않고, тот, один 등과 연관시켜 사용한다) 다른 한쪽, 또 다른 사람·물건·일.

Он в *другой* комнате. 그는 다른 방에 있다.
Он обещал прийти на *другой* день. 그는 다음날에 오겠다고 약속했다.
Один считает так, а *другой* нет. 한사람은 그렇게 생각하고 있지만, 또다른 한사람은 그렇지 않다.

дружба [drúʒbə] 46 a　女 우정, 우호(관계).
Они в большой *дружбе*. 그들은 아주 친한 사이이다.

думать [dúmət'] 142　不完 (完 подумать) ① (-о чём / -前) 생각하다, 궁리하다. ② (-что)…라고 생각하다, (-不定形)…하려고 생각하다.

О чём вы *думаете*? 무엇을 생각하고 있읍니까?
Думаю, что он скоро вернётся. 나는 그가 곧 돌아오리라 생각한다.
Он *думает* поехать в СССР. 그는 소련에 가려고 생각하고 있다.

дурак [durák] 17 b　男 [活] 바보, 천치.
Он не *дурак*. 그는 바보가 아니다.

дух [dúx] 17 a P_2　男 ① 정신; 기풍. ② 의기.
В здоровом теле здоровый *дух*. 건전한 신체에 건전한 정신이 깃든다.
Не падайте *духом*. 낙심하지 마십시오.

духовный [duxóvnij] 96　形 ① 정신적인. ② 종교의.
Время изменило его в *духовном* отношении. 시간이 그를 정신적인 면에서 바꿔 놓았다.
У меня несколько книг *духовного* содержания. 나는 몇권의 종교 관계 서적을 가지고 있다.

душ [dúʃ] 20 a　男 샤워.
Я хочу принять *душ*. 나는 샤워하고 싶다.

душа [duʃá] 51 f　女 ① 혼, 영혼. ② 마음, 감정. ③ 한사람.

ДЫМ

Я не ве́рю в *ду́шу*. 나는 영혼(의 실재)을 믿지 않는다.
От *души́* жела́ю вам сча́стья. 진심으로 당신의 행복을 기원합니다.
На у́лице ни *души́*. 거리에는 한사람도 없다.
дым [dím] 1 c P_2, $П_2$ в 男 연기.
   Ко́мната была́ полна́ *ды́му*. 방에 연기가 가득했다.
дыша́ть [diʃát'] 195 不完 호흡하다, 숨쉬다.
   Он *ды́шит* тяжело́. 그는 고통스럽게 숨쉬고 있다.
дя́дя [d'ád'ə] 48 a 男 [活] 아저씨, 삼촌, 숙부.
   Я был знако́м с ва́шим *дя́дей*. 나는 당신의 삼촌과는 아는 사이였다.

   Он мой *дя́дя* по ма́тери. 저분은 나의 외삼촌입니다.

Е

его́ [jivó] ① 은《不変》, ② 는 106 代 ① [所有] 그의, 그 사람의;
  그것의. ② [人称] (⇨он, оно́)
   Э́то *его́* ли́чное мне́ние. 그것은 그의 개인적인 의견이다.
   Я *его́* хорошо́ зна́ю. 나는 그를 잘 안다.
   Его́ нет до́ма. 그는 집에 없다.
едва́ [jidvá] 副 ① 이럭저럭, 겨우겨우. ② 가
  까스로, 간신히.
   Я *едва́* по́днял чемода́н. 나는 간신히 트렁크를 들어 올렸다.

   Звёзды *едва́* видны́. 별들이 희미하게 보인다.
еди́нственный [jid'ín's't'v'ɪn- 形 유일한, 단 하나의.
nij] 96 A 10
   Он был *еди́нственным* ребён- 그는 외아들이었다.
ком в семье́.
еди́ный [jɪd'ínij] 96 A 1 形 ① 통일된. ② (-否定詞) 오직
  하나의.
   Они́ со́здали *еди́ный* фронт. 그들은 통일전선을 결성하였다.
   На не́бе не́ было ни *еди́ного* 하늘엔 구름 한 점 없었다.
о́блака.
её [jɪjó] ① 은《不変》, ② 는 106 代 ① [所有] 그녀의, 그 여자의;
  그것의. ② [人称] (⇨ она́).
   Я живу́ вме́сте с *её* бра́том. 나는 그 여자의 오빠와 함께 살고
  있다.
   Вчера́ я ви́дел *её* в па́рке. 어제 나는 공원에서 그녀를 만났다.

Её не́ было до́ма.
그 여자는 집에 없었다.

е́здить [jéz'd'it'] 160
不完 〔不定〕 (〔定〕 е́хать) 타고 돌아 다니다; 타고 다니다; 타고 왕복하다.

Мы *е́здили* по всему́ го́роду на авто́бусе.
우리는 도시 곳곳을 버스를 타고 돌아 다녔다.

Оте́ц *е́здит* на рабо́ту на метро́.
아버지는 지하철로 출퇴근하신다.

Ле́том они́ *е́здили* в СССР.
여름에 그들은 소련에 갔다왔다.

е́сли [jés'l'i]
接 만약 …한다면.

Е́сли пойдёт дождь, мы вернёмся домо́й.
만약에 비가 온다면, 우리는 집으로 돌아갈 것이다.

есть¹ [jés't'] 《不変》
団 ① (有無의 확인이나 강조의 의미로써 사용된다) 있다. ② (у-生) 갖고 있다, …에게 …이 있다. ③ (定義의 뉘앙스로도 사용된다) …은 …이다.

— Вре́мя *есть*? — Есть.
— 시간이 있읍니까? — 네, 있어요.

У меня́ *есть* брат и сестра́.
나는 형과 누나가 있다.

Что есть и́стина?
진리란 무엇인가?

СССР *есть* социалисти́ческое госуда́рство.
소련은 사회주의 국가이다.

есть² [jés't'] 254
不完 (-对/生) 먹다.

Вы *еди́те* мя́со и хлеб, а мы *еди́м* ры́бу и рис.
당신은 고기와 빵을 먹고, 우리는 생선과 밥을 먹는다.

е́хать [jéxət'] 246
不完 〔定〕 (〔不定〕е́здить) ① (타고) 가다·오다. ② (자동차 따위가) 달리다, 나아가다.

— Куда́ вы *е́дете*?
— 어디에 가십니까?

— Я *е́ду* в Москву́.
— 모스크바에 갑니다.

Вот *е́дет* маши́на.
봐라, 자동차가 달려온다.

ещё [jiʃ'ʃ'ó]
副 ① 더욱 더; 그 위에. ② 아직, 여지껏(현재로는). ③ 이미, 벌써, 이전에.

Он взял *ещё* две кни́ги.
그는 책을 두권 더 집었다.

Он *ещё* мо́лод.
그는 아직 젊다.

Они́ ста́ли друзья́ми *ещё* в шко́ле.
그들은 학창시절부터 이미 친구사이 였다.

Ж

жале́ть [ʒil'ét'] 144

|不完| ① (о – 前) / (-что) 후회하다, 유감으로 생각하다. ② (–対/生) 아끼다, 소중히 여기다. ③ (-対) 가엾게 여기다.

Он *жале́ет*, что не успе́л уви́деть вас.
그는 당신을 만날 짬이 없었던 것을 안타깝게 여기고 있다.

Мы не *жале́ли* ни труда́, ни вре́мени.
우리는 노력도 시간도 소중히 여기지 않았다.

Все его́ *жале́ли*, но никто́ ему́ не помо́г.
모두가 그를 불쌍히 여겼지만, 어느 누구도 그를 도와주지 않았다.

жа́лко [ʒálkə]

|述| ① (-対) 가엾다, 불쌍하다, 가련하다. ② (-生) 아깝다. ③ 유감스럽다.

Мне *жа́лко* э́ту соба́ку.
나는 이 개가 불쌍하다.

Мне *жа́лко* вре́мени.
나는 시간이 아깝다.

Нам *жа́лко*, что ты не бу́дешь с на́ми.
네가 우리들과 함께 지낼 수 없게 되어 유감스럽다.

жаль [ʒál']

|述| (無人称) ① (-対 / 不定形) 가엾다, 불쌍하다. ② (-生 / 不定形) 애석해 하다. ③ 유감스럽다, 분하다.

Жаль смотре́ть на него́.
그를 보는 것이 애처롭다.

Ему́ *жаль* про́шлого.
그는 과거를 아쉬워하고 있다.

Жаль, е́сли вы не придёте.
만약 당신이 오시지 않는다면 섭섭합니다.

жа́ркий [ʒárk'ij] 99 D 14 比 жа́рче

|形| 더운, 뜨거운; 열렬한.

В э́том году́ ле́то *жа́ркое*.
금년 여름은 덥다.

жа́рко [ʒárkə] 比 жа́рче

I |述| 덥다. II |副| 덥게, 심하게, 격하게.

Сего́дня *жа́рко*.
오늘은 덥다.

Они́ *жа́рко* спо́рили.
그들은 심하게 논쟁을 하였다.

ждать [ʒdát'] 209

|不完| ① (-生 / 対) 기다리다. ② (-生 / 不定形) 기대하다, 기대를 갖다, 예기하다.

Мы стояли на остановке и *ждали* автобуса. 우리는 정류장에 서서 버스를 기다렸다.
Они *ждут* последний поезд. 그들은 막차를 기다리고 있다.
Я *ждал* от вас помощи. 나는 당신의 도움을 기대했다.

же [зэ] 助 ① (바로 앞의 말을 강조한다).
② (-指示代名詞·副詞) 다른 것이 아닌, 바로 그것인, 똑같은.
③ (-疑問詞) 도대체, 대관절.

Он придёт сегодня *же*. 그는 바로 오늘 올 것이다.
У него есть такая *же* книга, как у меня. 그는 내 것과 똑 같은 책을 갖고 있다.
Скажи, где *же* мои очки? 도대체 내 안경이 어디에 있느냐?

желание [ʒilán'ijə] 42 a 田 욕구, 원망(願望).
По вашему *желанию* я это сделал. 당신의 희망에 따라 나는 그일을 했읍니다.

желать [ʒilát'] 143 不完 ① (-生/不定形) 기원하다, 바라다. ② (-不定形/чтобы) (...하는 것을)바라다

Желаю вам здоровья, счастья и успехов. 당신의 건강과 행복과 성공을 빕니다.
Мы все *желаем*, чтобы вы вернулись к нам скоро. 우리 모두는 당신이 하루속히 우리에게 돌아오기를 바라고있읍니다.

железный [ʒil'éznij] 96 形 ① 철의; 철제품의. ② (철같이) 강한, 견고한.

В комнате стоит *железная* кровать. 방에 철제침대가 있다.
У него *железная* воля. 그는 강인한 의지력을 가지고 있다.

железо [ʒil'ézə] 29 a 田 철; 철제품.
Это сделано из *железа*. 이것은 철제품이다.

жёлтый [ʒóltij] 96 F 2 形 노란색의, 황색의.
С деревьев падают *жёлтые* листья. 나무에서 노란잎이 떨어지고 있다.

жена [ʒiná] 46*d 因 [活] 아내.
Жена брата — учительница. 형수님은 선생님이다.

жениться [ʒin'íttsə] 173 完/不完 (на - 前) (남자가)결혼하다, 장가들다.

Он *женился* на сестре товарища. 그는 친구 여동생과 결혼했다.

женщина [ʒén'ʃʃ'inə] 46 a 因 [活] 여자, 여성; 부인.

живо́й

Кто э́та молода́я *же́нщина*?	그 젊은 여자는 누구입니까?
живо́й [ʒivój] 97 D 9	形 ① 살아있는. ② 활발한, 생기 넘치는.
Он был ещё *жив*.	그는 아직 살아있었다.
Он о́чень *живо́й* ребёнок.	그애는 매우 활달한 아이다.
живо́т [ʒivót] 1 b	男 배, 복부.
Он лежи́т на *животе́*.	그는 엎드려 있다.
жизнь [ʒíz'n'] 56 a	女 ① 생명(현상); 생물, 생물체. ② 생명, 목숨. ③ 일생, 인생, 생애; 생활.
На Луне́ нет *жи́зни*.	달에는 생명체가 없다.
Са́мое дорого́е у челове́ка — э́то *жизнь*.	사람이 갖고 있는 가장 귀중한 것은 생명이다.
Я мно́гое ви́дел в *жи́зни*.	나는 일생 동안에 많은 것을 보아왔다.
Он ведёт счастли́вую *жизнь*.	그는 행복한 생활을 하고 있다.
жи́тель [ʒít'il'] 14 a	男 [活] 주민.
Ско́лько *жи́телей* в э́том го́роде?	이 도시의 인구는 얼마나 됩니까?
жить [ʒit'] 240	不完 살다; 생활하다; 거처하다.
Жела́ю, что́бы вы *жи́ли* до́лго.	장수하시길 빕니다.
Она́ *живёт* свои́м трудо́м.	그녀는 자기가 벌어서 생활을 하고 있다.
Моя́ сестра́ *живёт* в Москве́.	내 누이동생은 모스끄바에 살고있다.
журна́л [ʒurnál] 1 a	男 잡지.
Вы́шел но́вый но́мер *журна́ла* «Но́вое вре́мя».	『신시대』지의 신간이 나왔다.
журнали́ст [ʒurnal'íst] 1 a	男 [活] 저널리스트, 신문기자.
Он хо́чет быть *журнали́стом*.	그는 신문기자가 되고 싶어한다.

З

за [zə] 《악센트 음절의 바로 앞에서는 [za]》	前 I (-造) ① …의 뒤, 배후에, 맞은 편에. ② …의 뒤에서, …을 뒤따라서. ③ …을 찾아, …을 구하러. ④ …에 종사하여. II (-對) ① 뒷 쪽으로, …맞은 편으로, …반대편으로. ② …을지키

려고, …을 위하여. ③(어떤 시간 내)에. ④《за..до..-와 같이 사용》(시간·거리)-하기 …전에.

Шкаф стои́т *за* дива́ном. 장은 소파 뒤에 있다.
За мной кто́-то идёт. 내 뒤를 누군가가 따라온다.
Она́ сходи́ла в магази́н *за* хле́бом. 그녀는 빵을 사러 가게에 갔다.
Вчера́ я це́лый день сиде́л *за* рабо́той. 어제 나는 일 때문에 하루종일 앉아 있었다.
Мы поста́вили шкаф *за* дива́н. 우리는 장을 소파의 뒤쪽으로 놓았다.
Они́ боро́лись *за* свобо́ду. 그들은 자유를 위해 투쟁했다.
Вы мо́жете вы́полнить зада́чу *за* неде́лю? 당신은 과제를 일주일 동안에 마칠 수 있나요?
Мы прие́хали на заво́д *за* час до нача́ла рабо́ты. 우리는 일이 시작되기 1시간 전에 공장에 도착했다.

забо́та [zabótə] 46 а 因 ① 돌보아줌, 배려, 심려. ② 걱정, 염려.

Он взял на себя́ *забо́ту* о больно́м. 그는 환자의 간호를 맡았다.
Они́ живу́т без *забо́т*. 그들은 근심없이 살고있다.

забыва́ть [zəbivát'] 143 不完 (完 забы́ть)(-что / о -前) 잊다, 망각하다.

Не *забыва́йте* меня́. 저를 잊지 마십시오

забы́ть [zabít'] 247 完 (⇒ 不完 забыва́ть)

Мы соверше́нно *забы́ли* об э́том. 우리는 그 사실을 완전히 잊어 버렸다.

зави́сеть [zav'ís'it'] 185 不完 (от -生) 의존하다.

Всё *зави́сит* от вас. 모든 것이 당신에게 달려 있읍니다.

заво́д [zavót] 1 а 男 (보통 중공업의) 큰 공장, 플랜트.

Он рабо́тает на хими́ческом *заво́де*. 그는 화학 공장에서 일하고 있다.

завоева́ние [zəvəjiván'ijə] 42 а 田 ① 정복, 획득; 침략. ② (複) 성과, 업적.

Завоева́ние но́вой те́хники обеща́ет но́вый успе́х. 신기술의 획득은 새로운 성공을 약속 하는 것이다.
В статье́ говори́тся о но́вых *завоева́ниях* совреме́нной 이 기사에는 현대과학의 새로운 성과가 화제가 되고 있다.

науки.

завтра [záftrə]
Завтра мы пойдём в кино.
🔲 내일.
내일 우리는 극장에 간다.

завтрак [záftrək] 17 a
Что у нас сегодня на *завтрак*?
🔲 아침식사.
오늘 아침식사는 무엇입니까?

завтракать [záftrəkət'] 142
Мы *завтракаем* дома.
不完 아침을 먹다.
우리는 집에서 아침을 먹는다.

заговорить [zəgəvar'ít'] 165
Они долго молчали, а потом *заговорила* Ирина.
完 얘기를 시작하다.
그들은 오랫동안 침묵하고 있다가, 이리나가 말을 시작했다.

задание [zadán'ijə] 42 a
Я не смог выполнить ваше *задание*.
田 임무, 과제; 지도(指圖).
나는 당신이 내준 과제를 마칠 수가 없었다.

задача [zadátʃ'ə] 50 a
Это не входит в нашу *задачу*.
Она сама решила *задачу* по физике.
因 ① 과제, 임무. ② (수학등의) 문제, 예제.
이것은 우리의 임무가 아니다.
그녀는 물리문제를 혼자서 풀었다.

задуматься [zadúmətsə] 142
Он сел в кресло и *задумался*.
完 생각에 잠기다, 골몰하다.
그는 안락의자에 앉아 깊은 생각에 잠겼다.

зайти [zajt'í] 244
По дороге домой он *зашёл* на почту.
完 (알맞은 기회가 생길때) 들르다.
집으로 가는 도중에 그는 우체국에 들렀다.

заказать [zəkazát'] 204
Что вы *заказали* на первое?
完 (-対) 주문하다.
애피타이저로 무엇을 주문하셨읍니까?

заканчивать [zakán'tʃ'ivət'] 142
У нас на заводе обычно *заканчивают* работу в пять часов.
不完 (完 закончить) (-対/不定形) 끝내다.
우리 공장은 보통 5시에 작업이 끝난다.

заключаться [zəkl'utʃ'átsə] 143
(1・2 人称 없이)
Вопрос *заключается* в том, что мы можем сделать для них.
Письмо *заключалось* следующими словами.
不完 ① (в -前) 존재하다,(문제가) 있다. ② (편지・얘기가) 끝나다, 끝맺어지다.
문제는 우리가 그들을 위해 무엇을 해줄 수 있는가에 있다.
편지는 다음과 같은 말로 끝맺어져 있다.

заключи́ть [zəkl'ut͡ʃ'it'] 166   完 ① (~что) 결론 짓다, 결론을 내리다. ② (~对) (편지·얘기를) 마치다, 끝내다, 맺다. ③ (~对) (계약등을) 체결하다.

Из э́того мо́жно *заключи́ть*, что он прав.   이것으로 그가 옳다는 결론을 내릴 수 있다.

Он *заключи́л* свою́ речь фра́зой из стихо́в Пу́шкина.   그는 뿌쉬낀의 싯귀로 연설을 마쳤다.

О́ба университе́та *заключи́ли* культу́рное соглаше́ние.   양 대학은 문화협정을 체결했다.

зако́н [zakón] 1 а   男 ① 법칙. ② 법, 법률.

Он откры́л но́вый хими́ческий *зако́н*.   그는 새로운 화학법칙을 발견했다.

Вы име́ете на э́то пра́во по *зако́ну*.   당신은 법률에 의해서 이렇게 할 권리를 가지고 있다.

зако́нчить [zakón'tʃ'it'] 158   完 (⇒ 不完 зака́нчивать).

Вчера́ мы *зако́нчили* рабо́тать в шесть часо́в.   어제 우리는 6시에 일을 마쳤다.

закрича́ть [zəkr'itʃ'át'] 186   完 큰소리로 외치다·울다; 외치기 시작하다, 울기 시작하다.

— Не упади́ в ре́ку! — *закрича́ла* мать на ма́льчика.   강에 빠지면 안돼! —라고 어머니가 아들에게 소리쳤다.

Ребёнок *закрича́л*.   아이가 울기 시작했다.

закрыва́ть [zəkrivát'] 143   不完 (完 закры́ть) (~对) 닫다, (눈을) 감다; 가려서 숨기다.

Смотри́, *закрыва́ют* воро́та в дворе́ц.   보아라, 궁전의 문을 막 닫으려고 한다.

закры́тый [zakrítij] 96   形 ① 닫혀있는, 폐쇄된. ② 비공개의, 비밀의.

Там *закры́тый* спорти́вный зал.   저기에 실내 체육관이 있다.

Они́ прово́дят *закры́тое* заседа́ние.   그들은 비공개 회의를 진행하고 있다.

закры́ть [zakrít'] 227   完 (⇒ 不完 закрыва́ть).

Она́ *закры́ла* глаза́ и заду́малась.   그녀는 눈을 감고 생각에 잠겼다.

О́блако *закры́ло* со́лнце.   구름이 태양을 가렸다.

зал [zál] 1 а   男 (회합을 위한) 큰방, 호올.

В кинотеа́тре большо́й *зал*.   영화관에는 커다란 호올이 있다.

заме́тить [zam'ét'it'] 162   完 (不完 замеча́ть) ① (~对)

알아 차리다, 깨닫다, 인정하다. ② (-從属文) 지적하다, 말하다, 진술하다, 서술하다.

Вы *заме́тили* её измене́ние?
당신은 그 여자의 변한 모습을 알아 차렸읍니까?

Он мне *заме́тил*, что э́того не хва́тит.
그는 나에게 그것으로는 충분치가 않다고 말했다.

замеча́тельный [zəm'ɪtʃ'át'ɪl-nij] 96 A 7
形 대단한, 훌륭한, 주목할만한.

У него́ *замеча́тельная* па́мять.
그는 대단한 기억력을 갖고있다.

замеча́ть [zəm'ɪtʃ'át'] 143
不完 (⇒ 完 заме́тить).

Я не *замеча́ю* в его́ лице́ ничего́ похо́жего на отца́.
그의 얼굴에서 아버지를 닮은데라고는 한 곳도 찾아 볼 수 없다.

Мно́гие *замеча́ли*, что он прав.
많은 사람들이 그가 옳다고 말했다.

за́муж [zámuʃ]
副 (за -대) 시집가서, 출가하여.

Она́ вы́шла *за́муж* за врача́.
그녀는 의사에게 시집갔다.

за́навес [zánəv'ɪs] 1 a
男 ① 막. ② 커어튼, 장막.

За́навес поднима́ется.
막이 오르고 있다.

За́навес облако́в закры́л не́бо.
구름바다가 하늘을 가렸다.

занима́ть [zən'imát'] 143
不完 (完 заня́ть) (-대) ① (장소, 지위를) 얻다, 차지하다, 점유하다, 점령하다. ② (시간이) 걸리다, 필요로 하다.

Кто *занима́ет* сосе́днюю кварти́ру?
누가 옆 아파트에 살고 있느냐?

Доро́га от до́ма до рабо́ты *занима́ет* со́рок мину́т.
집에서 직장까지는 40분이 걸린다.

занима́ться [zən'imáttsə] 143
不完 ① (-造) 종사하다, …을 하다. ② (無補語) 업무를 보다, 공부하다.

Я *занима́юсь* спо́ртом.
나는 운동을 하고 있다.

По́сле заня́тий она́ всегда́ *занима́ется* в библиоте́ке.
방과 후 그녀는 항상 도서관에서 공부를 한다.

заня́тие [zan'át'ijə] 42 a
中 ① 점유하는 일; 점령. ② 일, 업무, (상인의) 영업, 직업. ③ (複) 수업, 공부; 훈련.

Вы смотре́ли фильм «*Заня́тие* Берли́на»?
당신은 『베를린 점령』이라는 영화를 보았읍니까?

Э́то его́ основно́е *заня́тие*.
이것은 그의 본업이다.

Сего́дня в шко́ле нет *заня́тий*. 오늘은 학교수업이 없다.
заня́ть [zan'át'] 233 完 (⇨ 不完 занима́ть).
Войска́ *за́няли* го́род. 군대가 도시를 점령했다.
Реше́ние зада́чи *за́няло* у меня́ це́лый час. 문제를 푸는 데 꼬박 한시간이 걸렸다.
за́пад [zápət] 1 a 男 ① 서쪽, 서방. ② (3~) 서양, 서구.
Э́тот го́род нахо́дится к *за́паду* от Москвы́. 이 도시는 모스끄바의 서쪽에 위치해 있다.
Расскажи́те, пожа́луйста, об иску́сстве *За́пада*. 서구의 예술에 대하여 말씀해 주십시오.
за́падный [zápədnɨj] 96 形 ① 서쪽의. ② 서구의.
Они́ воева́ли на *за́падной* грани́це. 그들은 서부 국경에서 전투를 벌였다.
Он изуча́ет *за́падную* литерату́ру. 그는 서구문학을 연구하고 있다.
запа́с [zapás] 1 a 男 저축, 저금, 예비품.
У нас ещё сто рубле́й в *запа́се*. 우리는 아직도 저축된 돈이 100루불 있다.
за́пах [zápəx] 17 a P_2 男 향기, 냄새.
Моя́ ко́мната полна́ *за́пахом* цвето́в. 내 방은 꽃향기로 가득찼다.
запи́ска [zap'ískə] 88 a 女 ① 문서, 증서, 메모. ② (複) (써 넣은, 기입한) 노우트; 수기, 일기.
Переда́йте ему́, пожа́луйста, э́ту *запи́ску*. 그에게 이 메모를 전해 주십시오.
Профе́ссор чита́ет ле́кции по *запи́скам*. 교수님은 노우트에 의거해서 강의를 하고 있다.
заседа́ние [zəs'ɪdán'ɪjə] 42 a 中 회의.
Он сейча́с на *заседа́нии*. 그는 지금 회의 중이다.
засмея́ться [zəs'm'ɪjátʦə] 201 完 웃기 시작하다.
Он гро́мко *засмея́лся*, когда́ я ему́ э́то сказа́л. 내가 그 얘기를 했더니, 그는 큰소리로 웃기 시작했다.
заста́вить [zastáv'it'] 157 完 (不完 заставля́ть)(—对—不定形) 강요하다, 억지로 하게하다, 부득이하게 …을 시키다.
Она́ *заста́вила* меня́ ждать два часа́. 그녀는 나를 두시간이나 기다리게 했다.

заставлять [zəstavl'át'] 145
Ничто́ не *заставля́ет* его́ сде́лать э́то.

зате́м [zat'ém]
Снача́ла я пойду́ в библиоте́ку, а *зате́м* в кино́.

зато́ [zató]
Э́то пальто́ тяжёлое, *зато́* тёплое.
Колхо́зники труди́лись мно́го, *зато́* и собра́ли бога́тый урожа́й.

захвати́ть [zəxvat'ít'] 179
Он *захвати́л* власть в свои́ ру́ки.

захоте́ть [zəxat'ét'] 255

Он придёт, е́сли *захо́чет*.
Земля́ даст всё, чего́ *захо́чешь*.

заче́м [zaʧ'ém]
Заче́м он пришёл?

защи́та [zaʃ'ʃ'ítə] 46 а
Наро́д поднима́ется на *защи́ту* свое́й свобо́ды.

защища́ть [zəʃ'ʃ'iʃ'ʃ'át'] 143

Э́ти дере́вья *защища́ют* дом от ве́тра.

заяви́ть [zəjɪv'ít'] 176

Он *заяви́л* о своём уча́стии в съе́зде.

зва́ние [zván'ijə] 42 а
Он получи́л *зва́ние* врача́.

звать [zvát'] 208

Она́ *зовёт* меня́ на по́мощь.

不完 (⇒ 完 заста́вить).
그 무엇도 그에게 그것을 하라고 강요할 수 없다.

副 그리고, 그 다음에, 그 후에.
나는 먼저 도서관에 가고, 그 다음에 영화관에 갈 것이다.

副 ① 그 대신에. ② 그러므로.
이 외투는 무겁지만, 그 대신에 따뜻하다.
집단 농장원들은 열심히 일했다. 그래서 풍성한 수확을 거두었다.

完 (-对) 움켜쥐다, 탈취하다.
그는 권력을 수중에 넣었다.

完 ① (-不定形) 하고 싶어하다. ② (-生) 원하다, 바라다.
그는 오고 싶으면, 올 것이다.
대지는 인간이 원하는 모든 것을 줄 것이다.

副 무엇 때문에, 무슨 목적으로.
그는 무엇 때문에 왔는가?

因 방위, 방어; 변호.
민중은 자신의 자유를 수호하기 위해 일어서고 있다.

不完 (-对) 방어하다, 보호하다; 변호하다.
이 나무들은 바람으로부터 집을 보호해 주고 있다.

完 (о -对 / что) 신고하다, 신청하다.
그는 대회에 참가신청을 했다.

田 칭호, 직함, 자격.
그는 의사자격을 얻었다.

不完 ① (-对) 부르다, 소리쳐 부르다; 초대하다, 초청하다. ② (-对-主/造)…라고 일컫다.
그녀는 나에게 도움을 구하고 있다.

— Как вас *зовут*? — 당신 이름은 무엇입니까?
— Меня *зовут* Пётр. — 저의 이름은 뾰뜨르입니다.

звезда [z'v'ızdá] 46*d   囚 ① 별. ② 스타아.
На нéбе горя́т *звёзды*. 하늘엔 별들이 빛나고 있다.
Она́ *звезда́* экра́на. 그녀는 영화스타아이다.

зверь [z'v'ér'] 14 g   囮 〔活〕① 짐승. ② 잔악한 사람. 성질이 매우 사나운 사람, 야수.
В на́ших леса́х мно́го *звере́й*. 우리 숲에는 짐승들이 많이 있다.
Он не челове́к, а *зверь*. 그는 사람이 아니고 야수이다.

звони́ть [zvan'ít'] 165   不完 ① (-與) 전화하다, (벨·부저 등으로) 부르다. ② (в-對) 소리를 내다, 울리다. ③ (벨, 부저 등이) 울리다.
Я *звони́л* ему́ не́сколько раз. 나는 그에게 몇 차례 전화를 걸었다.
Звоня́т нам в две́ри. 누군가가 현관 벨을 누르고 있다. (현관에 누가 왔다).
Он *звони́л* в звоно́к у две́ри. 그는 문의 부저를 눌렀다.
Телефо́н *звони́т*. 전화 벨이 울린다.

звоно́к [zvanók] 65 b   囮 ① 초인종, 벨. ② 초인종·벨의 소리.
Звоно́к почему́-то не рабо́тает. 웬일인지 벨이 울리지 않는다.
Я не слы́шал *звонка́*. 나는 벨 소리를 듣지 못했다.

звук [zvúk] 17 a   囮 소리, 음, 음향 ; 음성.
Самолёт лете́л со ско́ростью *зву́ка*. 비행기는 음속으로 날았다.

звуча́ть [zvuʧ'át'] 186   不完 울리다, 소리가 나다.
Её го́лос *звучи́т* прия́тно. 그녀는 목소리가 유쾌하다.

зда́ние [zdán'ijə] 42 a   囲 빌딩, 건물.
Клуб нахо́дится в прекра́сном совреме́нном *зда́нии*. 클럽은 멋지고 현대적인 빌딩 안에 있다.

здесь [z'd'és']   囲 여기에, 여기에서.
Мо́жно оста́вить *здесь* свои́ ве́щи? 여기에 저의 소지품을 놓아도 괜찮겠습니까?

здоро́во [zdaróvə]   I 囲 건강하게·건전하게. II 囧 건강에 좋다.
Он *здоро́во* смо́трит на ве́щи. 그는 사물을 건전하게 본다.
Де́тям *здоро́во* быть на во́здухе. 대기를 접하는 것은 아이들의 건강에 좋다.

здоро́вый [zdaróvij] 96 A 1   囮 건강한 ; 건강에 좋은.

здоро́вье

Она́ совсе́м *здоро́ва*. 그녀는 매우 건강하다.
здоро́вье [zdaróv'jə] 80 a ⊞ 건강.
Как ва́ше *здоро́вье*? 건강이 어떠십니까? (안부의 말)
здра́вствуй [zdrástvuj] 𝐃 (ты 라고 부를 수 있는 사이에서 사용된다) 안녕하십니까?

Здра́вствуй, ма́ма! Пишу́ тебе́ с фро́нта. Как ты живёшь? 안녕하세요, 어머님! 전선에서 편지를 씁니다. 어떻게 지내십니까?
здра́вствуйте [zdrástvujt'ı] 𝐃 (вы 라고 부를 수 있는 사이에서 사용한다) 안녕하십니까?

Здра́вствуйте, друзья́! 여러분, 안녕하십니까?
Здра́вствуйте, А́нна Петро́вна! 안나·뻬뜨로브나양, 안녕하십니까?
зелёный [z'ıl'ónij] 96 D 2 𝐅 ① 녹색의, 푸른. ② 덜익은, 풋된.

Да́йте мне *зелёный* каранда́ш. 녹색연필을 주십시오.
Я́блоки ещё *зе́лены*. 사과는 아직도 익지 않았다.
земля́ [z'ıml'á] 87 m 𝐍 ① (З~) 지구. ② 지면. ③ 토지; 농지.

Земля́ дви́жется вокру́г Со́лнца. 지구는 태양주위를 돈다.
Они́ се́ли на *зе́млю*. 그들은 땅 바닥에 앉았다.
Земли́ ма́ло у крестья́н. 농민들에게는 토지가 거의 없다.
земно́й [z'ımnój] 97 𝐅 지구의; 지상의, 이 세상의.
Земна́я пове́рхность покры́та сло́ем атмосфе́ры. 지표면은 대기층으로 덮혀 있다.
зе́ркало [z'érkələ] 29 c ⊞ 거울.
Она́ смо́трит на себя́ в *зе́ркало*. 그 여자는 자기 모습을 거울에 비춰 보고 있다.

зерно́ [z'ırnó] 74*d ⊞ ① 알곡, 씨, 종자. ② [集合] 곡물.

Я обы́чно покупа́ю ко́фе в *зёрнах*. 나는 보통 원두커피를 산다.
Вчера́ при́были грузовики́ с *зерно́м*. 어제 곡물을 실은 트럭이 도착했다.
зима́ [z'imá] 46 f 𝐍 겨울.
Мы гото́вимся к *зиме́*. 우리는 월동준비를 하고 있다.
зи́мний [z'ímn'ij] 98 𝐅 겨울의, 겨울철의.
Я купи́л тебе́ *зи́мнее* пальто́. 나는 너에게 겨울용 외투를 사주었다.

зло [zló] 75 b ⊞ (單) 악, 나쁜 일.

Плати́те добро́м за *зло*.
зло́й [zlój] 97 B 8

У неё *зло́й* язы́к.
Он *зол* на всех.
знако́мый [znakómij] 96, I 은 A 1

Я с ним не *знако́м*.
У меня́ здесь ма́ло *знако́мых*.
знамени́тый [znəm'ın'ítij] 96 A 1

Он *знамени́тый* поэ́т.
зна́ние [znán'ijə] 42 а

У него́ больши́е *зна́ния* о литерату́ре.
знать [znát'] 143

Он хорошо́ *зна́ет* ру́сский язы́к.
Я ма́ло *зна́ю* о нём.
Я не *зна́ю*, что де́лать.
значе́ние [znatʃ'én'ijə] 42 а

Значе́ние э́того сло́ва мне я́сно.
Спорт име́ет огро́мное *значе́ние* для здоро́вья.
значи́тельно [znatʃ'ít'ıl'nə]
Он *значи́тельно* ста́рше меня́.
значи́тельный [znatʃ'ít'ıl'nij] 96 A 7

Э́то в *значи́тельной* ме́ре зави́сит от его́ настрое́ния.
Я его́ счита́ю *значи́тельным* челове́ком.
зна́чить [znátʃ'it'] 158 (1·2 人称 없이)
Что э́то *зна́чит*?
Э́то *зна́чит*, что ты прав.

악을 선으로 갚아라.
形 ① 나쁜; 악의가 있는. ② (短語尾)화내다, 노하다.

그녀의 말에는 독기가 있다.
그는 모두에게 화를 낸다.
I 形 아는 사이의; 친숙한. II 男 〔活〕아는 사람.

그와 나는 모르는 사이다.
나는 이곳에 아는 사람이 별로 없다.
形 유명한, 저명한.

그는 저명한 시인이다.
田 지식, 학식.
그는 문학에 조예가 깊다.

不完 (-对 / о -前) 알다, 이해하다, 숙지하다.

그는 러시아어를 잘 알고 있다.
나는 그에 대해 조금 알고 있다.
나는 무엇을 해야할지 모르겠다.
田 ① (말, 행동, 표시 등의)의미. ② 의의, 가치; 수치.

이 단어의 의미를 나는 명백히 이해하고 있다.
스포츠는 건강에 커다란 의미를 지니고 있다.

副 현저하게, 상당히, 훨씬.
그는 나보다 훨씬 연상이다.
形 ① 대단한, 현저한. ② 중요한.

이것은 그의 기분에 따라서 크게 좌우된다.
나는 그를 중요한 인물로 생각하고 있다.

不完 (-对 / что) 의미하다, 뜻하다.
그것은 무엇을 의미합니까?
그것은 네가 옳다는 것을 뜻한다.

зо́лото [zólətə] 29 a

Зо́лото бы́ло пе́рвым мета́ллом, изве́стным челове́ку.
Он всегда́ плати́л зо́лотом.

золото́й [zəlatój] 97
Я купи́л золоты́е часы́.
У него́ золоты́е ру́ки.

зре́ние [zr'én'ijə] 42 a
Он потеря́л зре́ние.

зри́тель [zr'ít'ıl'] 14 a
В за́ле мно́го зри́телей.

зуб [zúp] 1 g
У меня́ боли́т зуб.

田 ① 금, 황금. ② 〔集合〕 금화; 금제품.

금은 인간에게 알려진 최초의 금속이다.
그는 항상 금화로 지불했다.

形 ① 금의, 금색의. ② 귀중한.
나는 금시계를 샀다.
그는 훌륭한 솜씨를 가졌다.

田 시력, 시각.
그는 시력을 잃었다.

男 〔活〕 관중, 구경꾼.
호올안에는 많은 관객이 있다.

男 이, 이빨.
나는 이가 아프다.

И

и [i]

Ко́мната была́ больша́я и све́тлая.
Здесь он и жил.
Э́то и де́тям поня́тно.
И я пойду́.

и́бо [íbə]

Спать не хоте́лось, и́бо на душе́ бы́ло тяжело́.

иго́лка [igólkə] 88 a
Челове́к не иго́лка, найдём.

игра́ [igrá] 46 d

Начали́сь де́тские и́гры и та́нцы.
Игра́ прошла́ со счётом три-пять.
Мне о́чень нра́вится игра́ э́того актёра.

I 接 …과(와), …및, 그리고. II 助 (강조) 틀림없이; …조차; …도.

방은 크고도 밝았다.
이곳에 그 사람이 살았었어요.
그것은 아이들조차도 알고 있다.
나도 간다.

接 (文語) 왜냐하면, …라고 하는것은, …이니까.

잠을 청할수가 없었다. 왜냐하면 마음이 괴로웠기 때문이다.

女 바늘; 가시, 침엽.
사람마다 특성이 있다.

女 ① 유희. ② 게임, 경기; 내기, 도박. ③ 연주; 연기.

아이들은 유희와 무용을 시작했다.
경기는 3 : 5로 끝났다.
나는 그 배우의 연기를 매우 좋아한다.

играть [igrát'] 143

불完 ① 놀다. ② (광택등이) 반짝이다. ③ (в -对) (경기·게임을) 하다. ④ (на -前) (악기등을) 연주하다. ⑤ (-造/ с -造) 장난하다, 유희하다. ⑥ (-对) 연기하다.

Во дворе *играют* дети. — 정원에서 아이들이 놀고 있다.
Луч солнца *играет* на воде. — 햇빛이 물위에 반짝인다.
Сегодня мы *играли* в футбол. — 오늘 우리는 축구를 했다.
Она хорошо *играет* на рояле. — 그녀는 피아노를 잘 친다.
Нельзя *играть* с огнём! — 불장난을 하지 말아라.
Этот актёр *играет* важную роль. — 그 배우는 중요한 배역을 연기하고 있다.

идея [id'éjə] 54 а

因 ① 관념. ② 사상, 구상. ③ 생각, 착상, 고안.

Идеи людей возникают на основе их практики. — 인간의 관념은 인간의 실제 경험을 바탕으로 하여 싹튼다.
Какая основная *идея* этого романа? — 그 소설의 근본사상은 어떠한 것입니까?
Мне пришла в голову прекрасная *идея*. — 나에게 좋은 생각이 떠올랐다.

идти [it't'í] 242

不完 ① 〔定〕(〔不定〕ходить) 걸어서 가다·오다, (자동차등이) 가다·오다. ② 행하다, 진행하다. ③ (길이) 통하다 ④ (시계등이) 작동하다. ⑤ (비·눈등이) 내리다. (與- / к -與) 어울리다.

— Куда вы *идёте*? — 어디로 가십니까?
— Я *иду* в парк. — 나는 공원으로 갑니다.
Вот *идёт* автобус. — 저기 버스가 온다.
Сейчас *идут* экзамены. — 지금은 시험기간이다.
В кинотеатре *идёт* интересный фильм. — 영화관에는 재미있는 영화를 상영하고 있다.
Дорога *идёт* к озеру. — 도로는 호수로 통한다.
Ваши часы *идут* точно? — 당신 시계는 정확합니까?
И вчера и сегодня *шёл* дождь. — 어제도, 오늘도 비가 내렸다.
Это платье вам очень *идёт*. — 이 외투는 당신에게 잘 어울린다.

из [iz] (무성자음 앞에서는 [is], 어떤

前 (-生) ① …의 가운데서, (어떤

종류의 자음결합 앞에서는 [iza/izə])

Я вы́шел *из* ко́мнаты.
Мы е́хали *из* Ленингра́да в Москву́ по́ездом.
Он хорошо́ зна́ет одного́ *из* э́тих студе́нтов.
Я узна́л об э́том *из* газе́т.
Ва́за сде́лана *из* стекла́.
Она́ сде́лала э́то *из* любви́ к сы́ну.

изве́стно [iz'v'ésnə]
Изве́стно ли вам об э́том?

изве́стный [iz'v'ésnij] 96 А 6

Он *изве́стен* под э́тим и́менем.
Она́ дочь *изве́стного* писа́теля.
Он ложи́тся спать в *изве́стный* час.

извини́ть [iz'v'in'ít'] 165

Извини́те меня́ за до́лгое молча́ние.

изде́лие [iz'd'él'ijə] 42 а
Э́тот го́род изве́стен хоро́шими желе́зными *изде́лиями*.

из-за [izzə] (제1음절에 악센트가 있는 단어 앞에서는 [izzə])

Она́ смотре́ла на него́ *из-за* две́ри.
Де́ти верну́лись домо́й *из-за* дождя́.

измене́ние [izm'ın'én'ijə] 42 а
Пока́ меня́ не́ было, в го́роде произошли́ больши́е *измене́ния*.

장소) …로 부터, …에서. ② (部分) …속에, …내부에서. ③ (유래·근거) …부터. ④ (재료, 원인) …때문에, …으로.

나는 방을 나왔다.
우리는 레닌그라드에서 모스끄바까지 기차로 갔다.
그는 이 학생들 중 한 사람을 잘 안다.
나는 신문을 통해서 그일을 알았다.
꽃병은 유리로 만든 것이다.
그녀는 아들을 사랑하는 마음에서 이 일을 했다.

訓 알고있다, 이해하다.
당신은 그일을 알고 있읍니까?
形 ① 알고있는. ② 유명한. ③(長語尾로만) 일정한.

그는 이 이름으로 알려져 있다.
그녀는 유명한 작가의 딸이다.
그는 일정한 시간에 취침한다.

完 (-対 за-対) 용서하다, 용대하다.

오랫동안 연락을 드리지 못하여 죄송합니다.

田 제품.
이 도시는 질좋은 철제품으로 유명하다.

前 (-生) ① (뒤쪽) 으로부터 ② …때문에, …로 인하여.

그녀는 문뒤에서 그를 쳐다 보았다.
아이들은 비 때문에 집으로 돌아왔다.

田 변화; 변경, 수정.
내가 없는 동안에 도시에서는 커다란 변화가 있었다.

иметься

изменить [ızm'ın'ít'] 173
Го́ды мо́гут *измени́ть* челове́ка.
изображе́ние [izəbraʒén'ijə] 42 а
Я собира́л материа́лы для *изображе́ния* жи́зни э́того кра́я.
Я купи́л не́сколько ма́рок с *изображе́нием* Толсто́го.
из-под [ispəd] (제1음절에 악센트가 있는 단어 앞에서는 [ispad], 무성자음 앞에서는 [ispat/ispət])
Он доста́л чемода́н *из-под* крова́ти.
изуча́ть [izutʃ'át'] 143
Мы *изуча́ем* ру́сский язы́к.
изуче́ние [ızutʃ'én'ijə] 42 а
Он продолжа́ет *изуче́ние* ру́сского языка́.
и́ли [íl'i]
Ты е́хал по́ездом *и́ли* парохо́дом?
и́менно [ím'ınnə]

Мне нужна́ *и́менно* э́та кни́га.
Пришли́ ученики́, а *и́менно*: Петро́в, Ивано́в и Васи́льев.
име́ть [im'ét'] 144

Он *име́ет* большу́ю библиоте́ку.
Мы все *име́ем* пра́во на труд.
Э́тот вопро́с *име́ет* ва́жное значе́ние для всех.
Э́та ко́мната *име́ет* два больши́х окна́.
име́ться [im'éttsə] 144 (1·2 人称

園 (-対) 변화시키다.
세월은 사람을 변하게 한다.

田 ① 묘사, 표현. ② 모습.

나는 이 지방의 생활을 묘사하기 위해 자료를 수집했다.
나는 똘스또이의 모습이 담긴 우표를 샀다.

前 (-生) …의 밑에서.

그는 침대 밑에서 트렁크를 꺼냈다.

不完 (-対) 공부·연구하다.
우리는 러시아어를 공부하고 있다.
田 학습; 연구; 조사.
그는 러시아어 공부를 계속하고 있다.

接 인가, 혹은, 또는.
너는 기차를 타고 갔니, 아니면 배를 타고 갔느냐?

I 助 ① 바로, 틀림없이, …야 말로. II 接 (-a) 즉.
나는 바로 이 책이 필요하다.
학생들이 왔다. 즉 뻬뜨로프, 이바노프, 바실리예프였다.

不定 (-対) ① (자산으로써 소유하다. ② (추상적 사물이나 성질을) 갖다, 지니다. ③ (어떤 물건에 무엇인가) 붙어있다.
그는 많은 장서를 가지고 있다.

우리 모두는 일할 권리를 갖고 있다.
그러한 문제는 모두에게 중요한 의미를 갖고 있다.
이 방에는 2개의 큰 창이 있다.

不完 (文語) 있다, 존재하다.

империали́зм

없이)
В э́той рабо́те *име́ются* недоста́тки.

이 일에는 모자라는 점이 있다.

империали́зм [imp'ır'ial'ízm] 1 а

🔲 제국주의.

Перехо́д капитали́зма к *империали́зму* произошёл в конце́ про́шлого ве́ка.

자본주의에서 제국주의로의 이행은 전세기 말경에 이루어졌다.

империалисти́ческий [imp'ır'ial'is't'íʧ'ısk'ij] 99

🔲 제국주의적인.

Они́ боро́лись про́тив *империалисти́ческой* войны́.

그들은 제국주의 전쟁에 반대하여 싸웠다.

и́мя [ím'ə] 44 с

🔲 ① (부칭·성에 대한) 이름. ② (일반적으로) 이름. ③ 명성; 평판.

Как ва́ше *и́мя*?

당신의 이름은 무엇입니까?

И́мя Толсто́го хорошо́ зна́ют во всём ми́ре.

똘스또이의 이름은 전 세계가 잘 알고 있다.

Он учёный с мировы́м *и́менем*.

그는 세계적 명성을 가진 학자이다.

ина́че [iná ʧ'ı]

🔲 다르게, 그렇지 않게, 틀리게.

Я ду́маю не́сколько *ина́че*.

나는 조금 다르게 생각한다.

инжене́р [inʒin'ér] 1 а

🔲 〔活〕 기사.

Он рабо́тает гла́вным *инжене́ром*.

그는 수석 기사로 근무하고 있다.

иногда́ [inagdá]

🔲 때때로, 가끔.

Иногда́ он приходи́л ко мне.

가끔 그는 나를 찾아 왔다.

ино́й [inój] 97

I 🔲 ① 별개의, ② 어떤. II 🔲 〔活〕 어떤 사람.

Э́то *ино́е* де́ло.

이 일은 별개의 일이다.

В *ино́м* слу́чае э́то быва́ет.

어떤 경우에는 그런 일은 자주 있다.

Ино́му э́то в по́льзу.

어떤 사람에게는 이것이 유익하다.

иностра́нный [inastránnij] 96

🔲 외국의; 외래의.

На столе́ стоя́ли три буты́лки с вино́м *иностра́нных* ма́рок.

탁자에는 외국상표의 맥주가 3병 있었다.

институ́т [in's't'itút] 1 а

🔲 (단과) 대학; 고등전문학교; 연구소.

Он поступи́л в *институ́т* иностра́нных языко́в.

그는 외국어대학에 입학했다.

инструме́нт [instrum'ént] 1 а

🔲 ① 도구, 기구. ② 악기.

Молоток, топор — *инструменты*.
망치와 도끼는 도구들이다.

На каком *инструменте* вы играете?
당신은 어떤 악기를 연주합니까?

интерес [in't'ɪr'és] 1 a
男 ① 흥미, 관심. ② 재미, 의의, 중요성. ③ (複) 이익, 이해, 욕구.

Это событие вызывает общий *интерес*.
이번 사건은 세상의 흥미를 불러 일으켰다.

Дело имеет общественный *интерес*.
사건은 사회적 의의를 지니고 있다.

Это не в ваших *интересах*.
이것은 당신에게 이익이 되지않는다.

интересно [in't'ɪr'ésnə]
I 短 재미있다, 흥미가 있다. II 副 재미있게, 흥미진진하게.

На вечере было очень *интересно*.
파티는 매우 재미있었다.

Мы *интересно* провели время.
우리는 재미있게 시간을 보냈다.

интересный [in't'ɪr'ésnij] 96 A 6
形 재미있는, 흥미있는.

Рассказ был очень *интересен*.
그 단편소설은 매우 재미있었다.

искать [iskát'] 205
不完 ① (一対) 찾다. ② (一対/生) (직업·기회·도움등을) 구하다 찾다.

Он *ищет* нужную книгу.
그는 필요한 책을 찾고 있다.

Она долго *искала* работу.
그녀는 오랫동안 직장을 찾았다.

исключительно [iskl'uʧ'ít'ɪl'nə]
副 특별히, 대단히.

Он был *исключительно* здоров.
그는 대단히 건강했었다.

искусство [iskústvə] 29 a
田 ① 예술. ② 기능, 솜씨.

Искусство — одна из форм общественного сознания.
예술은 사회적 의식 형태의 하나이다.

Он показал своё *искусство* в игре на гитаре.
그는 자기의 기타아 연주 솜씨를 보여 주었다.

использование [ispól'zəvən'ijə] 42 a
田 이용, 사용.

Скандинавские страны выступают за *использование* атомной энергии в мирных целях.
스칸디나비아 제국(諸國)은 원자력을 평화적인 목적에 이용하고 있다.

использовать [ispól'zəvət'] 146
完/不完 (一対) 이용하다.

испыта́ние 70

Он *испо́льзует* своё положе́ние в ли́чных це́лях.
그는 자신의 지위를 개인적인 목적에 이용하고 있다.

Вы мо́жете *испо́льзовать* э́тот материа́л для ва́шей кни́ги.
당신은 당신의 책을 위해 이 자료를 이용하실 수 있을겁니다.

испыта́ние [ispitán'ijə] 42 а
田 ① 실험, 시험. ② 시련.

Здесь прово́дят *испыта́ние* обору́дования.
이곳에서 기계설비의 시험이 진행되고 있다.

Он стои́т пе́ред серьёзными *испыта́ниями*.
그는 중대한 시련에 직면해 있다.

иссле́дование [is's'l'édəvən'ijə] 42 а
田 연구, 조사, 검사.

Он занима́ется *иссле́дованием* литерату́ры.
그는 문학을 연구하고 있다.

и́стина [ís't'inə] 46 а
因 진리, 진실.

Как бы ни была́ стра́шна *и́стина*, скажи́те её.
진실이 아무리 엄청나다 할 지라도 그것을 말해 주세요.

истори́ческий [istar'iʧ'ısk'ij] 99
形 ① 역사의, 역사상의. ② 역사적인, 획기적인.

Из его́ *истори́ческих* рома́нов мне оди́н то́лько нра́вится.
그의 역사소설 중에서 단 한권만 나의 마음에 든다.

Мы живём в *истори́ческое* вре́мя.
우리는 역사적으로 중요한 시대에 살고 있다.

исто́рия [istór'ijə] 55 а
因 ① 역사, 역사학. ② 이야기.

Уро́к *исто́рии* прошёл сего́дня о́чень интере́сно.
오늘 역사수업은 매우 흥미롭게 진행 되었다.

Все *исто́рии* о любви́ похо́жи друг на дру́га.
사랑에 대한 얘기는 서로서로 비슷하다.

исто́чник [istóʧ'n'ik] 17 а
男 ① 샘. ② 원천, 근원.

Она́ пьёт во́ду из *исто́чника*.
그녀는 샘물을 마신다.

Кни́га — *исто́чник* зна́ний.
책은 지식의 근원이다.

исчеза́ть [iʃʃ'ızát'] 143
不完 ((完 исче́знуть)) 사라져 없어지다.

Наро́дная тради́ция у нас бы́стро *исчеза́ет*.
우리의 민속은 급속히 사라져 가고 있다.

исче́знуть [iʃʃ'éznut'] 150
完 (⇨ 不完 исчеза́ть)).

Моя́ шля́па *исче́зла*.
내 모자가 없어졌다.

ита́к [iták]
完 그러면, 그렇다면.

Ита́к, тепе́рь всё я́сно.
그렇다면, 이제 모든것이 명백해 졌다.

итóг [itók] 17 а 　　 男 총계, 합계 ; 결과.
　Скóлько у вас получáется в 　모두 얼마입니까?
　итóге?
их [íx] ① 은 (不變), ② 는 106 　　 代 ① 〔所有〕그들의, 그것들의. ②
　　　　　　　　　　　　　　　　〔人称〕(⇨ они).
　Их кни́ги лежáт на столé. 　그들의 책은 책상위에 있다.
　Я ви́дел *их* в теáтре. 　나는 극장에서 그들을 보았다.
　Их бы́ло семь человéк. 　그들은 7명이었다.
ию́ль [ijúl'] 14 а 　　 男 7월.
　С *ию́ля* по сентя́брь у нас бы- 　우리 여름방학은 7월부터 9월까지
　вáют лéтние кани́кулы. 　이다.
ию́нь [ijún'] 14 а 　　 男 6월.
　В *ию́не* студéнты сдáли экзá- 　6월에 학생들은 시험에 합격했다.
　мены.

К

к [k] 《б, д, г, з, ж 의 앞에서는 〔g〕, 　　 前 (一與) ① …쪽으로 ② (어떤
　어떤 종류의 자음결합 앞에서는 ко 　사람)의 앞으로. ③ (접근·접촉)
　〔ka/kə〕》 　…에. ④ (관계, 감정, 경향)
　　　　　　　　　　　　　　　　…에 대하여. ⑤ (기한) …까지,
　　　　　　　　　　　　　　　　(어떤 시간) …에.
　Все иду́т *к* плóщади. 　모든 사람들이 광장 쪽으로 간다.
　Приходи́те *к* нам зáвтра. 　내일 우리집으로 오십시오.
　Онá подошлá *к* окну́. 　그녀는 창쪽으로 다가갔다.
　Он *ко* мне хорошó отнóсится. 　그는 나에게 잘 대해 주었다.
　Онá спосóбна *к* языкáм. 　그는 어학에 재능이 있다.
　Мы приéдем *к* вам *к* пяти́ ча- 　우리는 5시까지는 당신에게 가겠읍니
　сáм. 　다.
кабинéт [kəb'in'ét] 1 а 　　 男 ① 서재 ; 집무실. ② (학교, 병
　　　　　　　　　　　　　　　　원등의) 실험실, 연구실, 특별실.
　　　　　　　　　　　　　　　　③ 내각.
　Как пройти́ в *кабинéт* дирéкто- 　소장실에 어떻게 가야합니까?
　ра?
　Заня́тия состоя́тся в *кабинéте* 　수업은 물리학 연구실에서 진행된다.
　фи́зики.
кáждый [kázdij] 96 　　 I 代 〔定〕각각의, 개개의 II 男
　　　　　　　　　　　　　　　〔活〕모두 ; 전원.

кáжется

Кáждый учени́к до́лжен знать э́то. — 모든 학생은 이것을 알아야만 한다.

Кáждый име́ет по одно́й кни́ге. — 모두 책을 한권씩 가지고 있다.

кáжется [kázətts̸ə] (挿入語) 아마, 대개, …인듯하다.

Он, *кáжется*, япо́нец. — 그는 아마 일본인인 것 같다.

Кáжется, ты прав. — 네가 옳은 것 같다.

каза́ться [kazátts̸ə] 204 不完 (完 показа́ться) ① (-造) …처럼 보이다. ② (-что) …처럼 생각되다.

Рабо́та снача́ла *каза́лась* тру́дной. — 처음에는 일이 어렵게 생각되었다.

Она́ *кáжется* ещё ребёнком. — 그녀는 아직도 아이같다.

Мне иногда́ *кáжется*, что она́ меня́ не лю́бит. — 가끔 그녀가 나를 사랑하고 있지 않다는 생각이 든다.

как [kák] I 副 ① 어떻게, 어떻게 해서. ② 얼마나, 어쩌면. II 接 ① …처럼. ② …로서.

Как вы сюда́ попа́ли? — 당신은 어떻게 여기에 왔읍니까?

Как я рад вас ви́деть! — 당신을 만나서 정말 기쁩니다.

Он говори́т по-коре́йски как коре́ец. — 그는 한국사람처럼 한국말을 한다.

Как учёный он не име́ет себе́ ра́вных. — 학자로서 그에게 필적할만한 사람은 없다.

како́й [kakój] 100 代 ① 〔疑問〕 어떠한, 어떤. ② (感嘆) 얼마나.

Каки́е кни́ги вы купи́ли? — 당신은 어떤 책을 샀읍니까?

Како́е сча́стье, что он прие́хал! — 그가 와서 얼마나 행복한지!

како́й-нибудь [kakójn'ibut'] 100 《-нибудь 는 不變》 代 〔不定〕 무언가, 어떠한.

Ну́жно приня́ть *како́е-нибудь* реше́ние. — 무언가 결정을 내려야 한다.

како́й-то [kakójtə] 100 《-то는 不變》 代 〔不定〕 (분명하지가 않은) 어떤, 어떠한.

Ему́ да́ли *како́е-то* но́вое зада́ние. — 그에게 어떤 새로운 과제가 주어 졌다.

кáк-то [káktə] 副 ① 어떻게든. ② 어쩐지.

Он *кáк-то* суме́л доста́ть би- — 그는 어떻게든 극장표를 구할 수

лёты в театр.
Как-то нехорошо получилось. 있었다.
왜그런지 일이 잘 안되었다.

календарь [kəl'ɪndár'] 15 b 男 달력, 칼렌더.
Календарь висит на стене. 달력이 벽에 걸려 있다.

каменный [kám'ɪnnɪj] 96 形 돌의, 석조의.
Перед каменными стенами Кремля — Красная площадь. 크레믈린의 돌담 앞에는 붉은 광장이 있다.

камень [kám'ɪn'] 62 g 男 돌, 바위.
Он сидел на большом камне. 그는 커다란 돌위에 앉았다.

канал [kanál] 1 a 男 운하, 수로.
В нашей стране построено много каналов. 우리나라에서는 많은 운하가 건설되어 있다.

каникулы [kan'íkulɨ] 46a 複 (학교의) 방학.
Сейчас у студентов летние каникулы. 지금 학생들은 여름방학 중이다.

капитал [kəp'itál] 1 a 男 자본, 자금.
Это дело требует большого капитала. 이 사업은 막대한 자금을 필요로 한다.

капитализм [kəp'ital'ízm] 1 a 男 자본주의.
При капитализме сердства производства являются частной собственностью. 자본주의 하에서는 생산수단이 사유재산이다.

капиталист [kəp'ital'íst] 1 a 男 〔活〕 자본가.
В капиталистических странах у власти стоят капиталисты. 자본주의 국가에서 권력은 자본가들이 쥐고 있다.

капиталистический [kəp'itəl'is't'íʧ'ɪsk'ij] 99 形 자본주의의.
Трудящиеся капиталистических стран борются за свои права. 자본주의 국가의 노동자들은 자신의 권리를 위해 노력하고 있다.

капитан [kəp'itán] 1 a 男 〔活〕 ① 육군대위; 해군의 영관급. ② 선장, 함장. ③ (스포츠 팀의) 주장.
Солдат отдал честь капитану. 사병은 대위에게 경례를 했다.
Мой товарищ хочет быть капитаном большого корабля. 내 친구는 큰 배의 선장이 되고 싶어 한다.
Капитан корейской команды стал олимпийским чемпионом. 한국팀 주장은 금메달리스트가 되었다.

капля [kápl'ə] 84 a 女 방울.

Дождь па́дал кру́пными *ка́плями*.

капу́ста [kapústə] 46 a

囡 양배추.

Она́ купи́ла килогра́мм *капу́сты*.

그녀는 양배추 1kg을 샀다.

каранда́ш [kərandáʃ] 21 b

男 연필.

Я пишу́ *карандашо́м*.

나는 연필로 쓴다.

карма́н [karmán] 1 a

男 호주머니.

Докуме́нты у меня́ во вну́треннем *карма́не*.

증명서류는 내 안주머니에 있다.

ка́рта [kártə] 46 a

囡 ① 지도. ② 카아드; (複) 트럼프 놀이.

Я иска́л э́тот го́род на *ка́рте*.

나는 지도에서 이 도시를 찾아보았다.

Он лю́бит игра́ть в *ка́рты*.

그는 카아드 놀이를 좋아 한다.

карти́на [kart'ínə] 46 a

囡 ① 그림. ② 영화.

Мне нра́вятся *карти́ны* Ре́пина.

나는 레삔의 그림이 맘에 든다.

Сего́дня в кино́ идёт интере́сная *карти́на*.

영화관에서 오늘 재미있는 영화를 상영하고 있다.

карто́фель [kartóf'ıl'] 14 a

男 감자.

На обе́д у нас бы́ло мя́со с *карто́фелем*.

점심에 우리는 감자와 고기로 만든 요리를 먹었다.

каса́ться [kasátsə] 143

不完 (一生) 접촉하다, 닿다, 대다, 관계하다.

Я чу́вствовал, что кто́-то *каса́ется* моего́ плеча́.

나는 누군가가 내 어깨를 건드리는 것을 느꼈다.

Э́то тебя́ совсе́м не *каса́ется*.

이것은 너와는 전혀 무관한 일이다.

ката́ться [katátsə] 143

不完 ① 구르다, 굴러다니다. ② 타고 돌아다니다.

Я люблю́ *ката́ться* на конька́х.

나는 스케이트 타는 것을 좋아 했다.

ка́чество [káʧ'ıstvə] 29 a

田 질, 성질; 품질.

Здесь продаю́т проду́кты вы́сшего *ка́чества*.

이곳에서는 최상품의 식료품을 팔고 있다.

ка́шель [káʃəl'] 62 a

男 기침.

У меня́ си́льный *ка́шель*.

나는 기침이 심하다.

квадра́тный [kvadrátnij] 96

形 ① 사각의. ② 평방의.

У нас но́вый стол *квадра́тный*.

우리집의 새 탁자는 사각형이다.

Пло́щадь Коре́и о́коло 221,000 (двухсо́т двена́дцати ты́сяч) квадра́тных киломе́тров.

한국의 면적은 약 22만 천km² 이다.

кварти́ра [kvart'írə] 46 а

В на́шей *кварти́ре* три ко́мнаты.

🔲 아파트식 주택.

우리 아파트는 방이 3칸이다.

килогра́мм [k'ilagrám] 1 а / 2 а

Да́йте мне, пожа́луйста, два *килогра́мма* мя́са.

🔲 킬로그램.

고기 2 kg을 주십시오.

киломе́тр [k'ilam'étr] 1 а

До сле́дующей ста́нции то́лько четы́ре *киломе́тра*.

🔲 킬로미터.

다음 정거장까지는 4 km 밖에 남지 않았다.

кино́ [k'inó] 《不变》

Пойдём сего́дня в *кино́*.

Что ты лю́бишь бо́льше, *кино́* и́ли теа́тр?

🔲 ① 영화관. ② 영화.

오늘 영화관에 가자.

영화와 연극 중에서 너는 어떤 것을 더 좋아 하느냐?

кинотеа́тр [k'inət'iátr] 1 а

На на́шей у́лице два *кинотеа́тра*.

🔲 영화관.

우리 동네 거리에는 극장이 2개 있다.

кислоро́д [k'islarót] 1 а

Моле́кула *кислоро́да* при обы́чных усло́виях состои́т из двух а́томов.

🔲 산소.

산소분자는 보통의 조건에서 2개의 원자로 이루어져 있다.

ки́слый [k'íslij] 96 D 13

Э́то я́блоко о́чень *ки́слое*.

Я люблю́ *ки́слую* капу́сту.

🔲 ① 신. ② (長語尾로만) (발효 시켜) 신맛이 나는.

이 사과는 매우 시다.

나는 소금에 절인 양배추를 좋아 한다.

класс [klás] 1 а

О́бщество де́лится на *кла́ссы*.

Брат у́чится в пя́том *кла́ссе*.

Ученики́ вы́шли из *кла́сса* в коридо́р.

🔲 ① 계급. ② (국민·중·고교의) 학년, 학급; 교실.

사회는 계급으로 나눠져 있다.

동생은 5학년이다.

학생들은 교실에서 복도로 나왔다.

кла́ссовый [klássəvij] 96

В капиталисти́ческих стра́нах буржуази́я испо́льзует достиже́ния техни́ческой револю́ции в свои́х *кла́ссовых* интере́сах.

🔲 계급의; 계급적인.

자본주의 국가에서 부루죠아들은 기술혁명의 성과를 자기의 계급적 이익에 이용한다.

класть [klás't'] 214

不完 (完 положи́ть) (-кого-что) 놓다; 넣다, 담다.

клуб

Он никогда не *кладёт* вещи на место. 그는 결코 물건을 제 자리에 놓는 법이 없다.

Не *кладите* мне сахара в кофе. 커피에 설탕을 넣지 마십시오.

клуб [klúp] 1 a 男 클럽.
Сегодня будет концерт в *клубе*. 오늘 클럽에서는 연주회가 있다.

ключ [kl'utʃ'] 21 b 男 ① 열쇠. ② 샘.
Он потерял *ключ* от двери. 그는 문 열쇠를 잃어 버렸다.
Жизнь бьёт *ключом*. 생활이 활기가 넘치고 있다.

книга [kn'ígə] 49 a 女 책, 서적.
Это очень интересная *книга*. 이 책은 매우 재미있다.

книжка [kn'íʃkə] 90 a 女 얇고 작은 책, 수첩 ; 통장.
Мне нравится ваша *книжка* для детей. 어린이를 위한 당신의 책자는 내 마음에 든다.

ковёр [kav'ór] 61 b 男 양탄자.
На полу лежит *ковёр*. 마루바닥에는 양탄자가 깔려 있다.

когда [kagdá] Ⅰ 副 ① 〔疑問〕 언제. ② 〔関係〕 (主節의 時制를 나타내는 名詞에 걸리는 從属節을 이끈다). Ⅱ 接 ···하는·한 때.

Когда вы будете дома? 언제 당신은 집에 계시겠읍니까?
Бывают моменты, *когда* я люблю оставаться один. 나는 혼자 있고 싶을 때가 있다.
Он уедет, *когда* кончит работу. 그는 일을 마치고 갈 것이다.

когда-то [kagdátə] 副 한때, 언젠가.
Когда-то он жил в деревне. 한때 그는 시골에서 살았었다.

колбаса [kəlbasá] 46 d 女 소시지.
Сегодня на завтрак — хлеб, сыр, *колбаса* и чай. 오늘 아침식사는 빵과 치즈, 소시지, 그리고 차이다.

колено [kal'énə] 33 a 中 무릎.
Она стоит на *коленях*. 그녀는 무릎을 꿇고 있다.

колесо [kəl'isó] 29*d 中 바퀴, 차륜.
У машины четыре *колеса*. 자동차는 바퀴가 넷이다.

количество [kal'íʧ'ıstvə] 29 a 中 양, 수량.
В магазине большое *количество* товаров. 가게에는 많은 상품이 있다.

коллектив [kəl'ıkt'íf] 1 a 男 공동체, 집단; 〔集合〕 직원.

Успе́х шко́лы зави́сит от *коллекти́ва* учителе́й.

коло́нна [kalónnə] 46 а
Он стои́т у *коло́нны*.
На шоссе́ показа́лась *коло́нна* грузовико́в.

колхо́з [kalxós] 1 а
Сове́тские студе́нты ле́том е́здят рабо́тать в колхо́з.

колхо́зник [kalxóz'n'ik] 17 а
В по́ле рабо́тают *колхо́зники*.

колхо́зный [kalxóznij] 96
Колхо́зная молодёжь уча́ствует в конце́рте.

кольцо́ [kal'tsó] 78 е
Она́ но́сит на па́льце золото́е *кольцо́*.

кома́нда [kamándə] 46 а
Солда́ты на́чали стреля́ть по *кома́нде*.
В на́шей *кома́нде* двена́дцать челове́к.

команди́р [kəman'd'ír] 1 а
Он был *команди́ром* корабля́.

кома́ндовать [kamándəvət'] 146

Кто *кома́ндует* э́той ча́стью?
Молодо́й офице́р *кома́ндует*.

комба́йн [kambájn] 1 а
В на́шем колхо́зе не́сколько *комба́йнов*.

коми́ссия [kam'ís'ijə] 55 а

Он член специа́льной *коми́ссии* по разоруже́нию.

комите́т [kəm'it'ét] 1 а
В Кремле́ заседа́л Центра́льный комите́т КПСС (Комму-

학교의 평판은 교사진에 달려 있다.

女 ① (둥근) 기둥. ② 종대(縱隊).
그는 기둥 옆에 서 있다.
가도에 트럭의 행렬이 나타났다.

男 꼴호즈, 집단농장.
소련 대학생들은 여름에 집단농장으로 일하러 간다.

男 [活] 집단농장원.
들판에서 집단농장원들이 일을 하고 있다.

形 집단농장의.
집단농장의 청년들은 연주회에 참가했다.

田 반지, 가락지; 둥근 모양의 물건.
그녀는 금반지를 끼고 있다.

女 ① 명령, 호령. ② 팀.
병사들은 명령에 따라 사격을 개시했다.
우리 팀은 12명이다.

男 [活] 지휘관, 사령관.
그는 함장이었다.

不完 ① (一造) 지휘하다. ② 구령을 걸다.
누가 이 부대를 지휘하고 있읍니까?
젊은 장교가 구령을 걸고 있다.

男 콤바인.
우리 집단농장에는 콤바인이 몇 대 있다.

女 (관청이나 단체의 위임을 받은) 위원회.
그는 군비축소 특별 위원회 위원이다.

男 (정치적 활동을 지도하는) 위원회.
크레믈린에서 소련공산당 중앙위원회가 열렸다.

нистическая па́ртия Сове́тского Сою́за)

коммуни́зм [kəmmun'ízm] 1 a 阳 공산주의.
Коммуни́зм угрожа́ет всему́ ми́ру. 공산주의가 세계를 위협하고 있다.

коммуни́ст [kəmmun'íst] 1 a 阳 [活] 공산당원; 공산주의를 신봉하는 자, 공산주의자.
Он стал *коммуни́стом*. 그는 공산주의자가 되었다.

коммунисти́ческий [kəmmun'is't'íʧ'ısk'ij] 99 形 공산주의의.
Коммунисти́ческая па́ртия Сове́тского Сою́за со́здана В. И. Ле́ниным. 소련공산당은 레닌에 의해 창설되었다.

ко́мната [kómnətə] 46 a 因 방.
Оте́ц сейча́с у себя́ в *ко́мнате*. 아버지는 지금 내 방에 계신다.

компа́ния [kampán'ijə] 55 a 因 ① 동료, 일행. ② 회사.
У него́ всегда́ собира́ется весёлая *компа́ния*. 그에게는 항상 쾌활한 사람들이 모여든다.
Он слу́жащий кру́пной *компа́нии*. 그는 큰 회사의 사원이다.

комсомо́л [kəmsamól] 1 a 阳 꼼소몰, 공산청년동맹.
Комсомо́л явля́ется ве́рным помо́щником па́ртии. 꼼소몰은 당의 심복이다.

комсомо́лец [kəmsamól'ıts] 72 a 阳 [活] 공산청년동맹원.
На строи́тельстве рабо́тает мно́го *комсомо́льцев*. 건설공사에서 많은 공산청년연맹원들이 일하고 있다.

комсомо́льский [kəmsamól'sk'ij] 99 形 꼼소몰의.
За́втра состои́тся *комсомо́льское* собра́ние. 내일 꼼소몰 대회가 열린다.

конве́рт [kanv'ért] 1 a 阳 봉투.
Она́ написа́ла письмо́ и положи́ла его́ в *конве́рт*. 그녀는 편지를 써서, 그것을 봉투에 넣었다.

коне́ц [kan'éts] 71 b 阳 마지막, 최후; 극단, 끝.
О́сень подхо́дит к *концу́*. 가을이 다 지나고 있다.
Со всех *концо́в* страны́ присла́ли им де́ньги и пи́сьма. 전국 방방곡곡에서 그들에게 돈과 편지가 보내왔다.

коне́чно [kan'éʃnə]
Ⅰ (挿入語) 물론, 말할 것도 없이
Ⅱ 阳 물론이다.

Я, *конéчно*, прочитáю э́ту кни́гу до зáвтра.

— Вы лю́бите читáть?

— *Конéчно*.

конкрéтный [kankr'étnij] 96 А 6

🈝 구체적인, 구상적인.

Дáйте хотя́ бы оди́н *конкрéтный* примéр.

구체적인 예를 하나라도 좋으니 들어주십시오.

контрóль [kantról'] 14 а

🈔 관리, 통제; 검사.

Дéти должны́ находи́ться под *контрóлем* взрóслых.

아이들은 어른들의 관리하에 있어야 한다.

В вагóне идёт *контрóль* билéтов.

차안에서 표를 검사하고 있다.

концéрт [kantsért] 1 а

🈔 연주회.

Вчерá мы бы́ли на *концéрте*.

어제 우리는 연주회에 갔었다.

кóнчить [kón'tʃ'it'] 158

🈞 (一対 / 不定形) 마치다, 끝내다, 종료하다.

Мы должны́ *кóнчить* э́ту рабóту сегóдня вéчером.

우리는 오늘 저녁 이 일을 끝내야만 한다.

кóнчиться [kón'tʃ'ittsə] 158 (1·2人称 없이)

🈞 끝나다.

Концéрт *кóнчился* в дéвять часóв вéчера.

연주회는 밤 9시에 끝났다.

конь [kón'] 15 h

🈔 〔活〕말 (특히 숫말, 또는 군용마; 시문에서)

— По *коня́м*! — óтдал команди́р комáнду.

— 말을 타라! — 지휘관이 명령했다.

коньки́ [kan'k'í] 69 b

🈟 스케이트.

Мы катáлись на *конькáх*.

우리는 스케이트를 탔다.

копéйка [kap'éjkə] 89 а

🈗 까뻬이카 (1 / 100루불).

Кни́га стóит сóрок *копéек*.

이 책은 40까뻬이까이다.

корáбль [karábl'] 15 b

🈔 선박; (항해용)배.

Кораблú ухóдят в мóре.

선박이 바다로 출항한다.

корéйский [kar'éjsk'ij] 99

🈝 한국의, 한국사람의.

Корéйский селадóн слáвится во всём ми́ре.

한국산 도자기는 세계적으로 유명하다.

коридóр [kər'idór] 1 а

🈔 복도; 회랑.

В *коридóре* никогó нет.

복도에는 아무도 없다.

корóва [karóvə] 46 а

🈗 〔活〕암소, 젖소.

Колхóзные *корóвы* даю́т мнóго

집단농장의 젖소는 많은 우유를 제공

молока.

короткий [karótk'ij] 99 G 1 比 короче
Дни стали *короткими*.
Юбка ей *коротка*.

해 준다.
形 ① 짧은; 가까운. ② (短語!に) 너무 짧다.
하루는 짧았다.
그녀의 치마는 너무 짧다.

корпус [kórpus] 3 c
В университете построили новый *корпус*.

名 건물, 동.
대학에 새 건물이 세워졌다.

корреспондент [kər'ɪspan'd'ént] 1 a
Он специальный *корреспондент* газеты «Правда».

名 〔活〕 통신원, 리포터.
그는 『프라우다』지의 특파원이다.

космический [kas'm'íʧ'ɪsk'ij] 99
Сегодня выпустили новый советский *космический* корабль.

形 우주의.
오늘 소련의 새로운 우주선이 발사되었다.

кость [kós't'] 56 g $П_2$ в/на
В этой рыбе много *костей*.

名 뼈, 가시.
이 생선은 가시가 많다.

костюм [kas't'úm] 1 a
Он пришёл в новом *костюме*.

名 의복; 양복.
그는 새 양복을 입고 왔다.

кот [kót] 1 b
Кот у нас белый и большой.

名 〔活〕 숫고양이.
우리 고양이는 하얗고 크다.

который [katórij] 96
Которую из этих книг ты возьмёшь?
Человек, *который* вошёл в комнату, его брат.

代 ① 〔疑問〕 어떤, 어떤 것의. ② 〔関係〕 …하는 것의.
이 책들 중에서 너는 어떤 것을 갖겠느냐?
방으로 들어간 사람은 그의 형이다.

кофе [kóf'ə] 《不変》
Я пью *кофе* только по утрам.

名 코오피.
나는 아침에만 코오피를 마신다.

кошка [kóʃkə] 90 a
Он не любит *кошек*.

名 〔活〕 고양이 (특히 암놈).
그는 고양이를 좋아하지 않는다.

край [krái] 26 c P_2, $П_2$ в/на
Она села на *край* стула.
В нашем *краю* много лесов.

名 ① 끝, 가장자리. ② 지방.
그녀는 의자 끝에 앉았다.
우리 지방은 숲이 많다.

крайний [krájn'ij] 98
В *крайнем* окне горит огонь.
Он сделал это при *крайней* необходимости.

形 ① 맨끝의. ② 극단의.
맨끝 창에 불이 켜져 있다.
그는 절대적인 필요에 의해서 일을 했다.

кран [krán] 1 a
Кре́пко закро́йте *кран*.
Гру́зы поднима́ют *кра́ном*.

краси́вый [kras'ívij] 96 A 1
Его́ сестра́ о́чень *краси́вая*.

кра́ска [kráskə] 88 a
Худо́жник пи́шет карти́ну *кра́сками*.

кра́сный [krásnij] 96 D 13
Да́йте мне *кра́сный* каранда́ш.

красота́ [krəsatá] 46 d
Она́ отлича́ется свое́й *красото́й*.

кре́пкий [kr'épk'ij] 99 D 14 比 кре́пче
Тот стари́к ещё *кре́пок*.

кре́пко [kr'épkə] 比 кре́пче
Они́ *кре́пко* люби́ли друг дру́га.

кре́пость [kr'épəs't'] 56 g
Кре́пость была́ занята́ враго́м.

кре́сло [kr'éslə] 74 a
Он спит в *кре́сле*.

крестья́нин [kr'ɪs't'ján'in] 7 a
Он был ро́дом из *крестья́н*.

крик [kr'ík] 17 a P_2
Я слы́шал стра́нный *крик*.

кри́кнуть [kr'íknut'] 149
Он что́-то *кри́кнул*, но я не по́нял.

крича́ть [kr'iʧ'át'] 186
Она́ всегда́ *кричи́т* на дете́й.

крова́ть [kravát'] 56 a
Она́ вста́ла с *крова́ти*.

кровь [króf'] 56 g $П_2$ в
У неё идёт *кровь* из па́льца.

кро́ме [króm'ɪ]

阳 ① 수도꼭지. ② 기중기.
수도꼭지를 꼭 잠그시오.
화물을 기중기로 들어 올리고 있다.

形 예쁜, 고운, 아름다운.
그의 여동생은 매우 예쁘다.

女 페인트, 염료; 물감.
화가는 물감으로 그림을 그리고 있다.

形 붉은.
나에게 붉은 연필을 주십시오.

女 아름다움, 미.
그녀는 미모가 빼어났다.

形 튼튼한, 강한, 짙은.

이 노인은 아직도 정정하다.

副 굳게, 단단하게, 강하게.
그들은 서로 열렬히 사랑했다.

女 요새.
요새는 적에게 점령당했다.

中 안락의자.
그는 안락의자에서 자고 있다.

阳 〔活〕 농부, 백성, 농민.
그는 농민 출신이었다.

阳 외침소리, 고함.
나는 이상한 고함소리를 들었다.

完 〔1回〕 (不完 крича́ть)) 외치다, 부르짖다, 고함지르다.
그는 무언가 소리쳤지만, 나는 알아듣지 못했다.

不完 (⇒完 кри́кнуть)).
그녀는 항상 아이들을 호통친다.

女 침대.
그는 침대에서 일어났다.

女 피.
그녀의 손가락에서 피가 나고 있다.

前 (一生) ① …을 제외하고, …이

В комнате, *кроме* стола, ничего не было.
Кроме книг, в библиотеке много журналов и газет.

круг [kruk] 17 c P_2, $П_2$ в/на
Дети образовали *круг*.
Это не входит в *круг* моих интересов.

круглый [krúglij] 96 D 1

Сядем за этот *круглый* стол.
Он *круглый* дурак.

кругом [krugóm]

Он повернулся *кругом*.
Кругом нет ни лесов, ни гор.
Кругом дома ходила собака.

кружок [kruʒók] 65 b
Мы организовали *кружок* русского языка.

крупный [krúpnij] 96 D 13
Он *крупными* шагами пошёл вниз по горе.

крыло [kriló] 31 d
Если бы у меня было *крыло*!

крыльцо [kril'tsó] 78 h
Он вышел из комнаты на *крыльцо*.

крыша [kríʃə] 51 a
Птица сидит на *крыше*.

кстати [kstát'i]

Деньги пришлись *кстати*.
Если будешь на почте, *кстати* опусти это письмо в ящик.
Кстати, как его здоровье?

кто [któ] 108

외에. ② …를 제하고.
방안에는 책상 외엔 아무것도 없었다.
도서관에는 책 이외에 잡지와 신문이 많이 있다.

男 ① 동그라미, 원. ② 범위, 영역.
아이들은 동그라미를 그렸다.
그것은 나의 관심밖이다.

形 ① 둥근, 원형의. ② (長語尾로만) 완전한.

이 원형탁자에 앉읍시다.
그는 완전한 바보이다.

I 副 ① 둥글게. ② 주위에, 주변에, 사방에. II 前 (一生) 주위에, 주위를.

그는 빙 돌았다.
주위에는 숲도 산도 없다.
집 주위를 개가 맴 돌았다.

男 써클
우리는 러시아어 서클을 만들었다.

形 커다란; 위대한.
그는 성큼성큼 산을 내려왔다.

田 날개.
나에게 날개가 있다면!

田(현관으로 오르는)계단.
그는 방에서 현관 입구로 나왔다.

女 지붕.
새 1마리가 지붕 위에 앉아 있다.

I 副 ① 때마침, 마침. ② …하는 김에. II (挿入語) 그런데.
때마침 돈이 들어왔다.
우체국에 가는 길이라면, 이 편지를 우체통에 넣어주십시오.
그런데, 그의 건강은 어떻습니까?

代 ① [疑問] 누구. ② [関係] …

С *кем* ты говорил?
Кто не работает, тот не ест.
кто́-то [któtə] 108 («-то는 不變)
　Я видел, что отец с *кем-то* разговаривает.
куда́ [kudá]

　Куда́ вы идёте сегодня вечером?
　Ресторан, *куда́* мы хотели пойти, был закрыт.
кула́к [kulák] 17 b
　Он ударил меня *кулако́м*.
культу́ра [kul'túrə] 46 a
　Он готовится к лекции по истории русской *культу́ры*.
　Он человек высокой *культу́ры*.
культу́рный [kul'túrnij] 96 A 6

　Ленингра́д — большой *культу́рный* центр СССР.
　Она очень культурная девушка.
купи́ть [kup'ít'] 175

　Она *купи́ла* себе сумку.

кури́ть [kur'ít'] 173
　— Вы *ку́рите*?
　— Нет, не *курю́*.
　Здесь не *ку́рят*.
ку́рица [kúr'itsə] 53 a
　Ку́рица несёт яйца.
курс [kúrs] 1 a

　Он кончил *курс* физики в университете.
　Она учится на третьем *ку́рсе*.

하는 사람.
너는 누구와 얘기를 했었냐?
일하지 않는 자는 먹지마라.
代 [不定] 어떤 사람, 누군가.
나는 아버지가 누군가와 이야기 하시는 것을 보았다.
副 ① [疑問] 어디로. ② [關係] …하는·한 곳으로.

당신은 오늘 저녁 어디로 갑니까?

우리가 가고 싶었던 레스토랑은 닫혀 있었다.
男 주먹.
그는 주먹으로 나를 쳤다.
女 ① 문화, 문명. ② 교양.
그는 러시아 문화사 강의를 준비하고 있다.
그는 아주 교양이 있는 분이다.
形 ① 문화의, 문화적인. ② 교양이 있는.

레닌그라드는 소련의 커다란 문화의 중심지이다.
그녀는 매우 교양있는 아가씨이다.
完 (不完 покупа́ть)(-對/生) 사다.
그 여자는 자기가 사용할 핸드백을 샀다.
不完 담배 피우다.
— 당신은 담배를 피우십니까?
— 피우지 않습니다.
이곳은 금연지역이다.
女 [活] 암탉; 닭고기, 치킨.
암탉이 알을 낳는다.
男 ① 코오스, 과정. ② (대학의) 학년. ③ 진로, 항로.
그는 대학에서 물리학과정을 마쳤다.
그녀는 대학 3 학년이다.

Пароход взял *курс* на восток.
기선은 항로를 동으로 돌렸다.

кусок [kusók] 65 b
Я положил *кусок* сахару в чай.
男 덩어리, 한조각, 한개.
나는 차에 설탕 한조각을 넣었다.

кухня [kúxn'ə] 85 a
В *кухне* стоит холодильник.
女 부엌.
부엌에 냉장고가 있다.

Л

лаборатория [ləbərató'ijə] 55 a
Они проводят опыты в *лаборатории*.
女 실험실, 연구실.
그들은 실험실에서 실험을 하고있다.

ладно [ládnə]
Ладно, я приду завтра.
助 (口語) 좋습니다.
좋습니다, 내일 가겠읍니다.

ладонь [ladón'] 56 a
Он держит на *ладони* яблоко.
女 손바닥.
그는 사과를 손바닥에 올려놓고있다.

лампа [lámpə] 46 a
На столе горит *лампа*.
女 전등, 램프.
책상 위에 전등이 켜져있다.

левый [l'évij] 96
Ножницы лежат в *левом* углу ящика.
形 왼쪽의, 좌측의; 왼쪽 날개의.
가위는 서랍의 왼쪽 구석에 있다.

лёгкий [l'óxk'ij] 99 C 2 比 легче
Эта сумка очень *лёгкая*.
Вопрос ему казался *лёгким*.
形 ① 가벼운. ② 용이한, 쉬운.
이 백은 매우 가볍다.
그 문제는 그에게 쉬운 것 같았다.

легко [l'ıxkó] 比 легче
Он *легко* поднял груз.
Наш дом очень *легко* найти.
I 副 용이하게. II 述 용이하다.
그는 쉽게 짐을 들어 올렸다.
우리집은 찾기가 매우 쉽다.

лежать [l'ɪʒát'] 186
Отец *лежит* на диване и читает.
Одни книги стояли, другие *лежали*.
不完 누워 있다, 놓여 있다.
아버지는 소파에 누워서 독서를 하고 계신다.
책들이 일부는 세워져 있고, 나머지는 놓여 있다.

лезть [l'és't'] 211
Мальчик *лезет* на дерево.
Дети *лезли* под стол.
不完 [定] ① 기어 오르다, 등반하다.
② 몰래 들어가다, 잠입하다.
꼬마가 나무위를 기어 오르고 있다.
아이들은 책상 밑으로 들어갔다.

лейтенант [l'ıjt'ınánt] 1 a
Он служил *лейтенантом* во флоте.
男 [活] 위관; 중위.
그는 해군 중위로 복무했었다.

лека́рство [l'ıkárstvə] 29 а   田 약.
   Я принима́ю *лека́рство* че́рез шесть часо́в.   나는 6시간 간격으로 약을 먹는다.

ле́кция [l'éktsijə] 55 а   因 강의, 강연.
   Ско́лько у вас сего́дня *ле́кций*?   오늘 강의가 몇 시간 있읍니까?

ленингра́дский [l'ın'ingrátsk'ij] 99   形 레닌그라드의.
   Он у́чится в *Ленингра́дском* госуда́рственном университе́те.   그는 레닌그라드 국립대학에 재학하고 있다.

ле́нинский [l'én'insk'ij] 99   形 레닌의, 레닌적인.
   Э́то разви́тие *ле́нинской* тео́рии госуда́рства.   이것은 레닌의 국가론의 발전이다.

лес [l'és] 3 с P_2, $П_2$ в   男 ① 수풀, 삼림. ② 〔集合〕목재, 재목.
   Я люблю́ гуля́ть в *лесу́*.   나는 숲속을 산책하는 것을 좋아한다.
   Цена́ на *лес* постепе́нно растёт.   목재값이 점점 오르고 있다.

лесно́й [l'ısnój] 97   形 ① 수풀의. ② 목재의.
   Мы шли по *лесно́й* доро́ге.   우리는 숲속의 길을 따라 갔다.
   Он рабо́тает в *лесно́й* промы́шленности.   그는 목재산업에서 일하고 있다.

ле́стница [l'és'n'itsə] 52 а   因 계단, 층계; 사닥다리.
   Он поднима́лся по *ле́стнице*.   그는 계단을 올라갔다.

лета́ [l'ıtá] 29 b   複 ① (生格 лет 는 год 의 複生 으로서 사용한다). ② 연령.
   Сестре́ пятна́дцать *лет*.   누이는 15살이다.
   Мы с ним одни́х *лет*.   나와 그는 동갑이다.

лета́ть [l'ıtát'] 143   不完 〔不定〕(〔定〕лете́ть) 날아다니다, 날아서 갔다오다 · 왕래하다.
   Над голово́й *лета́ют* пти́цы.   머리 위로 새들이 날고 있다.
   Ле́том мы *лета́ли* в СССР на сове́тском самолёте.   여름에 우리는 소련 비행기로 소련에 갔다.

лете́ть [l'ıt'ét'] 193   不完 〔定〕(〔不定〕лета́ть) 날아서 가다 · 오다.
   Пти́цы *летя́т* на се́вер.   새들은 북쪽으로 날아간다.
   Самолёт *лети́т* в Пуса́н.   비행기가 부산으로 날아가고 있다.

ле́тний [l'étn'ij] 98

Начали́сь *ле́тние* кани́кулы шко́льников.

ле́то [l'étə] 29 а

Мы провели́ *ле́то* на ю́ге.

ле́том [l'étəm]

Ле́том мы е́здили в дере́вню.

лечь [l'éʨ'] 220

Она́ *легла́* в посте́ль.

ли [l'i]

Здоро́вы *ли* ва́ши де́ти?
Спроси́те, нет *ли* у них спи́чек.

ли́бо [l'íbə]

За́втра я пойду́ *ли́бо* в кино́, *ли́бо* в музе́й.

ли́ния [l'ín'ijə] 55 а

Он провёл карандашо́м прямýю *ли́нию*.

лист [l'íst] ① 은 5 d, ② 는 1 b

Земля́ была́ покры́та *ли́стьями*.

Да́йте мне чи́стый *лист* бума́ги.

литерату́ра [l'it'ıratúrə] 46 а

Он изуча́ет де́тскую *литерату́ру*.

Он хорошо́ зна́ет основну́ю *литерату́ру* по э́той те́ме.

литерату́рный [l'it'ıratúrnij] 96 A 6

Им был организо́ван небольшо́й *литерату́рный* кружо́к.

Кни́га напи́сана хоро́шим *литерату́рным* языко́м.

литр [l'ítr] 1 а

形 여름의, 여름철의.

학생들의 여름방학이 시작되었다.

田 (單) 여름, 여름철.

우리는 남부쪽에서 여름을 보냈다.

副 여름에, 여름사이에.

여름에 우리는 시골로 갔다 왔다.

兒 (不完 ложи́ться) 드러눕다, 눕다, 엎드리다.

그녀는 침대에 누웠다.

助 ① (疑問文에서 文頭의 의문의 중심이 되는 말의 뒤에 놓는다.) …가. ② (間接疑問文을 만든다).

당신의 아이들은 건강합니까?
그들에게 성냥이 있는지 물어 보십시오.

接 … 이나, 또는.

내일 나는 극장이나 박물관에 갈 것이다.

因 선, 열; 노선.

그는 연필로 직선을 그었다.

男 ① (식물의) 잎. ② 1 매.

땅은 낙엽으로 덮였다.

나에게 백지 1 장을 주십시오.

因 ① 문학, 문예. ② 문헌.

그는 아동문학을 연구하고 있다.

그는 이 테마에 관한 기본문헌을 잘 알고 있다.

形 ① (長語尾로만) 문학·문예의.② 문어의, 표준적인.

그에 의해 조그마한 문학서클이 만들어 졌다.

그 책은 훌륭한 표준어로 씌여졌다.

男 리터.

Я купи́л *литр* вина́.   나는 포도주 1 리터를 샀다.
лифт [l'íft] 1 a   男 승강기, 엘리베이터.
Мы подняли́сь на *ли́фте*.   우리는 엘리베이터를 탔다.
лицо́ [l'itsó] 29 d   中 ① 얼굴; 개성. ②사람, 인물.
На его́ *лице́* появи́лась улы́бка.   그의 얼굴에 미소가 떠올랐다.
Тут он был необходи́мым *лицо́м*.   여기서는 그가 없어서는 안될 사람이다.
ли́чный [l'íʧ'nij] 96   形 개인의; 스스로, 몸소.
Э́то моё *ли́чное* мне́ние.   이것은 나의 개인적인 의견이다.
ли́шний [l'íʃn'ij] 98   形 나머지의, 여분의.
Нет ли у вас *ли́шнего* биле́та?   남는 티켓이 없읍니까?
лишь [l'íʃ]   副 오직, …뿐, …만.
Он ве́рит *лишь* вам.   그는 당신만을 믿고 있다.
лоб [lóp] 60 b *П*₂ во/на   男 이마.
Во́лосы упа́ли на *лоб*.   머리카락이 이마로 늘어뜨러져 있다.
лови́ть [lav'ít'] 175   不完 잡다, 붙잡다.
Сего́дня он це́лый день *лови́л* ры́бу.   그는 오늘 하루종일 고기를 잡았다.
ло́дка [lótkə] 88 a   女 배, 보트.
Они́ лови́ли ры́бу с *ло́дки*.   그들은 보트를 타고 고기를 잡았다.
ложи́ться [laʒítsə] 166   不完 (完 лечь) 드러눕다, 엎드리다.
Я *ложу́сь* спать ра́но.   나는 일찍 잠을 잔다.
ло́жка [lóʃkə] 90 a   女 숟가락, 스푼.
Э́тот ребёнок уже́ уме́ет есть суп *ло́жкой*.   그 아이는 벌써 스푼으로 수우프 먹을 줄 안다.
ло́коть [lókət'] 63 g   男 팔꿈치.
Он сиде́л, положи́в *ло́кти* на стол.   그는 책상위에다 팔꿈치를 대고 앉아 있다.
ло́шадь [lóʃət'] 56' g   女 말.
Я помо́г ему́ сесть на *ло́шадь*.   나는 그가 말타는 것을 도왔다.
лук [lúk] 17 c *P*₂   男 (單) 양파.
Она́ доба́вила в суп *лу́ку*.   그녀는 수우프에 양파를 더 넣었다.
луна́ [luná] 46 d   女 (천체의) 달.
Высоко́ стоя́ла по́лная *луна́*.   보름달이 높이 떠있다.
луч [lúʧ'] 21 b   男 빛, 광선; 방사선.
Со́лнечный *луч* па́дает на снег.   햇빛이 눈위로 내리 쬐이고 있다.
лу́чше [lútʃi] 《хоро́ший, хорошо́ 의比》   I 形 더 좋다. II 副 더욱 잘.

лу́чший

Твоя́ ко́мната *лу́чше* мое́й.
네 방이 내 방보다 더 좋다.
Она́ игра́ет на роя́ле сейча́с немно́го *лу́чше*.
지금 그녀는 피아노를 좀 더 잘친다.

лу́чший [lútʃij] 101
形 ① (хоро́ший의 比較級・長語尾) 보다 나은. ② (хоро́ший의 最上級) 가장 좋은.

У него́ *лу́чшая* ко́мната, чем моя́.
그는 내 방보다 더 좋은 방을 갖고 있다.
Он *лу́чший* учени́к в кла́ссе.
그는 반에서 제일 우수한 학생이다.

лы́жи [líʒi] 50 a
複 스키.
Мы ходи́ли на *лы́жах*.
우리는 스키를 탔다.

люби́мый [l'ub'ímij] 96 A 1
形 사랑하는, 좋아하는.
Э́то мой *люби́мый* расска́з.
이것은 내가 좋아하는 단편소설이다.

люби́ть [l'ub'it'] 175
不完 (-对/不定形) 사랑하다, 좋아하다, 즐기다.

Я вас *люблю́*.
나는 당신을 사랑합니다.
Он *лю́бит* гуля́ть в па́рке.
그는 공원을 산책하는 것을 좋아한다.

любо́вь [l'ubóf'] 94 j
女 사랑, 애정, 연애.
Он жени́лся по *любви́*.
그는 연애 결혼을 했다.

любо́й [l'ubój] 97
形 임의의, 어떤 …든지.
Он помо́жет вам в *любо́е* вре́мя.
그는 언제라도 당신을 도와줄 것이다.

лю́ди [l'úd'i] 《單 челове́к》 13 n
複 [活] 사람들, 인간; 세상.
У́лицы полны́ *люде́й*.
거리에는 사람들 넘쳤다.

М

магази́н [məgaz'ín] 1 a
男 가게, 상점.
В како́м *магази́не* вы купи́ли э́тот га́лстук?
어떤 가게에서 당신은 이 넥타이를 샀읍니까?

магнитофо́н [məgn'itafón] 1 a
男 녹음기.
У него́ хоро́ший япо́нский *магнитофо́н*.
그는 좋은 일제 녹음기를 갖고 있다.

май [máj] 24 a
男 5월.
В конце́ *ма́я* я бу́ду в Москве́.
5월말에 나는 모스끄바에 갈 것이다.

ма́ленький [mál'ın'k'ij] 99 比 ме́ньше / ме́ньший
形 작은; 어린; 적은.
Её де́ти ещё *ма́ленькие*.
그녀의 아이들은 아직도 어리다.

ма́ло [málə] 比 ме́ньше, ме́нее

Ⅰ 副 조금(밖에). Ⅱ 代 〔数量〕(一生) 조금의, 약간의.

Он *ма́ло* говори́т, но мно́го де́лает.
그는 말수는 적지만, 하는 일은 많다.

На у́лице бы́ло *ма́ло* наро́ду.
거리에는 사람들이 조금 있었다.

ма́лый [málij] 96 В 1 比 ме́ньше / ме́ньший

形 ① 작은; 조그마한 (対比的으로). ② (短語尾) 너무 작다, 옹색하다.

На не́бе мно́го *ма́лых* и больши́х звёзд.
하늘에는 크고 작은 별들이 많이 있다.

Пальто́ мне *мало́*.
그 외투는 나에게 작다.

ма́льчик [mál'ʧ'ik] 17 а

男 〔活〕 소년, 남자아이.

В ко́мнату вошёл ма́ленький *ма́льчик* лет семи́.
7 살쯤 된 꼬마가 방으로 들어갔다.

ма́ма [mámə] 46 а

女 〔活〕 엄마, 어머니.

Ма́ма, я хочу́ есть.
엄마, 나 배고파요.

ма́рка [márkə] 88 а

女 ① 우표. ② 종류; 상표.

Брат уже́ давно́ собира́ет *ма́рки*.
형은 오래 전부터 우표를 수집하고 있다.

Он купи́л маши́ну но́вой *ма́рки*.
그는 신형차를 샀다.

маркси́зм [marks'ízm] 1 а

男 마르크스주의.

Маркси́зм — систе́ма взгля́дов и уче́ния Ма́ркса.
마르크스주의는 마르크스의 견해와 학설의 체계이다.

март [márt] 1 а

男 3 월.

В *ма́рте* ча́сто идёт снег.
3 월에는 가끔 눈이 온다.

ма́сло [máslə] 74 Ⅰ

中 버터; 기름; 유화물감.

Да́йте мне хлеб с *ма́слом*.
나에게 버터를 바른 **빵**을 주십시오

ма́сса [mássə] 46 а

女 ① (單) 다수, 대량. ② (複) 대중.

На вокза́ле *ма́сса* пассажи́ров.
역은 승객들로 북적거리고 있다.

На́ше прави́тельство по́льзуется подде́ржкой широ́ких наро́дных *масс*.
우리 정부는 폭 넓은 국민대중의 지지를 얻고 있다.

ма́ссовый [mássəvij] 96

形 ① 대량의. ② 대중의.

Э́то това́ры *ма́ссового* произво́дства.
이것은 대량으로 생산된 상품이다.

Мы подде́рживаем *ма́ссовое* движе́ние за мир.
우리는 평화를 위한 대중운동을 지지한다.

мáстер [más't'ɪr] 3 c 男 [活] ① 반장, 조장. ② 직인. ③ 명인(名人)

Я рабóтаю *мáстером* на завóде. 나는 공장에서 반장으로 일하고 있다.

Он часовóй *мáстер*. 그는 시계공이다.

Он не тóлько *мáстер* слóва, но и поэ́т. 그는 뛰어난 작가이며, 시인이다.

материáл [mət'ɪr'jál] 1 a 男 ① 재료; 자료 ② 천, 옷감.

Сейчáс я собирáю *материáл* для нóвой кнѝги. 지금 나는 새로운 책을 쓰기위해 자료를 수집하고 있다.

Онá купѝла *материáл* на пальтó. 그녀는 외투지를 샀다.

материáльный [mət'ɪr'jál'nij] 96 形 물질적인, 금전적인.

Онѝ борóлись за повышéние *материáльного* ýровня жѝзни нарóда. 그들은 국민생활의 물질적 수준을 향상시키기 위해 투쟁했다.

матрóс [matrós] 1 a 男 [活] 선원; 해군병사.

Мой брат — *матрóс* на парохóде. 나의 형은 기선의 선원이다.

мать [mát'] 58 g 女 [活] 어머니, 모친.

Онá рáно стáла *мáтерью*. 그녀는 어려서 엄마가 되었다.

машѝна [maʃínə] 46 a 女 ① 기계. ② 자동차.

Трáктор, комбáйн — сельскохозя́йственные *машѝны*. 트랙터, 콤바인은 농기계이다.

Шофёр вы́шел из *машѝны*. 운전기사는 차에서 내렸다.

мéдленно [m'édl'ɪnnə] 副 천천히, 더디게, 완만하게.

Врéмя идёт *мéдленно*. 시간이 천천히 간다.

мéдленный [m'édl'ɪnnij] 96 A 10 形 완만한, 더딘.

Он шёл *мéдленным* шáгом. 그는 천천히 걸어갔다.

мéжду [m'éʒdu] 前 (一造) …의 사이에.

Я вернýсь *мéжду* двумя́ и тремя́ часáми. 나는 2시에서 3시 사이에 돌아오겠다.

Об э́том вопрóсе был спор *мéжду* учёными. 그 문제에 대해서 학자들 사이에 논쟁이 있었다.

международный [m'ɪʒdunaródnij] 96 形 국제적인.

Зáвтра состои́тся лéкция о *международном* положé- 내일 국제정세에 관한 강연이 있을 예정이다.

ме́лкий [m'élk'ij] 99 D 14 比 ме́льче

⑱ ① 얕은, 작은, 소규모의. ② 얕은.

К ве́черу пошёл *ме́лкий* дождь.

저녁 무렵 가랑비가 내렸다.

Река́ сли́шком *мелка́* для пла́вания.

이 강은 수영하기엔 너무 얕다.

ме́нее [m'én'ıjə]

副 ① (ма́ло 의 比較級)보다적게; …이하. ② (⑱, 副…의 앞에 붙어서 劣等比較級 을 만든다.)…만큼은 아니다.

Ему́ *ме́нее* 40 (сорока́) лет.

그는 40살이 안되었다.

Э́тот ребёнок *ме́нее* споко́йный, чем остальны́е де́ти.

이 아이는 다른 아이들 보다 침착하지 못하다.

ме́ньше [m'én'ʃi]

Ⅰ (ма́лый, ма́ленький 의 比較級) ⑱ 더작다. Ⅱ (ма́ло 의 比較級) ⑭ 〔数量〕…보다 적다. Ⅲ (ма́ло 의 比較級) 副 …보다 적게; …이하.

Моя́ ко́мната *ме́ньше* твое́й.

내 방은 네 방보다 작다.

Сего́дня здесь *ме́ньше* наро́ду, чем вчера́.

오늘 이곳에는 어제 보다 사람들이 적다.

Он чита́ет *ме́ньше*, чем я.

그는 나보다 독서를 조금한다.

меню́ [m'ın'ú] 《不変》

⑭ 메뉴, 차림표.

Да́йте, пожа́луйста, *меню́*.

메뉴를 주십시오.

ме́ра [m'érə] 46 а

⑤ ① 측정단위. ② 수단.

Основна́я *ме́ра* длины́ — метр.

길이의 기본단위는 미터이다.

Они́ при́няли ну́жные *ме́ры*.

그들은 필요한 수단을 취했다.

мёртвый [m'órtvij] 96, Ⅰ 은 F 2

Ⅰ ⑱ 죽은; 생기가 없는. Ⅱ ⑭ 〔活〕 죽은 사람.

Он уже́ *мёртв*.

그는 이미 죽었다.

Мёртвый лежа́л на полу́.

시체가 마루에 있다.

ме́стный [m'ésnij] 96

⑱ 현지의, 그 지방의.

Сейча́с два часа́ по *ме́стному* вре́мени.

지금 현지시간으로는 2 시이다.

ме́сто [m'éstə] 29 с

⑭ ① 장소. ② 좌석. ③ 지위.

Э́то хоро́шее *ме́сто* для о́тдыха.

여기는 휴식하기에 좋은 곳이다.

Все *места́* за́няты.

좌석이 다 찼다.

мéсяц

Он получи́л хоро́шее *мéсто*. | 그는 더 좋은 자리를 얻었다.

мéсяц [m'és'əʦ] 23 а | 刎 (달력의) 달; 1개월.

В како́м *мéсяце* вы родили́сь? | 당신은 몇월에 태어 났읍니까?

мета́лл [m'itál] 1 а | 刎 금속.

Роль *мета́ллов* в совреме́нной те́хнике огро́мна. | 현대의 기술에서 금속의 역할은 대단한 것이다.

мéтод [m'étət] 1 а | 刎 방법, 방식.

Мы изуча́ем ру́сский язы́к по но́вому *мéтоду*. | 우리는 새로운 방식으로 러시아어를 공부하고 있다.

метр [m'étr] 1 а | 刎 미터.

Да́йте мне два *мéтра* материа́ла. | 옷감 2 m를 주십시오.

метро́ [m'ıtró] 《不変》 | 田 지하철.

Пое́дем на *метро́*. | 지하철로 갑시다.

мечта́ [m'ıʧ'tá] 46 b 《複生없이》 | 囡 공상, 몽상; 바램, 희망.

Пое́хать в Москву́ бы́ло его́ *мечто́й*. | 모스끄바에 가겠다는 것은 그의 꿈이었다.

мечта́ть [m'ıʧ'tát'] 143 | 不完 (- 不定形 / О - 前) 공상하다, 동경하다.

Он *мечта́ет* пое́хать в Ита́лию. | 그는 이태리 가기를 꿈꾸고 있다.

Она́ *мечта́ла* об успе́хе и сла́ве. | 그녀는 성공과 영광을 동경하고 있다.

меша́ть [m'ıʃát'] 143 | 不完 ① (-與) 방해하다. ② (-対) 휘젓다.

Ра́дио *меша́ло* мне занима́ться. | 라디오 때문에 나는 공부할 수 없었다.

Она́ *меша́ет* суп ло́жкой. | 그녀는 숟가락으로 스프를 휘젓고 있다.

мешо́к [m'ıʃók] 65 b | 刎 자루.

Там лежи́т *мешо́к* с карто́фелем. | 그곳에 감자자루가 있다.

милиционе́р [m'il'itsian'ér] 1 а | 刎 〔活〕 (소련의) 민경, 경찰관.

Милиционе́р следи́т за поря́дком на у́лицах. | 경찰관이 교통정리를 하고 있다.

миллиа́рд [m'il'járt/m'il'iárt] 1 а | 刎 10억.

Во всём ми́ре живу́т *миллиа́рды* люде́й. | 전세계는 수십억의 사람들이 살고 있다.

миллио́н [m'il'jón/m'il'ión] 1 а | 刎 100만.

В го́роде два *миллио́на* жите- | 이 도시의 주민은 200만명이다.

лей.

ми́лый [m'ílij] 96, Ⅰ은 D 1   Ⅰ 形 귀여운, 사랑스러운. Ⅱ 男 〔活〕 (호칭) 여보, 당신, 자네; 연인.

Она́ *ми́лая* же́нщина.   그녀는 사랑스러운 여자다.
Ка́ждый день она́ встреча́ет своего́ *ми́лого*.   그녀는 매일 연인을 만난다.

ми́мо [m'ímə]   Ⅰ 副 옆으로, 옆에. Ⅱ 前 (－生) …의 옆을 지나서.

Ми́мо прошёл знако́мый.   아는 사람이 옆으로 지나갔다.
Он прошёл *ми́мо* меня́.   그는 내 옆을 지나갔다.

минера́л [m'in'irál] 1 а   男 광물, 광석.
Э́тот край бога́т *минера́лами*.   이 지방은 광물이 풍부하다.

министе́рство [m'in'is't'érstvə] 29 а   田 (정부의) 성(省), 부(部).
Он рабо́тает в *Министе́рстве* иностра́нных дел.   그는 외무부에 근무하고 있다.

мини́стр [m'in'ístr] 1 а   男 〔活〕 각료.
С э́тим вопро́сом вам сле́дует обрати́ться к *мини́стру* труда́.   이 문제는 노동부 장관에게 갖고 가야 한다. (장관의 소관이다)

мину́та [m'inútə] 46 а   女 분; 잠깐동안.
На э́той ста́нции по́езд стои́т де́сять *мину́т*.   열차는 이 역에서 10분간 정차한다.

мир [m'ír] ①은 1 с *П₂* в/на ; ②는 1 а   男 ① 세계, …계. ② 평화.
Весь *мир* зна́ет кру́пного писа́теля Толсто́го.   세계의 모든 사람들은 대문호 똘스또이를 알고 있다.
Мир победи́т войну́.   평화가 전쟁을 이긴다.

ми́рный [m'írnij] 96   形 평화의, 평화적인.
Они́ реши́ли зада́чу *ми́рным* путём.   그들은 평화적인 방법으로 문제를 해결했다.

мирово́й [m'iravój] 97   形 세계의, 세계적인.
Стра́ны социали́за игра́ют всё бо́лее значи́тельную роль в *мирово́й* эконо́мике.   사회주의국가들은 세계 경제에서 점점 더 중요한 역할을 하고 있다.

мне́ние [mn'én'ijə] 42 а   田 의견, 견해.
По моему́ *мне́нию*, он не прав.   나의 의견으로는 그가 옳지 않다.

мно́гие [mnóg'ii] 99   Ⅰ 代 〔数量〕 많은, 다수의. Ⅱ 複

мно́го

Прошли́ *мно́гие* го́ды.
Мно́гие ду́мают, что война́ не произойдёт.

мно́го [mnógə] 121

В теа́тре бы́ло *мно́го* наро́ду.
Он *мно́го* рабо́тает.

мно́гое [mnógəjə] 99

За три дня я уви́дел *мно́гое*.

мно́жество [mnóʒəstvə] 29 a

Там собира́ется *мно́жество* люде́й.

могу́чий [magúʧ'ij] 101 A 4

Грудь у него́ была́ широ́кая, *могу́чая*.

мо́да [módə] 46 a

Тепе́рь така́я шля́па в *мо́де*.

мо́жно [móʒnə]

Э́ту кни́гу ещё *мо́жно* купи́ть.
Здесь *мо́жно* кури́ть.

мой [mój] 119

Мой друг не зна́ет об э́том.

моле́кула [mal'ékulə] 46 a

Моле́кулы состоя́т из а́томов.

молодёжь [məlad'óʃ] 57 a

Вчера́ у нас собрала́сь *молодёжь*.

молодо́й [məladój] 97 D 10 比 моло́же

Она́ вы́глядит о́чень *молодо́й* для свои́х лет.

молоко́ [məlakó] 39 d

Он вы́пил стака́н *молока́*.

молото́к [məlatók] 65 b

Он уда́рил *молотко́м* по гвоздю́.

мо́лча [mólʧ'ə]

〔活〕많은 사람들.
많은 세월이 흘렀다.
많은 사람들은 전쟁이 일어나지 않을 것이라고 생각하고 있다.

Ⅰ 代〔數量〕(一生) 많은, Ⅱ 副 대단히, 많이.

극장에는 많은 사람들이 있었다.
그는 일을 많이 한다.

田 많은 것, 많은 일.

3일 동안 나는 많은 것을 보았다.

田 다수, 대량.

그곳에 다수의 사람들이 모여들고 있다.

形 강력한, 막강한.

그의 가슴은 넓고 건장하다.

因 유행, 풍조.

지금 그러한 모자가 유행이다.

述 ① 할 수 있다, 가능하다. ② …해도 된다.

이 책은 아직 살 수 있다.
이곳에서 담배를 피워도 된다.

代〔所有〕 나의.

내 친구는 이것을 모르고 있다.

因 분자.

분자는 원자로 이루어져 있다.

因〔集合〕젊은이, 청년.

어제 우리 집에 젊은이들이 모였다.

形 젊은; 신선한, 미숙한.

그녀는 자기나이 보다 훨씬 젊게 보인다.

田 (單) 젖, 우유.

그는 우유 한잔을 다 마셨다.

男 망치.

그는 망치로 못을 쳤다.

副 묵묵히, 잠자코.

Он *молча* вышел из комнаты. 그는 말없이 방에서 나왔다.
молчание [malʧ'án'ijə] 42 а ⊞ 침묵.
Извините за долгое *молчание*. 오랫동안 연락이 없어서 죄송합니다.
молчать [malʧ'át'] 186 不完 잠자코 있다, 침묵하다.
Почему ты *молчишь*? 너는 왜 잠자코 있니?
момент [mam'ént] 1 а 男 순간; 시기, 기회.
Этот *момент* решил её судьбу. 그 순간이 그녀의 운명을 결정했다.
монета [man'étə] 46 а 女 동전, 돈.
Он опустил *монету* в автомат. 그는 자동판매기에 동전을 집어 넣었다.
мораль [marál'] 56 а 女 도덕, 윤리.
Этот человек придерживается христианской *морали*. 이 사람은 기독교윤리를 따르고 있다.
море [mór'ə] 37 c ⊞ 바다.
Море было спокойное. 바다는 적막했다.
мороженое [maróʒənəjə] 96 ⊞ 아이스크림.
Дети очень любят *мороженое*. 어린이는 아이스크림을 좋아하기 마련이다.
морской [marskój] 100 形 바다의, 해양의; 해군의.
Морской воздух вам будет полезен. 바다 공기는 당신에게 좋을 것이다.
моряк [mar'ák] 17 b 男 〔活〕선원, 뱃사람.
Мой отец был *моряком*. 나의 아버지는 선원이었다.
московский [maskófsk'ij] 99 形 모스끄바의.
Московское метро одно из лучших в мире. 모스끄바 지하철은 세계 최고 중의 하나이다.
мост [móst] 1 c/1 b $П_2$ на 男 다리.
Мы перешли по *мосту* на другой берег. 우리는 다리를 건너 맞은 편 기슭으로 갔다.
мотор [matór] 1 а 男 모우터, 엔진, 발동기.
Мотор хорошо работает. 발동기는 잘 작동한다.
мочь [móʧ'] 221 不完 (完 смочь)(-不定形)…할 수 있다, …일 수 있다, …가 가능하다, …해도 좋다, …일지도 모른다.
Он *может* поднять сто килограммов. 그는 100킬로를 들어 올릴 수 있다.
Я умею плавать, но сегодня 나는 수영을 할 줄 알지만 오늘은

не *могу́*. Есть температу́ра.
Он *мо́жет* прие́хать и сего́дня.
할 수 없다, 열이 있다.
그는 오늘이라도 올 수가 있다.

мо́щный [móʃʃ'nij] 96 D13
Мы наде́емся на *мо́щный* рост се́льского хозя́йства.
形 강한, 강력한; 출력이 좋은.
우리는 농업의 힘찬 발전을 기대하고 있다.

муж [múʃ] 22 c
Она́ о́чень лю́бит *му́жа*.
男 〔活〕 남편.
그녀는 남편을 매우 사랑한다.

мужчи́на [muʃʃ'ínə] 46 a
Пе́редо мной стоя́л высо́кий *мужчи́на* с чемода́ном в рука́х.
男 〔活〕 남자, 남성.
트렁크를 든 키큰 남자가 내앞에 서 있었다.

музе́й [muz'éj] 24 a
Сего́дня *музе́й* закры́т.
男 박물관, 미술관.
오늘 박물관은 문을 열지 않는다.

му́зыка [múzikə] 49 a
Я слу́шаю *му́зыку* по ра́дио.
女 음악.
나는 라디오로 음악을 듣고있다.

музыка́льный [muzikál'nij] 96 A 7
Она́ поступи́ла в *музыка́льную* шко́лу.
Он о́чень *музыка́лен*.
形 ①(長語尾로만)음악의. ② 음악적 재능이 있는.
그녀는 음악학교에 입학했다.
그는 음악적재능이 매우 풍부하다.

му́ха [múxə] 49 a
В ку́хне мно́го *мух*.
女 〔活〕 파리.
부엌에 파리가 많다.

мы [mí] 104
Мы пойдём в теа́тр.
代 〔人称〕 우리.
우리는 극장에 간다.

мы́ло [mílə] 29 c
Вся щека́ у него́ была́ в *мы́ле*.
田 비누.
그의 온뺨은 비누 투성이었다.

мысль [mís'l'] 56 a
Он по́дал мне одну́ интере́сную *мысль*.
女 생각, 사상; 사고.
그는 재미있는 생각 하나를 나에게 제시했다.

мыть [mít'] 227
Не входи́те в ко́мнату, там *мо́ют* пол.
不完 (一対) 씻다, 닦다.
방안에 들어가지 마십시오. 방바닥을 닦고 있읍니다.

мя́гкий [m'áxk'ij] 99 D14 比 мя́гче
Э́та поду́шка о́чень *мягка́*.
形 부드러운; 온순한.
이 벼개는 매우 푹신하다.

мя́со [m'ásə] 29 c
Он лю́бит суп с *мя́сом*.
田 (單) 고기, 육류.
그는 고기스프를 좋아한다.

Н

на [nə] 《а, о 의 바로 앞에서나 악센트 음절의 바로 앞에서는 [na]》

前 I (一前) ① …위·표면에. ② (바다·호수·강의 근처, 가); 방위, 산지, 섬; 광장, 거리; 어떤 종류의 시설; 집회, 회의, 일의 현장) 에서. ③ (수단으로서의 악기, 언어, 교통기관 등)로, 으로. II (一처) ① …의 위·표면으로. ② (I 의 ②의 장소) 로 ③ (동작의 목적·대상) …에 대해서, …를 위해서. ④ (수량적 한계, 차, 차이). …만큼. ⑤ (앞서는 시간) …의 예정으로.

Книга лежит *на* столе.	책은 책상 위에 있다.
На стене висит карта.	벽에 지도가 걸려있다.
Летом они были *на* море.	여름에 그들은 바닷가에 다녀왔다.
На юге уже тепло, а *на* севере ещё холодно.	남쪽은 벌써 따뜻하지만 북쪽은 아직도 쌀쌀하다.
Я работаю *на* большом заводе.	나는 큰 공장에서 일하고 있다.
На собрании было много народу.	집회에는 사람들이 많았다.
Мы едем туда *на* машине.	우리는 그곳에 자동차로 간다.
Она положила письмо *на* стол.	그녀는 책상 위에다 편지를 놓았다.
Окна выходят *на* юг.	창문은 남쪽으로 나 있다.
Я собираюсь поехать *на* Кавказ.	나는 까프까즈에 갈 생각이다.
Отвечайте *на* мой вопрос.	제 질문에 대답해 주십시오.
Я *на* год старше его.	나는 그보다 1살 위이다.
Мы составили план работы *на* месяц.	우리는 한달 업무계획을 세웠다.

наблюдать [nəbl'udát'] 143

不完 ① (一처) 지켜보다, 관찰하다. ② (за —造) 감시하다, 감독하다.

Интересно *наблюдать* жизнь животных.	동물들의 생활을 관찰하는 것은 재미있다.

Кто тут *наблюдáет* за порядком?
누가 이곳의 감독자입니까?

навéрно [nav'érnə]　(挿入語) 아마, 필시.
Я, *навéрно*, не смогý пойти в теáтр.
아마, 나는 극장에 갈 수 없을 것 같다.

навéрное [nav'érnəjə]　(挿入語) 아마, 필시.
Навéрное, он сегóдня не придёт.
그는 아마 오늘 오지 않을 것이다.

навстрéчу [nafstr'étʃ'u]　副 …와 마주치는 방향으로
Навстрéчу нам шла машина.
자동차가 우리쪽으로 달려왔다.

над [nəd] (제1음절에 악센트가 있는 단어의 앞에서는 [nad], 무성자음의 앞에서는 [nat/nət], 어떤 종류의 자음 결합의 앞에서는 **надо** [nədá/nəda])　前 (-造) ① …위에.　② (일, 동작, 감정의 대상) …에, …을.
Самолёт летит *над* гóродом.
비행기가 도시의 상공을 날고 있다.
Сейчáс я рабóтаю *над* статьёй
지금 나는 논문에 몰두하고 있다.

надéжда [nad'éʒdə] 46 а　因 기대, 희망, 바램.
Что бы ни случилось, не теряйте *надéжды*.
어떠한 일이 있어도 희망을 잃지 마시오.

надéяться [nad'éjətsə] 197　不完 (на -対) 기대하다.
Мы *надéялись* на вáшу пóмощь.
우리는 당신의 도움을 기대했읍니다.

нáдо [nádə]　述 (無人称) ① (-與 -不定形) …할 필요가 있다. ② (與 -対 / 生) …가 필요하다.
Емý *нáдо* поговорить с вáми.
그는 당신과 상담할 필요가 있다.
Мне *нáдо* бумáгу и карандáш.
나는 종이와 연필이 필요하다.

назáд [nazát]　副 ① 뒤로. ② 원래의 장소에. ③ …앞에, …이전에.
Он вдруг посмотрéл *назáд*.
그는 갑자기 뒤를 돌아 보았다.
Онá отдалá книгу *назáд*.
그녀는 책을 있던 곳에 돌려줬다.
Это было мнóго лет *назáд*.
이것은 오래 전의 일이었다.

назвáние [nazván'ijə] 42 а　田 명칭, 이름.
Я не знáю *назвáния* э́той стáнции.
나는 이 역의 이름을 모른다.

назвáть [nazvát'] 208　完 (不完 называть) ① (-対 -造) …을 …라 이름을 붙이다. ② (-対) …의 이름을 부르다.

Они *назвали* своего сына Иваном. 그들은 아들을 이반이라고 불렀다. (이반이란 이름을 지어주었다)

Назовите главные города Европы. 유럽의 주요도시 이름을 얘기해 주십시오.

назначение [nəznatʃ'én'ijə] 42 а 田 ① 지정; 임명. ② 용도.

Он получил *назначение* на Крайний Север. 그는 북극지방으로 발령받았다.

Этот инструмент не отвечает своему *назначению*. 이 도구는 쓸모가 없다.

называть [nəzivát'] 143 不完 (⇒完 назвать).

Его *называют* доктором. 사람들은 그를 박사라고 부른다.

называться [nəzivátʦə] 143 不完 …라고 불리운다, …라는 이름이다.

Как *называется* эта улица? 이 거리의 이름은 무엇입니까?
Как это *называется* по-русски? 이것은 노어로 무어라고 합니까?

наиболее [nəiból'ijə] 副 가장, 제일.

Он нашёл *наиболее* лёгкий способ решения задачи. 그는 문제 해결의 가장 쉬운 방법을 발견했다.

найти [najt'í] 244 完 (不完 находить) (-対) 찾아내다, 발견하다.

Мы *нашли* новый метод работы. 우리는 새로운 작업방법을 발견했다.

Я не *нашёл* этого слова в словаре. 나는 그 단어를 사전에서 찾을 수 없었다.

найтись [najt'ís'] 244 完 찾아 지다; 교묘히 벗어나다.

Потерянная книга *нашлась*. 잃어버린 책을 찾았다.

Он *найдётся* при всяких обстоятельствах. 그는 어떠한 상황에서도 교묘히 벗어날 것이다.

наконец [nəkan'éʦ] 副 마침내, 끝으로.

Наконец они нас заметили. 마침내 그들은 우리를 발견했다.

налево [nal'évə] 副 왼쪽으로, 왼쪽에.

Налево от нашей школы находится парк. 우리 학교 왼쪽에는 공원이 있다.

наоборот [naabarót] I 副 거꾸로, 반대로. II 助 오히려, 역으로.

Он всё делает *наоборот*. 그는 사사건건 거꾸로 한다.

Мне, *наоборот*, больше нравится чай, чем кофе. 나는 오히려 코오피보다 차를 더 좋아한다.

написать [nəp'isát'] 203 完 (不完 писать) ① (-対) 쓰다.

напоминáть

Он *написáл* э́тот расскáз за неде́лю.
그는 이 단편소설을 1주일 동안 썼다.

② 편지를 쓰다.

Напиши́те мне обяза́тельно из Москвы́.
모스끄바에서 꼭 저에게 편지를 띄우 십시오.

напомина́ть [nəpəm'inát'] 143
不完 (一與一対/О— 前) 생각나게 하다, 상기시키다.

Э́тот сни́мок *напомина́ет* мне о про́шлом.
이 사진은 나를 추억에 잠기게 한다.

Она́ о́чень *напомина́ет* мне мать.
그녀를 보면 나는 엄마 생각이 간절해 진다.

направле́ние [nəpravl'én'ijə] 42 а
田 방향; 경향.

Маши́на идёт по *направле́нию* к вокза́лу.
자동차는 역쪽으로 가고 있다.

В како́м *направле́нии* нахо́дится по́чта?
우체국은 어느 쪽에 있읍니까?

напра́во [naprávə]
副 오른쪽으로, 오른쪽에.

Она́ посмотре́ла *напра́во*.
그녀는 오른쪽을 쳐다 보았다.

наприме́р [nəpr'im'ér]
(挿入語) 예를 들어.

Я, *наприме́р*, люблю́ э́ти цветы́.
나는, 예를들어, 이러한 꽃들을 좋아한다.

наро́д [naród] 1 а P_2
男 [活] ① 민족, 국민. ② (單) 대중, 민중; 사람들.

В СССР живу́т ра́зные *наро́ды*.
소련에는 다양한 민족들이 살고 있다.

На́до защища́ть интере́сы *наро́да*.
대중의 이익은 보호되어야 한다.

В па́рке бы́ло мно́го *наро́ду*.
공원에는 많은 사람들이 있었다.

наро́дный [naródnij] 96 А 6
形 ① (長語尾로만) 국민의, 민족의. ② 국민적, 민족적인.

Я люблю́ ру́сские *наро́дные* пе́сни.
나는 러시아 민요를 좋아한다.

Пу́шкин — вели́кий ру́сский *наро́дный* поэ́т.
뿌쉬낀은 러시아의 위대한 국민시인이다.

населе́ние [nəs'ıl'én'ijə] 42 а
田 주민, 인구.

Ме́стное *населе́ние* отно́сится к нам хорошо́.
원주민들은 우리에게 친절히 대해준다.

настоя́щий [nəstajáʃʃ'ij] 101
形 ① 현재의, 이것의, 본래의. ②

В *настоящее* время он уже инженер.
현재, 그는 벌써 기사가 되었다.

Никогда в жизни они не видели *настоящих* пароходов.
그들은 평생 진짜 기선을 보지 못했다.

настроение [nəstrajén'ijə] 42 а
田 기분, 감정, 안부.

У меня сегодня плохое *настроение*.
나는 오늘 기분이 나쁘다.

наука [naúkə] 49 а
因 과학, 학문.

Он занимается общественными *науками*.
그는 사회과학에 관심을 갖고 있다.

научиться [nəuʧ'ítsə] 174
園 (-與/不定形) 배우다, 습득하다.

Где вы научились так хорошо говорить по-корейски?
당신은 어디서 한국어 회화를 그렇게 잘 배웠읍니까?

научный [naúʧ'nij] 96 А 6
形 ①{長語尾로만} 과학·학문의. ② 과학적인.

Он является автором более ста *научных* трудов.
그는 100권이 넘는 학술서의 저자이다.

Эта теория не *научна*.
이 이론은 과학적이지 못하다.

находить [nəxad'ít'] 177
不完 (完 найти) (-对) 찾아 내다, 얻다, 발견하다.

Я *нахожу* время и занимаюсь спортом.
나는 여가를 내서 운동을 하고 있다.

находиться [nəxad'ítsə] 177
不完 (어떤 장소와 상태에) 있다, 이다.

Он сейчас *находится* в Токио.
그는 지금 동경에 있다.

Больной *находился* в тяжёлом состоянии.
환자는 중태이다.

национальный [nətsianál'nij] 96 А 7
形 ①{長語尾로만} 민족의; 나라의. ② 민족적인.

Национальным языком Австрии является немецкий язык.
오스트리아 국어는 독일어이다.

Корейский национальный костюм привлекает внимание иностранцев.
한국의 전통의상은 외국인들의 주목을 끈다.

начало [naʧ'álə] 29 а
田 처음, 시초; 시작, 개시.

Я прочитал книгу от *начала*
나는 이책을 처음부터 끝까지 다 읽

до конца́.

нача́льник [natʃ'ál'n'ik] 17 a
男 〔活〕 …長; 상사.
Мы рабо́таем под руково́дством *нача́льника*.
우리는 상사의 지도에 따라 일을 하고 있다.

нача́ть [natʃ'át'] 232
完 (不完 начина́ть) (-저 / 不定形) 시작하다.
Я *на́чал* э́ту рабо́ту три дня наза́д.
나는 이일을 3 일 전에 시작했다.
Она́ *начала́* занима́ться в шко́ле с апре́ля.
그녀는 4 월 부터 학교에서 공부를 시작했다. (＝ 1 학년이 되었다)

нача́ться [natʃ'áttsə] 231 (1·2'人称 없이)
完 (不完 начина́ться) 시작되다.
Для них *начала́сь* совсе́м но́вая жизнь.
그들에게 전혀 새로운 생활이 시작되었다.

начина́ть [nətʃ'inát'] 143
不完 (⇒完 нача́ть).
В кото́ром часу́ *начина́ют* рабо́тать у вас на заво́де?
몇 시에 당신 공장은 일을 시작합니까?

начина́ться [nətʃ'ináttsə] 143
不完 (⇒完 нача́ться).
У нас рабо́та *начина́ется* в во́семь часо́в.
우리의 업무는 8 시에 시작된다.

наш [náʃ] 118
代 〔所有〕 우리의, 우리들의.
Наш го́род о́чень краси́в.
우리 도시는 매우 아름답다.

не [n'ı]
助 (否定되는 말의 앞에 위치한다) …지 않다, …이 아니다.
Он *не* зна́ет ру́сского языка́.
그는 러시아어를 모른다.
Э́то *не* шко́ла, а институ́т.
이곳은 중학교가 아니라, 대학이다.
Мы пришли́ *не* к тебе́.
우리는 너를 찾아 오지 않았다.

не́бо [n'ébə] 34 c
中 하늘.
На *не́бе* не́ было луны́.
하늘엔 달이 없었다.

небольшо́й [n'ıbal'ʃój] 100
形 작은, 크지 않은.
Он *небольшо́го* ро́ста.
그는 키가 크지 않다.

невозмо́жно [n'ıvazmóznə]
述 불가능한.
Забы́ть э́то *невозмо́жно*.
이것을 잊기는 불가능하다.

неда́вно [n'ıdávnə]
副 최근에, 얼마전에.
Я узна́л об э́том *неда́вно*.
나는 그것을 최근에 알았다.

неде́ля [n'ıd'él'ə] 47 a
女 주, 1 주간.
Приходи́те на бу́дущей *неде́ле*.
내주에 오십시오.

недоста́ток [n'ıdastátək] 65 a
男 ① 결함, 결점. ② 부족.
У ка́ждого свои́ *недоста́тки*.
모든 사람에게는 결점이 있다.

Из-за *недостáтка* врéмени я не смог прочитáть э́ту кни́гу.

незави́симость [n'ızav'ís'iməs't'] 56 а

囝 독립; 자주성.

Он о́тдал жизнь за *незави́симость* свое́й ро́дины.

그는 조국의 독립을 위해 목숨을 바쳤다.

не́когда [n'ékəgdə]

代 〔無人称〕 (一不定形) …할 여유가 없다.

Я занимáюсь, мне *не́когда* гуля́ть.

나는 공부를 하고 있어서 산보할 틈이 없다.

не́который [n'ékətərij] 96

代 〔不定〕 ① 어떤, 어떤 종류의. ② (複) 약간의, 몇가지의.

Прошло́ *не́которое* врéмя.

시간이 조금 흘렀다.

В *не́которых* домáх горéл свет.

몇몇 건물에서는 불빛이 밝혀져 있었다.

нельзя́ [n'ıl'z'á]

代 〔無人称〕 ① (주로 一完了体 不定形) (불가능의 의미로) …할 수 없다, …가 불가능하다. ② (주로 一不完了体 不定形) (금지·금기의 의미로) …해서 안된다.

Э́ту задáчу *нельзя́* реши́ть.

이 문제는 풀리지 않는다.

Нельзя́ переходи́ть у́лицу на крáсный свет.

빨간불일 때 길을 건너가서는 안된다.

немáло [n'ımálə]

I 副 적지 않게, 상당히. II 代 〔数量〕 (一生) 제법 많다.

Он *немáло* читáл.

그는 책을 꽤많이 읽었다.

Истóрия нарóдов знáет *немáло* революций.

여러민족의 역사에는 꽤 많은 혁명적인 체험이 있다.

немéдленно [n'ım'édl'ınnə]

副 곧, 즉시, 즉각.

Сообщи́те *немéдленно* ваш áдрес.

속히 당신의 주소를 알려 주십시오

нéмец [n'ém'ıts] 70 а

男 〔活〕 독일인.

Нéмцы — нарóд, составля́ющий основнóе населе́ние Гермáнии.

독일인은 독일주민의 커다란 부분을 차지하는 민족이다.

немéцкий [n'ım'étsk'ij] 99

形 독일의.

Он изучáет *немéцкую* му́зыку.

그는 독일 음악을 공부하고 있다.

немнóго [n'ımnógə] 121

I 副 적게 II. 代 〔数量〕 (一生) 좀, 조금.

немножко

Мы *немного* говорим по-русски.
우리는 러시아어를 조금 합니다.

У нас осталось *немного* времени.
우리는 시간이 조금 더 있었다.

немножко [nˈɪmnóʃkə]
I 形 약간, 조금. II 代 [数量] (一生) 조금의.

Она *немножко* устала.
그녀는 약간 피곤했다.

Он выпил *немножко* воды.
그는 물을 조금 마셨다.

необходимо [nˈɪapxadˈímə]
述 (— 不定形) …를 하지 않으면 안 된다, …를 해야만 한다.

Необходимо больше читать.
더 많은 책을 읽어야만 한다.

необходимость [nˈɪapxadˈíməsˈtʲ] 56 а
女 필요(성), 필수불가결(성).

В этом нет никакой *необходимости*.
이것은 전혀 필요치가 않다.

необходимый [nˈɪapxadˈímij] 96 A 1
形 필요한, 필수불가결의.

Эта книга *необходима* мне для работы.
이 책은 내 작업에 꼭 필요하다.

неожиданно [nˈɪaʒídənnə]
副 뜻밖에도, 불시에, 갑자기.

Отец вернулся *неожиданно*.
뜻밖에도 아버지가 돌아 오셨다.

непонятный [nˈɪpanˈátnij] 96 A 6
形 이해되지 않는.

Они говорили на каком-то *непонятном* языке.
그들은 알아들을 수 없는 어떤 말로 얘기를 했다.

непременно [nˈɪprˈɪmˈénnə]
副 꼭, 확실히, 반드시.

С ней *непременно* что-нибудь в Москве случилось.
모스끄바에서 틀림없이 그녀에게 무슨일이 일어 났다.

нередко [nˈɪrˈétkə]
副 종종, 가끔, 왕왕.

Они *нередко* вели долгие беседы.
그들은 종종 오랜 대화를 나누곤 하였다.

несколько [nˈéskəlʲkə] 121
I 代 [数量] (一生) 얼마의, 조금의, 다소간의. II 副 약간, 조금.

На собрании выступило *несколько* человек.
회의에서 몇 사람이 발언을 했다.

Сегодня я чувствую себя *несколько* лучше.
오늘 나는 기분이 좀 나아졌다.

несмотря [nˈɪsmatrʲá]
副 (на — 対) …에도 불구하고.

Несмотря на болезнь, он продолжал работать.
병에도 불구하고, 그는 계속해서 일했다.

несомне́нно [nʼɪsamnʼénnə] (挿入語) 확실히, 틀림없이.
Э́то, *несомне́нно*, его́ фотогра́фия. 이것은 틀림없이 그 사람의 사진이다.

нести́ [nʼɪsʼtʼí] 215 不完 [定]((不定)носи́ть)) (－対) 가지고 가다·오다, 몸에 지니고 다니다.
Она́ *несёт* ребёнка на рука́х. 그녀는 아이를 안고 간다.
Он *нёс* мешо́к на спине́. 그는 등에 자루를 메고 간다.

нет [nʼét] I 助 (부정과 반대의 대답, 앞에서 기술된 것을 부정하거나 정정할 때 쓰인다) 아니다, 아닙니다. II 述 〔無人称〕(－生) …가 없다, 존재하지 않는다.
— Вы бы́ли в Москве́? — *Нет*. — 당신은 모스끄바에 간 일이 있읍니까? — 없읍니다.
Он жил тогда́ в Москве́, *нет* в Ленингра́де. 그는 당시 모스끄바에, 아니, 레닌그라드에 살았읍니다.
У меня́ *нет* э́той кни́ги. 나에게는 이 책이 없다.

неуже́ли [nʼɪuʒélʼi] 助 과연 …가? 정말 …인가?
Неуже́ли он согласи́лся? 정말 그가 승락을 하였나요?

нефть [nʼéftʼ] 56а 女 석유, 원유.
Э́та о́бласть бога́та *не́фтью*. 이 지방은 석유가 풍부하다.

нехорошо́ [nʼɪxəraʃó] I 述 좋지 않다. II 副 나쁘게.
Нехорошо́ так поступа́ть. 그렇게 행동하는 것은 좋지않다.
Я чу́вствую себя́ *нехорошо́*. 나는 기분이 좋지 않다.

не́чего [nʼéʧʼɪvə] 112 代 〔不定〕(－不定形) (아무것도) …해야 할 것·일이 없다.
Мне *не́чего* де́лать. 나에게는 할 일이 없다.
Нам *не́ о чем* говори́ть. 우리에게는 화제거리가 없다.

не́что [nʼéʃtə] 対 не́что (主, 對 로만) 代 〔不定〕 무언가 …한 것.
Расскажи́те мне *не́что* о само́м себе́. 당신 자신에 대해서 무언가 얘기를 해 주십시오.

ни [nʼi] I 助 (－不定辞) 아무것도, 하나도. II 接 (－否定辞, ни…ни… 의 형태로) …도 …도 아니다.
Учени́к не сде́лал *ни* одно́й оши́бки. 그 학생은 한개의 실수도 하지 않았다.
Ребёнок ещё не уме́ет *ни* чи- 그 아이는 아직 읽지도, 쓰지도 못

ни́жний

тать, *ни* писа́ть.
ни́жний [n'íʒn'ij] 98
   Откро́й *ни́жний* я́щик стола́.
ни́зкий [n'ísk'ij] 99 E 3 比 ни́же
   Пра́вый бе́рег реки́ — высо́кий, а ле́вый — *ни́зкий*.
ни́зко [n'ískə] 比 ни́же
   Самолёт лети́т *ни́зко* над землёй.
ника́к [n'ikák]
   Я *ника́к* не могу́ поня́ть э́то предложе́ние.
никако́й [n'ikakój] 100
   Нет *никако́го* сомне́ния в э́том.
никогда́ [n'ikagdá]
   Мы *никогда́* э́того не забу́дем.
никто́ [n'iktó] 109
   Он *никому́* не рассказа́л об э́том.
ни́тка [n'ítkə] 88 a
   Э́ти *ни́тки* сли́шком то́нкие.
ничего́ [n'iʨ'ıvó]

   Он живёт *ничего́* себе́.
   Ничего́, пусть он придёт.
ничто́ [n'iʃtó] 111
   В кни́ге нет *ничего́* интере́сного.
   Я *ни о чём* вас не спра́шиваю.
но [no]
   Я мно́го рабо́тал, *но* не уста́л.
но́вый [nóvij] 96 D 1
   Ту́фли ещё совсе́м *но́вые*.
нога́ [nagá] 49 i
   У неё краси́вые *но́ги*.
нож [nóʃ] 21 b

한다.
形 아래의; 안(속)에 입는.
책상 아래서랍을 열어라.
形 낮은; 저급한.
강의 오른쪽 둑은 높고, 왼쪽 둑은 낮다.
副 낮게.
비행기가 저공비행을 하고 있다.

副 (-否定辞) 결코, 아무리 하여도.
나는 결코 이 제안을 이해할 수 없다.

代 [否定] 어떤 …도.
이것은 전혀 의심의 여지가 없다.

副 (-否定辞) 결코·한번도.
우리는 이 사실을 결코 잊지 않을 것이다.

代 [否定] (-否定辞) 아무도.
그는 그것에 대해 아무에게도 얘기하지 않았다.

因 실.
이 실은 너무 가늘다.

I 副 (보통-себе́) 그저 그런 정도로. II 形 나쁘지 않다; 개의치 않는다.
그는 그럭저럭 산다.
개의치 않으니까, 그를 오게 하시오.

代 [否定] [-否定辞] 아무것도.
이 책에는 재미있는 것은 아무것도 없다.
나는 당신에게 아무것도 묻지 않는다.
接 그러나, 단.
많은 일을 했지만, 피곤하지는 않았다.
形 새로운.
구두는 아직 아주 새것이다.
因 발, 다리.
그녀는 멋진 각선미를 하고 있다.
男 칼, 나이프.

Она положи́ла на стол *ножи́*, ло́жки и ви́лки.
그녀는 탁자 위에다 나이프와 스푼, 포오크를 놓았다.

но́жницы [nóʒn'itsi] 52 a
複 가위.

Вы зна́ете, где нахо́дятся мои́ *но́жницы*?
내 가위가 어디에 있는지 아십니까?

но́мер [nóm'ɪr] 3 c
男 번호; 번호가 매겨져 있는 것.

Скажи́те, пожа́луйста, ваш *но́мер* телефо́на.
당신 전화번호를 말씀해 주십시오.

нос [nós] 1 c P_2, $П_2$ в/на
男 코.

У него́ кровь идёт *из носу*.
그는 코피를 흘리고 있다.

носи́ть [nas'ít'] 180
不完 (-对) ①(不定)((定)нести́) 가지고 다니다, 항상 가지고 가다·오다. ② 몸에 지니고 있다, 입고·쓰고 다니다.

Он ка́ждый день *но́сит* нам молоко́.
그는 매일 우리에게 우유를 가져 온다.

В э́той су́мке мо́жно *носи́ть* кни́ги.
이 가방이라면 책을 넣어가지고 다니는데 사용할 수 있다.

Она́ всегда́ *но́сит* чёрное.
그녀는 항상 검은색 옷을 입는다.

носки́ [nask'í] 65 b
複 양말.

Я не люблю́ я́ркие *носки́*.
나는 화려한 빛깔의 양말을 싫어한다.

ночно́й [natʃ'nój] 97
形 밤의.

Я уезжа́ю с *ночны́м* по́ездом.
나는 밤 열차로 떠나겠다.

ночь [nótʃ'] 57 g $П_2$ в
女 밤, 밤중.

Всю *ночь* шёл дождь.
밤새도록 비가 왔다.

но́чью [nótʃ'ju]
副 밤에, 밤중에.

Но́чью больно́й пло́хо спал.
밤에 환자는 잠을 잘 못 잤다.

ноя́брь [najábr'] 15 b
男 11월.

Я роди́лся в *ноябре́*.
나는 11월에 태어났다.

нра́виться [nráv'ittsə] 156
不完 (-與) 마음에 들다.

Мне *нра́вится* э́тот актёр.
나는 그 배우가 마음에 든다.

ну́жно [núʒnə]
述 ① (-與-不定形)/…해야 한다, …하지 않으면 안된다. ② (-與-與-对/生) …이 필요하다.

Мне *ну́жно* идти́.
나는 가야 한다.

Ему́ *ну́жно* ты́сячу рубле́й.
그는 1,000 루불이 필요하다.

ну́жный [núʒnij] 96 E 2
形 ① 필요한. ② (短語尾) 필요하다, 소용되다.

Э́то *ну́жная* кни́га.
이것은 필요한 책이다.

Мне *нужны́* часы́.   나는 시계가 필요하다.

ны́нче [nin'ʧ'ɪ]   副 (口語) 현재; 오늘.

Таки́х, как он, *ны́нче* ма́ло.   그와같은 사람은 이제 거의 없다.

O

о [a] ((а, э, о, у 의 앞에서나 특정 단어 앞에서는 **об** [ab/ap], 어떤 종류의 자음결합 앞에서는 **обо** [aba/ábə]))   副 (-前) …에 관하여, …에 대하여.

О чём вы ду́маете?   무엇에 대해 생각하고 계십니까?

Никому́ не говори́те *об* э́том.   아무에게도 이 일에 관하여 이야기하지 마시오.

Наве́рное, они́ говоря́т *обо* мне.   분명히 그들은 내 이야기를 할거야.

о́ба [óbə] 124   數 〔集合〕 양쪽의, 둘 다, 2 사람다.

Я прочита́л *о́бе* кни́ги.   나는 이 책 2권을 다 읽었다.

Он говори́л с *обо́ими* ученика́ми.   그는 2명의 학생과 얘기를 나누었다.

обе́д [ab'ét] 1 a   男 점심식사, 오찬.

Мы об э́том поговори́м за *обе́дом*.   우리는 점심을 먹으면서 그것에 대해 좀 이야기를 할 것이다.

обе́дать [ab'édət'] 142   不完 점심을 먹다, (정식의) 식사를 하다.

Она́ лю́бит *обе́дать* в рестора́не.   그녀는 레스토랑에서 식사하는 것을 즐긴다.

оберну́ться [ab'ɪrnútsə] 151   完 (к -與) 방향을 바꾸다, (몸·얼굴을) 돌리다.

Он *оберну́лся* в на́шу сто́рону.   그는 우리쪽으로 향했다.

обеспе́чить [ab'ɪsp'éʧ'it'] 159   完 (-対) 보장하다, 확보하다.

Э́то *обеспе́чит* мир во всём ми́ре.   이것은 전세계의 평화를 보장 할 것이다.

обеща́ть [ab'ɪʃʃ'át'] 143   完 / 不完 (-対 / 不定形) 약속하다, 다짐하다.

Он *обеща́л* прийти́ за́втра.   그는 내일 오기로 약속했다.

облада́ть [abladát'] 143   不完 (-造) 소유하다.

Э́тот поэ́т *облада́ет* тала́нтом.   그 시인은 재능을 갖고 있다.

о́блако [óbləkə] 39 с   中 구름.

На не́бе плыву́т бе́лые *облака́*.   하늘에 흰구름이 흘러 간다.

о́бласть [óbləs't'] 56 g

Че́рез неде́лю мы прие́хали в го́рную *о́бласть*.

Он роди́лся в го́роде Пу́шкино Моско́вской *о́бласти*.

Я рабо́таю в *о́бласти* хи́мии.

обнару́жить [abnarúʒit'] 159

Она́ *обнару́жила* больши́е спосо́бности к му́зыке. .

обору́дование [abarúdəvən'ijə] 42 а

Заво́д произво́дит сельскохозя́йственное *обору́дование*.

обрабо́тка [abrabótkə] 88 а

Жи́тели здесь, гла́вным о́бразом, занима́ются *обрабо́ткой* земли́.

о́браз [óbrəs] 1 а

Её *о́браз* до́лго не выходи́л из мое́й головы́.

В рома́не дан *о́браз* совреме́нной же́нщины.

Они́ привы́кли к споко́йному *о́бразу* жи́зни.

Он пи́шет гла́вным *о́бразом* стихи́.

образе́ц [abraz'éts] 71 b

Здесь вы мо́жете уви́деть ра́зные *образцы́* това́ров.

Он явля́ется *образцо́м* для това́рищей.

образова́ние [abrəzaván'ijə] 42 а

Он изуча́ет исто́рию *образова́ния* ру́сского госуда́рства.

囡 ① 지방, 지역. ② 주(소련의 행정구역). ③ 분야.

일주일 후에 우리는 산악지방에 도착했다.

그는 모스끄바주의 뿌쉬낀시에서 태어났다.

나는 화학 분야에서 일하고 있다.

囲 (-처) 드러내다, 보이다.

그녀는 음악에 대단한 재능을 보였다.

田 설비, 장치.

이 공장은 농업용구를 생산한다.

囡 처리, 가공, 마무리; 경작.

이곳의 주민들은 주로 농경에 종사한다.

男 ① 모양, 형상. ② (문학적인) 형상); 전형, 타이프. ③ (單) 양식, 방식.

그녀의 모습이 오랫동안 내 머리에서 떠나지 않았다.

이 소설에는 현대여성의 전형이 묘사 되어 있다.

그들은 조용한 생활양식에 익숙해져 있다.

그는 주로 시를 쓰고 있다.

男 ① 견본. ② 본보기, 모범.

이곳에서 당신은 다양한 상품견본을 보실 수 있읍니다.

그는 친구들의 모범이 된다.

田 ① 형성. ② 교육; 교양.

그는 러시아국가 형성사를 연구하고 있다.

Расскажи́те о систе́ме *образова́ния* ва́шей страны́. 당신 나라의 교육제도에 대해 얘기해 주십시오.

образова́ть [abrəzavát'] 147 完/不完 (-対) 형성하다, 이루다; 조직하다, 만들다.

Доро́га *образу́ет* круг. 도로는 둥근 모양을 하고 있다.
Для э́того вопро́са *образова́ли* коми́ссию. 이 문제 때문에 위원회가 조직되었다.

образова́ться [abrəzavátsə] 147 完/不完 이루어지다, 생기다.

Образова́лось но́вое госуда́рство. 새로운 국가가 수립되었다.

обрати́ться [abrat'ítsə] 172 完 (不完 обраща́ться) ① (к-與) (바램이나 질문등을 갖고) …에게 문의하다, …에게 의뢰하다. ② (к-與) 향하다, 돌리다.

Она́ *обрати́лась* ко мне с про́сьбой о по́мощи. 그녀는 나에게 도와달라는 부탁을 했다.
Я *обрати́лся* лицо́м к окну́. 나는 얼굴을 창쪽으로 돌렸다.

обра́тно [abrátnə] 副 원점으로, 역으로, 반대로.

Туда́ мы е́хали бы́стро, а *обра́тно* ме́дленно. 갈때는 빨리 갔으나 돌아올 때는 천천히 왔다.

обраща́ться [abraʃʃátsə] 143 不完 (⇒完 обрати́ться).

С э́тим вопро́сом ко мне уже́ мно́гие *обраща́лись*. 이미 많은 사람들이 이 질문을 나에게 하였었다.

обстано́вка [apstanófkə] 88 а 女 ① 방에 배치된 가구. ② 상황, 정세.

Обстано́вка ко́мнаты состоя́ла из стола́, сту́льев и шка́фа. 방안의 가구는 책상과 의자, 그리고 장이 1개 있었다.
Тру́дно рабо́тать в тако́й *обстано́вке*. 이러한 상황에서 일하기란 어려운 것이다.

обстоя́тельство [apstaját'ıl'stvə] 29 а 中 ① 사건, 사실. ② (複) 사정, 상황, 정세.

Э́то *обстоя́тельство* измени́ло его́ дальне́йшую жизнь. 그 사건은 그의 장래를 뒤바꿔 놓았다.
Он поги́б при стра́нных *обстоя́тельствах*. 그는 기이한 상황에서 죽었다.

обще́ственный [apʃʃést'v'ınnij] 96 形 사회의, 사회적인.

Бесе́да шла о совреме́нной *об-* 현대의 사회정세에 대한 좌담회가

щественной обстано́вке.

о́бщество [ópʃʃʼıstvə] 29 а
田 ① 사회. ② 협회, 단체.
Они труди́лись для разви́тия *о́бщества*.
그들은 사회발전을 위해 힘썼다.
Он принадлежи́т к *О́бществу* «Коре́я-Япо́ния».
그는 한일협회에 소속되어 있다.

о́бщий [ópʃʃʼij] 101 D 7
形 ① 공통의; 일반적인. ② 전부의. ③ 개괄적인.
Э́то на́ше *о́бщее* де́ло.
이것은 우리의 공동과제이다.
О́бщее коли́чество рабо́чих на заво́де составля́ет бо́лее ты́сячи.
이 공장의 총 노무자수는 1,000명이 넘는다.
Како́е у вас *о́бщее* впечатле́ние от э́того фи́льма?
그 영화의 전체적인 느낌은 어떠했읍니까?

объе́кт [abjékt] 1 а
男 대상.
Э́то прекра́сный *объе́кт* для иссле́дования.
이것은 훌륭한 연구대상이다.

объём [abjóm] 1 а
男 용적, 크기; 수량.
Объём ко́мнаты для нас сли́шком мал.
방크기가 우리에게는 너무 작다.

объяви́ть [abjıvʼítʼ] 176
完 (-কᅳ/ о-前) 공표하다, 광고하다, 선포하다.
В газе́те *объяви́ли* о его́ конце́рте.
신문에 그의 연주회에 대한 광고가 나왔다.

объясни́ть [abjısʼnʼítʼ] 165
完 (-কᅳ) 설명하다.
Как *объясни́ть* его́ поведе́ние?
그의 행동을 어떻게 설명할 수 있을까?

обыкнове́нный [abiknavʼénnij] 96 A 6
形 보통의, 평범한.
Э́то *обыкнове́нная* исто́рия.
이것은 흔히있는 일이다.

обы́чно [abíʧʼnə]
副 보통, 통상.
Я *обы́чно* встаю́ в шесть часо́в.
나는 보통 6시에 일어난다.

обы́чный [abíʧʼnij] 96 A 6
形 보통의, 통상의.
Сего́дня я встал в *обы́чное* вре́мя.
오늘 나는 늘 그시간에 일어났다.

обяза́тельно [abʼızátʼılʼnə]
副 꼭, 반드시, 필히.
Я *обяза́тельно* напишу́ вам письмо́.
꼭 당신에게 편지를 쓰겠읍니다.

овца́ [aftsá] 92 e
女 〔活〕 양; 암양.
На по́ле бы́ло мно́го *ове́ц*.
들판에 많은 양들이 있었다.

огóнь [agón'] 64 b
 Он брóсил бумáги в *огóнь*.
 Отсю́да видны́ *огни́* гóрода.
 Враги́ откры́ли *огóнь* по нáшим пози́циям.

огрóмный [agrómnij] 96 A 6
 Это былá *огрóмная* кóмната со стари́нным столóм.

огурéц [agur'éʦ] 71 b
 Он óчень лю́бит солёные *огурцы́*.

одéжда [ad'éʒdə] 46 а
 Рабóчая *одéжда* должнá быть лёгкой.

одея́ло [ad'ıjálə] 29 а
 Мать покры́ла ребёнка *одея́лом*.

оди́н [ad'ín] 122

 У меня́ есть *оди́н* вопрóс.
 Однá дéвушка хóчет вас ви́деть.
 Они́ верну́лись *одни́*.
 Мы жи́ли с ним в *однóм* дóме.

оди́ннадцать [ad'ínəʦət'] 130
 Приходи́те к нам к *оди́ннадцати* часáм.

однáжды [adnáʒdı]
 В нóвом кинотеáтре я был *однáжды*.
 Однáжды мы встрéтились на у́лице.

однáко [adnákə]

 Мы егó проси́ли, *однáко* он не поéхал.
 Он, *однáко*, смéлый человéк.

одновремéнно [adnəvr'ım'én-

뛰① 불. ② 등불. ③ 포화.
그는 서류를 불에 던졌다.
이곳에서 도시의 불빛이 보인다.
적군이 우리 진지에 포격을 개시했다

形 거대한.
그것은 오래된 책상이 있는 아주 큰 방이었다.

뛰 오이.
그는 오이지를 매우 좋아한다.

因 의복, 의류.
작업복은 간편하여야 한다.

田 모포, 담요.
엄마가 아기에게 담요를 덮어주었다.

I 數 1, 1개. II 代〔定〕 ① 어떤(1개, 한 사람의). ② 혼자, 단독으로. ③ 같은.
한가지 여쭈어 볼 것이 있읍니다.
한 아가씨가 당신을 뵙고 싶어합니다.
그들은 자기들만 돌아왔다.
그와 나는 같은 집에서 살았었다.

數 11.
11시까지 저에게 오십시오.

副 ① 한번. ② 언제인가; 이전에.
나는 새로 개관한 영화관에 한번 갔었다.
언젠가 우리는 거리에서 만났다.

I 接 그러나. II (挿入語) 그러나, 그렇지만.
우리는 그에게 부탁을 했지만, 그러나 그는 가지않았다.
그러나 그는 용감한 사람이다.

副 동시에.

nə]
Мы *одновременно* приехали на вокзал.
우리는 동시에 역에 도착했다.

ожидать [aʒidát'] 143
不完 (一生 / 不定形) 예상하다, 기대하다.

Я никак не *ожидал* такого события.
나는 결코 그런 일은 예상하지 않았다.

озеро [óz'ɪrə] 30 a
田 호수.

На *озере* есть маленький остров.
호수에는 작은 섬이 있다.

означать [aznatʃ'át'] 143
不完 (一対) 의미하다.

Что *означают* эти буквы?
이들 글자는 무엇을 의미합니까?

оказаться [akazátsə] 204
完 (不完 оказываться)) (一造 / что) 밝혀지다, 판명되다.

Он *оказался* хорошим спортсменом.
그는 훌륭한 운동선수로 판명되었다.

Оказалось, что мы с ним вместе учились в школе.
나와 그 사람은 학교에서 같이 공부했던 사이로 밝혀졌다.

оказываться [akázivətsə] 142
不完 (⇒完 оказаться)).

Мы с ним, *оказывается*, давно знакомы.
후에 안 일이지만, 나와 그 사람은 훨씬 전부터 알고 있던 사이였다.

океан [ak'ián] 1 a
陽 대양.

Корабль плыл по *океану*.
배는 바다를 항해하고 있었다.

окно [aknó] 75 d
田 창, 창문.

Окна нашей комнаты выходят в сад.
우리방의 창문은 정원으로 나있다.

около [ókələ]
I 副 근처에, 부근에, 곁에. II 前 (一生) ① …의 주위·근처에. ② 약.

Около стояла молодая женщина.
곁에 젊은 아가씨가 서 있었다.

Около нас собрались зрители.
우리들 주위에 구경꾼들이 모여들었다.

Мы прошли *около* пяти километров.
우리는 약 5km를 걸었다.

окончательно [akan'tʃ'át'ɪl'nə]
副 최종적으로.

Это решено *окончательно*.
그것은 최종적으로 결정되었다.

окружать [akruʒát'] 143
不完 (一対) 에워싸다, 둘러 싸다.

Болото *окружали* деревья.
늪은 나무들로 둘러 싸여 있다.

Её *окружают* хорошие люди.
그녀의 주위에는 좋은 사람들뿐이다.

октя́брь [akt'ábr'] 15 b
Вы должны́ зако́нчить э́ту рабо́ту к *октябрю́*.

男 10월.
당신은 10월까지 이 일을 끝마쳐야만 한다.

он [ón] 106

— Где оте́ц? — *Он* до́ма.
— Где стул? — *Он* в коридо́ре.

代 [人称] 그 사람; (男性名詞를 받아서) 그것.
— 아버지 어디 계시냐? — 집에요.
— 의자는 어디 있지? — 복도에.

она́ [aná] 106

Там студе́нтка. *Она́* чита́ет.

— Отку́да у вас э́та кни́га?
— Я взял *её* в библиоте́ке.

代 [人称] 그녀; (女性名詞를 받아서) 그것.
그곳에 여학생이 있다. 그녀는 책을 읽고 있다.
— 이 책을 어디서 구했읍니까?
— 도서관에서 빌렸읍니다.

они́ [an'í] 106

Там сидя́т студе́нты. *Они́* разгова́ривают.
В на́шем саду́ расту́т цветы́. *Они́* о́чень краси́вы.

代 [人称] 그들; 그것들.
그곳에 학생들이 앉아 있다. 그들은 얘기를 나누고 있다.
우리 정원에 꽃들이 피어 있다. 그 꽃들은 매우 아름답다.

оно́ [anó] 106

Я́блоко упа́ло. *Оно́* лежи́т на земле́.

代 [人称] (中性名詞를 받아서) 그것.
사과가 떨어져 땅위에 있다.

опа́сность [apásnəs't'] 56 a

Он то́лько сейча́с по́нял всю *опа́сность* своего́ положе́ния.

女 위험.
그는 이제야 자기가 처해 있는 상황이 위험하다는 것을 깨달았다.

опа́сный [apásnij] 96 A 6

Э́то совсе́м не *опа́сная* боле́знь.

形 위험한.
이것은 전혀 위험한 병이 아니다.

о́пера [óp'ɪrə] 46 a

Я люблю́ слу́шать *о́перу*.

女 오페라, 가극.
나는 오페라를 즐겨 본다.

опера́ция [ap'ɪrátsijə] 55 a

Больно́й чу́вствует себя́ хорошо́ по́сле *опера́ции*.
Команди́р получи́л план но́вой *опера́ции*.

女 ① 수술. ② (軍事用語) 작전. ③ 업무, 사무.
수술 후 환자는 기분이 좋아졌다.
지휘관은 새로운 작전 계획서를 받았다.

определённый [apr'ɪd'ɪl'ónnij]

形 ① 명확한, 분명한. ② 어떤, 일

На ваш вопрос был дан вполне *определённый* ответ.
У каждого было своё *определённое* место.

определи́ть [apr'ɪd'ɪl'ít'] 165

Врач ещё не *определи́л* его боле́зни.

определя́ть [apr'ɪd'ɪl'át'] 145

Как вы *определя́ете* поня́тие «о́бщество»?

опусти́ть [apus't'ít'] 181

Она́ *опусти́ла* глаза́.
Опусти́те моне́ту в автома́т.

о́пыт [ópit] 1 a

Я зна́ю э́то по со́бственному *о́пыту*.
Они́ реши́ли вме́сте провести́ *о́пыт* в лаборато́рии.

опя́ть [ap'át']

Он *опя́ть* пришёл.

о́рган [órgən] 1 a

Глаз — *о́рган* зре́ния.
Все парти́йные *о́рганы* должны́ вы́полнить э́ту зада́чу.

организа́ция [argən'izátsijə] 55 a

Он руководи́тель *организа́ции* рабо́чих.

органи́зм [argan'ízm] 1 a

На земле́ существу́ют разнообра́зные *органи́змы*.
У него́ здоро́вый *органи́зм*.

организова́ть [argən'izavát'] 147

Они́ *организова́ли* кружо́к по изуче́нию ру́сского языка́.

정한, 정해진.
당신의 질문에 대한 아주 명확한 대답이 나왔었다.
모든 사람들에게 지정된 좌석이 있었다.

圕 (不完 определя́ть) (-対) 결정·단정·정의하다.

의사는 아직 그의 병명을 단정짓지 않고 있다.

不完 (⇨ 圕 определи́ть).

당신은 「사회」라는 개념을 어떻게 정의하시겠읍니까?

圕 (-対) ① 내리다, 내려뜨리다. ② 집어 넣다.

그녀는 눈을 내리 깔았다.
자동 판매기에 동전을 넣으시오.

男 ① 경험, 체험. ② 실험.

경험으로 나는 이것을 알고 있다.

그들은 실험실에서 함께 실험을 하기로 하였다.

副 다시, 재차.

그는 다시 왔다.

男 ① 기관(器官). ② 기관(機關).

눈은 시각 기관이다.
모든 당기관들은 이 과제를 완수해야만 한다.

囡 조직하는 일 : 조직.

그는 노동조합의 지도자이다.

男 ① 유기체, 생물. ② 신체.

지상에는 다양한 형태의 생물들이 존재한다.
그는 건강한 신체를 갖고 있다.

圕/不完 (-対) 조직하다. 개최하다.

그들은 러시아어 연구 써클을 조직하였다.

Мы часто *организуем* вечер дружбы народов. 우리는 자주 국민친선의 밤을 개최하고 있다.

оркéстр [ark'éstr] 1 а 男 오케스트라, 관현악(단).
В *оркéстре* играют школьники. 관현악단에서 학생들이 연주를 한다.

орýдие [arúd'ijə] 42 а 田 ① 도구; 수단. ② 포(砲).
Язык — *орýдие* передачи понятий. 언어는 개념의 전달수단이다.
Наши войска установили тяжёлые *орýдия* на поле. 아군은 들판에다 대포 여러문을 설치했다.

орýжие [arúʒijə] 42 а 田 무기, 병기.
Нет *орýжия* более сильного, чем знание. 지식보다 더 큰 무기는 없다.

óсень [ós'ın'] 56 а 女 가을.
Она готовится к *óсени*. 그녀는 가을준비를 하고 있다.

óсенью [ós'ın'ju] 副 가을에.
Занятия в школах начинаются *óсенью*. 학교수업은 가을에 시작된다.

оснóва [asnóvə] 46 а 女 ① 기초. ② (複) 원리.
Оснóвой для статьи являются факты. 이 논문은 사실에 기초를 두고 있다.
Он не знает даже *оснóв* этой теории. 그는 이 이론의 원리마저도 모르고 있다.

основáние [asnaván'ijə] 42 а 田 ① 설립. ② 기초. ③ 근거.
Вы помните год *основáния* этого университета? 당신은 이 대학의 설립 연도를 기억하십니까?
Они строят дом на каменном *основáнии*. 그들은 반석위에 집을 짓고 있다.
Он сердится без всякого *основáния*. 그는 아무 이유도 없이 화를 내고 있다.

основнóй [asnavnój] 97 形 기본의; 주요한.
Основнáя продукция этого завода — автомобили. 이 공장의 주요 생산품은 자동차이다.

осóбенно [asób'ınnə] 副 특히, 유별나게.
Этот вопрос *осóбенно* важный. 이 문제는 특히 중요하다.

осóбенность [asób'ınnəs't'] 56 а 女 특수성, 특성.
Основной *осóбенностью* работы этой лаборатории является тесная связь с производ-
이 실험실 연구의 기본적 특성은 생산과 밀접한 관계가 있다.

осо́бенный [asób'ınnij] 96

У меня́ нет *осо́бенного* жела́ния туда́ идти́.

осо́бый [asóbij] 96

Мы сде́лали зада́ния без *осо́бого* труда́.

Он выража́ет *осо́бое* мне́ние.

остава́ться [astavátsə] 229

До нача́ла рабо́ты *остаётся* не́сколько мину́т.

Для меня́ его́ мысль ещё *остаётся* непоня́тной.

оста́вить [astáv'it'] 156

Она́ *оста́вила* мне запи́ску.

Кто *оста́вил* окно́ откры́тым?

оставля́ть [astavl'át'] 145

Он ча́сто *оставля́ет* свои́ ве́щи в ваго́не.

Здесь нельзя́ *оставля́ть* маши́ну.

остально́й [astal'nój] 97

Я бы́стро прочита́ю *остальны́е* страни́цы.

остана́вливаться [astanávl'ivətsə] 142

Он ни пе́ред чем не *остана́вливается*.

Мы всегда́ *остана́вливаемся* в э́той гости́нице.

останови́ть [astənav'ít'] 175

Мы *останови́ли* маши́ну о́коло

形 특별한, 특수한.

나는 특별히 그곳에 가고 싶은 생각은 없다.

形 ① 특별한, 특수한. ② 다른, 다른것과 틀린.

우리는 특별한 어려움없이 부과된 일을 했다.

그는 모든 사람들과 다른 의견을 제시하고 있다.

不完 (完 оста́ться) ① 남다. ② (-造) 그 상태로 있다.

작업이 시작되기 까지는 몇 분이 남아 있다.

나는 그의 사상을 아직도 이해하지 못하고 있는 상태이다.

完 (不完 은 оставля́ть) ① (-対) 남기다, 잊어버려서 두고 오다. ② (-対 -造) (…의 상태로) 그대로 두다.

그녀는 나에게 메모를 남겼다.

누가 창을 열어 놓았느냐?

不完 (⇒完 оста́вить).

그는 종종 자기 물건을 차에 두고 내린다.

이곳은 주차금지 구역이다.

形 나머지의, 여분의.

나는 서둘러 나머지 페이지를 다 읽을 것이다.

不完 (完 останови́ться) 멈추다; 숙박하다, 체재하다.

그는 어떤 일 앞에서도 멈추는 법이 없다(앞뒤 생각 없이 무턱대고 함).

우리는 항상 이 호텔에 투숙한다.

完 (-対) 멈추어 세우다; 중지하다, 정지하다.

우리는 역 근처에 차를 세웠다.

вокзала.
Уже давно *остановили* строительство.

остановиться [astənav'ittsə] 175   完 (⇨ 不完 останавливаться).

이미 오래전에 공사가 중단되었다.

Машина *остановилась* у ворот.   자동차가 대문 앞에 멈췄다.

остановка [astanófkə] 88 а
Она говорит без *остановки*.
Вы выходите на следующей *остановке*?

因 ① 중단, 중지. ② 정류장.
그녀는 쉬지 않고 얘기하고 있다.
다음 정류장에서 내리십니까?

остаток [astátək] 65 а
Дай собаке *остатки* обеда.

男 나머지, 여분.
개에게 밥 남은 것을 주어라.

остаться [astáttsə] 239
Сегодня дети *остались* дома одни.
Вопрос *остался* не решённым.

完 (⇨ 不完 оставаться)
오늘 아이들만이 집에 남아 있었다.

그 문제는 미해결 상태로 남았다.

осторожно [astaróznə]
Девочка *осторожно* перешла улицу.

副 주의 깊게, 신중히.
그 소녀는 조심스럽게 거리를 건넜다.

остров [óstrəf] 3 с
Они живут на *острове*.

男 섬.
그들은 섬에 살고 있다.

острый [óstrij] 96 D 1
У него были тонкие губы и длинный *острый* подбородок.

形 날카로운, 예리한, 예민한; 격심한.
그는 입술이 얇고 턱은 길고 뾰족했다.

осуществление [asuʃʃ'ıstvl'én'ijə] 42 а
Он много работал для *осуществления* своей мечты.

田 실행; 실현.
그는 자신의 꿈을 이루기 위해 열심히 일했다.

от [at] ((б, д, г, з, ж 앞에서는 [ad], 어떤 종류의 자음결합 앞에서는 **ото** [ata/atə]))

前 (-生) ① (분리·이탈) …에서, …부터. ② (간격·거리) …에서. ③ (행위주체) …로 부터. ④ (원인) …때문에, …탓으로.

Пароход отошёл *от* берега.
От дома до работы близко.
Я получил письмо *от* товарища из Москвы.

기선은 해안에서 멀어져 갔다.
집에서 직장까지는 가깝다.
나는 모스끄바의 친구로 부터 편지를 받았다.

Они дрожали *от* страха.
그들은 공포로 떨었다.

ответ [atv'ét] 1 а
В *ответ* на мой вопрос она

男 대답, 답장.
내 질문에 대한 대답으로 그녀는 웃

только улыбнулась.
ответить [atvét'it'] 162

Ученик *ответил* учителю на вопрос.

기만 했다.

完 (不完 отвечать) (на -对) 대답하다, 답하다; (-與) 부합하다, 합당하다.

학생은 선생 질문에 대답했다.

ответственность [atv'éts̩t'v'ınnəs't'] 56 а

Я несу полную *ответственность* за эти дела.

因 책임.

나는 이 일에 전적인 책임을 지고 있다.

отвечать [atv'ıt͡ɕ'át'] 143

Почему он не *отвечает* на моё письмо?

不完 (⇒完 ответить).

그는 왜 내 편지에 답장을 하지 않지?

отдавать [addavát'] 229

Уже нам пора *отдавать* книги в библиотеку.

不完 (完 отдать) (-对) 돌려 주다; 내주다; 바치다.

벌써 도서관에 책을 반납할 시간이다.

отдать [addát'] 251

Нам пришлось *отдать* город врагам.

完 (⇒ 不完 отдавать).

우리는 적군에게 도시를 내주어야 했다.

отдельный [ad'd'él'nij] 96

Мы сидели за *отдельным* столом.

形 별개의, 개개의; 독립의.

우리는 모두 자기 책상에 앉았다.

отдых [óddix] 17 а

Он работал весь год без *отдыха*.

男 휴식.

그는 1년내내 휴가도 없이 일했다.

отдыхать [addixát'] 143

Она сейчас *отдыхает* на море.

不完 쉬다, 휴식·휴양하다.

그녀는 지금 바닷가에서 휴양중이다.

отец [at'éts] 71 b

Вчера я видел его *отца*.

男 〔活〕아버지, 부친.

어제 나는 그의 아버지를 만났다.

отказаться [atkazát͡sə] 204

Они *отказались* от нашей помощи.

完 (от -生 / 不定形) 거절하다, 단념하다, 부정하다.

그들은 우리의 도움을 거절했다.

открывать [atkrivát'] 143

Не *открывайте* окна, мне холодно.

不完 (完 открыть) (-对) 열다; 발견·개발하다.

창문을 열지 마시오. 춥습니다.

открываться [atkriváts̩ə] 143

不完 (문, 회의 등이) 열리다.

открытие

Столо́вая *открыва́ется* в семь часо́в.
식당은 7시에 문을 연다.

откры́тие [atkrít'ijə] 42 a
田 ① 개회, 개설. ② 발견.

На *откры́тии* музе́я бы́ло мно́го наро́ду.
박물관 개관식에 많은 사람들이 참석했다.

Он сде́лал большо́е *откры́тие* в о́бласти фи́зики.
그는 물리학 분야에서 커다란 발견을 했다.

откры́тка [atkrítkə] 88 a
因 엽서; 그림엽서.

Я получи́л от бра́та *откры́тки* с ви́дами Москвы́.
나는 형에게서 모스끄바 전경이 있는 그림엽서를 받았다.

откры́тый [atkrítij] 96
形 ① 열린; 노출된. ② 공개의, 공연의.

Я оста́вил дверь *откры́той*.
나는 문을 열어 놓았다.

Начало́сь *откры́тое* парти́йное собра́ние.
당의 공개회의가 시작되었다.

откры́ть [atkrít'] 227
完 (⇨ 不完 открыва́ть).

У нас в го́роде *откры́ли* но́вый институ́т.
우리 마을에 새로운 대학이 설립되었다.

Вы зна́ете, кто *откры́л* Аме́рику?
누가 미국 대륙을 발견했는지 아십니까?

отку́да [atkúdə]
副 ① 〔疑問〕 어디서, 어디로부터. ② 〔關係〕 (장소)…로 부터.

Отку́да ты э́то узна́л?
이 사실을 어디서 알았지?

Я рассказа́л о го́роде, *отку́да* мы неда́вно прие́хали.
나는 우리가 얼마전에 떠나 온 그 도시에 대해 얘기를 했다.

отлича́ться [atl'iʧ'áttsə] 143
不完 ① (от —生 —造) (…한점에서) 다르다, 차이가 있다. ② (— 造)(…한 점에서) 뛰어나다.

Чем он *отлича́ется* от други́х?
그는 다른사람과 어떤 점이 다른가요?

Она́ *отлича́ется* хоро́шим го́лосом.
그녀는 목소리가 매우 뛰어나다.

отли́чно [atl'íʧ'nə]
I 副 대단히 좋게. II 述 (口語) 매우 좋다. III 田 (不変) (성적의) 수(秀). 5점 만점에서 5점

Он *отли́чно* говори́т по-ру́сски.
그는 러시아어를 대단히 잘한다.

Здесь мне *отли́чно*.
나는 이곳이 매우 좋다.

Он получи́л «*отли́чно*» по ру́сскому языку́.
그는 러시아어 과목에서 수를 받았다.

отме́тить [atm'ét'it'] 162

Я *отме́тил* ну́жное ме́сто в кни́ге.
В газе́те *отме́тили* его́ достиже́ния.
Вчера́ у нас в це́хе *отме́тили* Междунаро́дный день же́нщин.

относи́ться [atnas'ítsə] 180

Э́то ко мне не *отно́сится*.
Карти́на *отно́сится* к середи́не про́шлого ве́ка.
Они́ хорошо́ *относи́лись* ко мне.

отноше́ние [atnaʃén'ijə] 42 а

В после́днее вре́мя она́ измени́ла своё *отноше́ние* ко мне.
Мы с ним в хоро́ших *отноше́ниях*.

отойти́ [atajt'í] 244

Наш парохо́д уже́ далеко́ *отошёл* от бе́рега.

отпра́вить [atpráv'it'] 156

Я *отпра́вил* домо́й письмо́.
Его́ *отпра́вили* на рабо́ту на Ура́л.

о́трасль [ótrəs'l'] 56 а

Мы наде́емся на разви́тие всех *о́траслей* наро́дного хозя́йства.

отря́д [atr'át] 1 а

В строи́тельном *отря́де* о́коло сорока́ студе́нтов.

отсю́да [ats'údə]

完 (-対) ① 표시하다, 기입하다.
② 지적하다, 언급하다, 특필하다.
③ 기념하다.

나는 책의 필요한 곳에다 표시를 했다.

신문에 그의 업적이 대서특필되었다.

어제 우리 회사에서는 국제여성의날 기념식을 가졌다.

不完 (к-與) 관련되다, …에 속하다, (어떤) 태도를 갖다.

이것은 나와는 관계가 없다.

이 그림은 전(前) 세기 중엽 때의 것이다.

그들은 나에게 호의적으로 대해 주었다.

田 ① 태도; 관계. ② (複) 상호관계, (사람과 사람의) 사이.

최근, 그녀는 나를 대하는 태도를 바꾸었다.

그와 나는 사이가 좋다.

完 물러나다, 멀어지다.

우리가 탄 기선은 이미 연안에서 멀어졌다.

完 (-対) 발송하다, 부치다; 파견하다.

나는 집에 편지를 부쳤다.
그는 우랄지방에 파견되어 근무하게 되었다.

女 부문, 분야.

우리는 국민경제의 모든 분야에서 발전을 기대하고 있다.

男 부대; …대(隊).

건설대에는 약 40명의 학생들이 있다.

副 여기서부터.

Сколько километров *отсюда* до станции?

여기서 역까지는 몇 km입니까?

оттуда [attúdə]

副 그곳으로 부터.

Он ушёл в институт и вернулся *оттуда* вечером.

그는 대학에 갔다가 저녁에 그곳으로 부터 돌아왔다.

офицер [af'itsér] 1 a

男 [活] 장교, 사관.

Мой брат в армии, он *офицер*.

내 형은 군장교이다.

официант [af'itsiánt] 1 a

男 [活] 급사, 웨이터.

Мы попросили у *официанта* меню.

우리는 웨이터에게 메뉴판을 갖다 달라고 했다.

официантка [af'itsiántkə] 88 a

女 [活] 여급사, 웨이트리스.

Его жена работает *официанткой* в ресторане.

그의 아내는 식당에서 웨이트리스로 일하고 있다.

очевидно [atʃ'iv'ídnə]

I 形 명백하다. II (挿入語) 아마, 필연코, 다분히.

Было *очевидно*, что он не знал этого.

그가 이것을 몰랐던 것이 명백하였다.

Она, *очевидно*, не придёт.

그녀는 아마 오지 않을 것이다.

очень [ótʃ'ɪn']

副 매우, 참, 대단히; 몹시.

Он пришёл домой *очень* поздно.

그는 집에 매우 늦게 왔다.

очередной [atʃ'ır'ıdnój] 97

形 ① 다음의. ② 정례 · 정기의.

В *очередном* номере «Нового мира» будет интересная статья по этому вопросу.

『신세계』지의 다음 호에는 이 문제에 관한 흥미있는 논문이 실릴것이다.

Завтра состоится *очередное* собрание партийной организации.

내일, 당 기구의 정례회의가 열릴 것이다.

очередь [ótʃ'ır'ıt'] 56 g

女 ① 순번, 차례. ② 행렬, 줄.

Теперь *очередь* за мной.

지금 내 차례이다.

Он стал в *очередь* за билетами в театр.

그는 극장표를 사기 위해 줄을 섰다.

очки [atʃ'k'í] 65 b

複 안경.

Он носит *очки*. / Он ходит в *очках*.

그는 안경을 쓰고 다닌다.

ошибка [aʃípkə] 88 a

女 실수, 잘못, 과오.

Это очень серьёзная *ошибка*.

이것은 매우 중대한 실수이다.

П

па́дать [pádət'] 142 　　　不完 (完 упа́сть) 떨어지다, 추락하다, 빠지다 ; 저하되다, 내리다.

Ли́стья *па́дают* с дере́вьев на зе́млю. 　　　나뭇잎이 떨어지고 있다.

Я про́сто *па́даю* от температу́ры. 　　　나는 너무 더워서 지쳐버렸다.

Це́ны на проду́кты *па́дают*. 　　　식료품 가격이 내리고 있다.

па́лец [pál'ıts] 72 a 　　　男 손가락.

У неё дли́нные краси́вые *па́льцы*. 　　　그녀의 손가락은 길고 아름답다.

па́луба [pálubə] 46 a 　　　女 갑판.

Пассажи́ры собрали́сь на *па́лубе*. 　　　승객들이 갑판에 모였다.

пальто́ [pal'tó] 《不変》 　　　中 외투.

Ско́лько сто́ило ва́ше *пальто́*? 　　　당신 외투는 얼마 주셨읍니까?

па́мять [pám'ıt'] 56 a 　　　女 ① 기억, 기억력. ② 추억, 회상 ; 기념.

У него́ хоро́шая *па́мять*. 　　　그는 기억력이 좋다.

Па́мять о нём бу́дет жить в века́х. 　　　그에 대한 추억은 영원히 남아 있을 것이다.

па́па [pápə] 46 a 　　　男 〔活〕 (口語) 아빠, 아버지.

Па́па, пойдём в кино́. 　　　아빠, 극장에 가요.

папиро́са [pəp'irósə] 46 a 　　　女 빠삐로사(소련담배의 일종).

В Сове́тском Сою́зе обы́чно ку́рят *папиро́сы*. 　　　소련에서는 보통 빠삐로사를 피운다.

па́пка [pápkə] 88 a 　　　女 서류철, 화일.

Он положи́л *па́пку* с бума́гами на стол. 　　　그는 서류가 든 화일을 책상에다 놓았다.

пар [pár] 1 с P_2, $П_2$ в/на 　　　男 김, 증기.

Вода́ мо́жет превраща́ться в *пар*. 　　　물은 증기로 바뀐다.

па́ра [párə] 46 a 　　　女 한 쌍, 한 켤레.

У меня́ две *па́ры* чёрных ту́фель. 　　　나는 검은 구두 2켤레를 갖고 있다.

па́рень [pár'ın'] 62 g 　　　男 〔活〕 (口語) 청년, 젊은이.

Я встре́тился с *па́рнем* лет двадцати́. 나는 20살 가량의 청년을 만났다.

парк [párk] 17 а 男 공원, 유원지.
Я иду́ гуля́ть в *парк*. 나는 공원에 산보하러 간다.

парохо́д [pəraxót] 1 а 男 기선, 배.
Я купи́л биле́т на *парохо́д*. 나는 배표를 샀다.

парти́йный [part'íjnij] 96 形 당의, 당원의.
Он принима́л уча́стие в *парти́йном* съе́зде. 그는 당 대회에 참석했다.

па́ртия [párt'ijə] 55 а 女 정당, 당; 공산당; 집단.
Он член *па́ртии* с 1920 г. (ты́сяча девятьсо́т двадца́того го́да). 그는 1920년 부터 당원이다.

пассажи́р [pəsaʒír] 1 а 男 〔活〕여객, 승객.
Пассажи́ры за́няли свои́ места́. 승객들이 자기 자리에 앉았다.

па́уза [páuzə] 46 а 女 중단, 휴식.
Он говори́л с *па́узами*. 그는 띄엄띄엄 얘기했다.

пе́пельница [p'ép'ıl'n'itsə] 52 а 女 재떨이.
Он иска́л глаза́ми *пе́пельницу*. 그는 눈으로 재떨이를 찾았다.

пе́рвый [p'érvij] 96 數 〔序〕제 1의, 최초의.
На *пе́рвой* страни́це газе́ты была́ опублико́вана его́ статья́. 신문 1면에 그사람의 기사가 실렸다.

пе́ред [p'ér'ıd](무성자음의 앞에서는 [p'ér'ıt], 어떤 종류의 자음결합 앞에서는 **пе́редо** [p'ér'ıda/p'ér'ıdə]) 前 (-造) ① (공간·시간적으로) …의 앞에, 눈앞에. ② (사람·물건에 대한 관계) …에 대하여.
Она́ до́лго стоя́ла пе́ред зе́ркалом. 그녀는 오랫동안 거울 앞에 서 있었다.
Я винова́т пе́ред ва́ми. 나는 당신에게 죄송스럽게 생각합니다.

передава́ть [p'ır'ıdavát'] 229 不完 (完 **переда́ть**)(-对) 넘겨주다; 전하다; 방송하다.
Он ничего́ для вас не *передава́л* мне. 그는 당신에게 전하라고 아무 것도 나에게 주지 않았다.
Вы пра́вильно *передаёте* его́ слова́? 당신은 그의 말을 정확히 전하고 있읍니까?

переда́ть [p'ır'ıdát'] 252 完 (⇨ 不完 **передава́ть**).
Прошу́ *переда́ть* письмо́ моему́ сы́ну. 내 아들에게 편지를 전해 주시길 부탁드립니다.
Его́ концерт *пе́редали* по те- 그의 연주회는 텔레비젼으로 방영되

переда́ча [p'ɪr'ɪdáʧ'ə] 50 a
Язы́к слу́жит челове́ку ору́дием *переда́чи* мы́слей.
Я хочу́ послу́шать музыка́льную *переда́чу*.

因 ① 양도; 전달. ② 방송.
언어는 사상전달의 도구로써 인류에게 기여하고 있다.
나는 음악방송을 듣고 싶다.

пере́дняя [p'ɪr'éd'n'əjə] 98
Она́ сняла́ пальто́ в *пере́дней*.

因 현관.
그녀는 현관에서 외투를 벗었다.

передово́й [p'ɪr'ɪdavój] 97
Да́же са́мое ма́ленькое предприя́тие мо́жет стать *передовы́м*, е́сли на нём рабо́тают настоя́щие, больши́е лю́ди.

形 선진적인, 진보적인.
아무리 조그마한 기업이라도, 그곳에 진실되고 우수한 사람들이 일한다면, 그 기업은 우수한 기업이라 할 수 있다.

перейти́ [p'ɪr'ɪjt'í] 244

完 (不完 переходи́ть) ① (-対 / че́рез -対) 건너다, 횡단하다, 넘어가다. ② 옮다, 옮아 가다, 이동하다.

По́езд *перешёл* грани́цу.
Он *перешёл* на второ́й курс.

기차는 국경을 넘었다.
그는 2학년으로 진급했다.

переста́ть [p'ɪr'ɪstát'] 239

完 ① (-不定形) 그만두다. ② (비·눈이) 멎다, 그치다.

Они́ *переста́ли* встреча́ться.
Дождь *переста́л*.

그들은 만나지 않기로 했다.
비가 멎었다.

перехо́д [p'ɪr'ɪxót] 1 a
С чем свя́зан его́ *перехо́д* на другу́ю рабо́ту?
Он останови́лся у *перехо́да*.

男 ① 이행. ② 횡단보도.
무슨 연유로 그가 직장을 옮겼읍니까?
그는 횡단보도에서 멈추었다.

переходи́ть [p'ɪr'ɪxad'ít'] 177
Сейча́с нельзя́ *переходи́ть* у́лицу.
Го́сти *перехо́дят* из столо́вой в сад.

不完 (⇨ 完 перейти́).
지금 길을 건너서는 안됩니다.
손님들이 식당에서 정원으로 자리를 옮겼다.

пери́од [p'ɪr'íət] 1 a
Э́то был са́мый тру́дный *пери́од* в его́ жи́зни.

男 시기, 기간; 주기.
그때가 그의 생애에서 가장 어려운 시기였다.

перо́ [p'ɪró] 31 d
На земле́ оста́лись *пе́рья* како́й-то пти́цы.
Да́йте мне но́вое *перо́*, я поте-

田 ① 털, 깃. ② 펜.
땅위에 이름모를 새의 깃털이 남아 있었다.
새 펜을 주십시오. 낡은 것은 잃어

перчáтка

ря́л стáрое.

перчáтки [p'ɪrtʃ'átk'i] 88 a
Он снял *перчáтки* и положи́л их в кармáн пальтó.
覆 장갑.
그는 장갑을 벗어서, 외투 주머니에 넣었다.

пéсня [p'és'n'ə] 86 a
Э́то моя́ люби́мая *пéсня*.
女 노래; (새의) 울음소리.
이것이 내가 좋아하는 노래이다.

песóк [p'ɪsók] 65 b P_2
Дéти лю́бят игрáть в *пескé*.
男 모래.
아이들은 모래에서 놀기를 좋아한다.

петь [p'ét'] 228
Онá хорошó *поёт*.
Он *поёт* в óпере.
Молоды́е лю́ди *пéли* какýю-то весёлую пéсню.
不完 (無補語) / (-対) 노래하다.
그녀는 노래를 잘한다.
그는 오페라 가수이다.
젊은이들이 어떤 경쾌한 노래를 불렀다.

печáть [p'ɪtʃ'át'] 56 a
Егó кни́га нахóдится в *печáти*.
Моя́ *печáть* нахóдится у секретаря́.
女 ① 인쇄(물). ② 도장, 인감.
그의 책은 인쇄중에 있다.
내 인감은 비서가 가지고 있다.

пéчка [p'étʃ'kə] 90 a
Онá сиди́т óколо *пéчки* и читáет.
女 뻬치카, 난로, 스토우브.
그녀는 난로 근처에 앉아서 책을 읽고 있다.

печь [p'étʃ'] 57 g $П_2$ в
Вся́ семья́ собирáется вокрýг *пéчи*.
女 난로, 스토우브.
가족 모두가 난로가에 모여있다.

пи́во [p'ívə] 29 a
Он вы́пил стакáн *пи́ва*.
中 맥주.
그는 맥주 한잔을 마셨다.

пиджáк [p'ɪdʒák] 17 b
Я вы́шел на ýлицу без *пиджакá*.
男 (남자양복의) 상의.
나는 상의를 안입고 거리로 뛰쳐나갔다.

писáтель [p'isát'ɪl'] 14 a
К. И. Чукóвский — извéстный дéтский *писáтель*.
男 [活] 작가, 저술가.
츄꼽스끼는 유명한 아동 문학가이다.

писáть [p'isát'] 203
Ýтром онá *писáла* пи́сьма, но не написáла все.
Вы хорошó *пи́шете* по-рýсски.
Он мне чáсто *пи́шет*.
不完 (完 написáть) ① (-対) 쓰다, 짓다, (그림을) 그리다. ② (-與) 편지를 쓰다.
아침에 그녀는 편지를 썼지만, 다 쓰지는 못했다.
당신은 러시아어로 잘 쓰는군요.
그는 종종 나에게 편지를 쓴다.

письмó [p'is'mó] 76 d
中 편지, 소식.

Он давно́ не получа́л от неё *пи́сем*.
그는 오랫동안 그녀로 부터 편지를 받지 못했다.

пита́ние [p'itán'ijə] 42 a
田 급식; 공급; 식물; 영양.
Рабо́чие тре́буют улучше́ния *пита́ния* в столо́вой.
노동자들은 식당급식의 개선을 요구하고 있다.

пить [p'it'] 226
不完 (完 вы́пить) ① (一对/生) 마시다. ② (за-对) (…을 축하하여/…을 위하여) 건배하다, 축배를 들다. ③ (不完로만) 술을 마시다, 음주하다.

Ка́ждое у́тро я *пью* молоко́.
매일 아침 나는 우유를 마신다.
Мы *пьём* за на́шу дру́жбу.
우리는 우정을 위해 축배를 들고 있다
Я слы́шал, что вы *пьёте*.
당신이 술을 꽤 마신다고 들었다.

пла́вание [plávən'ijə] 42 a
田 수영; 항해.
Мой люби́мый вид спо́рта — *пла́вание*.
내가 좋아하는 스포츠 종목은 수영이다.
Парохо́д нахо́дится в *пла́вании*.
기선은 항해 중이다.

пла́вать [plávət'] 142
不完 [不定] ([定] плыть) ① 헤엄치다. ② 항해하다. ③ 떠있다.

Он хорошо́ *пла́вает*.
그는 수영을 잘한다.
Оте́ц всю жизнь *пла́вал* по моря́м и океа́нам.
한평생 아버지는 바다와 대양을 항해하셨다.
Де́рево *пла́вает* в воде́.
나무가 물에 떠있다.

пла́кать [plákət'] 199
不完 울다.
Почему́ она́ *пла́чет*?
그녀가 왜 우느냐?

план [plán] 1 a
男 ① 안내도. ② 계획.
Это *план* на́шей кварти́ры.
이것은 우리 아파트의 안내도이다.
Всё шло по *пла́ну*.
만사가 계획대로 진행되었다.

плане́та [plan'étə] 46 a
因 혹성, 유성.
Земля́ явля́ется одно́й из *плане́т*.
지구는 혹성들 중의 하나이다.

пласти́нка [plas't'ínkə] 88 a
因 레코오드, 축음기판.
Поста́вьте каку́ю-нубудь хоро́шую *пласти́нку*.
무언가 좋은 판이 있으면 틀어주십시오.

плати́ть [plat'ít'] 179
不完 (一对) 지불하다.
За ко́мнату на́до *плати́ть* вперёд.
방세는 선불로 내야 합니다.

плато́к [platók] 65 b
男 스카아프, 쇼올.

Она́ потеря́ла *плато́к*. 그녀는 쇼올을 잃어 버렸다.

пла́тье [plát'jə] 43 а ⊞ (부인용) 드레스; 의복.
На ней бы́ло дли́нное *пла́тье*. 그녀는 긴 드레스를 입었다.

плечо́ [pl'ɪtʃ'ó] 38 h ⊞ 어깨.
Он положи́л ру́ку ей на *плечо́*. 그는 그녀의 어깨에 손을 얹었다.

плита́ [pl'itá] 46 d 囡 ① (금속이나 돌의) 판, 납작한 돌. ② 요리대, 레인지.
Они́ шли по ка́менным *плита́м* у́лицы. 그들은 보도블럭을 따라 걸었다.
Ма́ма гото́вит на га́зовой *плите́*. 엄마는 가스 레인지로 식사를 준비하고 계신다.

плоти́на [plat'ínə] 46 а 囡 둑, 댐.
Они́ постро́или на реке́ *плоти́ну*. 그들은 강에 댐을 건설하였다.

пло́хо [plóxə] 比 ху́же I 副 나쁘게, 그릇되게. II 述 (형편 · 사정이) 나쁘다.
Он *пло́хо* себя́ ведёт. 그는 행실이 나쁘다.
Пло́хо! Круго́м ничего́ не ви́дно, то́лько тума́н и снег. 빌어먹을! 주위는 안개와 눈 밖에는 아무것도 보이지 않는구나.

плохо́й [plaxój] 100 D 11 比 ху́же 形 나쁜, 그릇된, 불충분한.
В октябре́ здесь обы́чно *плоха́я* пого́да. 10월에 이곳은 대체로 일기가 나쁘다.

пло́щадь [plóʃ'ʃ'ɪt'] 56 g 囡 ① 면적. ② 광장; 장소.
Пло́щадь э́той кварти́ры равна́ 50 м² (пяти́десяти квадра́тным ме́трам). 이 아파트의 면적은 50㎡이다.
Как пройти́ на Кра́сную *пло́щадь*? 붉은광장으로 어떻게 갑니까?

плыть [plít'] 241 不完 〔定〕(〔不定〕пла́вать) ① 헤엄쳐 가다 · 오다. ② 배가 가다, 항해하다. ③ 떠서 흘러가다 · 오다. ④ 배를 타고 가다 · 오다.
Дава́йте *плывём* к тому́ бе́регу. 저쪽 기슭으로 헤엄쳐 갑시다.
Ло́дка *плыла́* вниз по реке́. 보우트는 강을 따라 내려갔다.
К нам навстре́чу *плывёт* жёлтый лист. 우리쪽으로 노란 나뭇잎이 흘러 오고있다.

Мы *плы́ли* на парохо́де тро́е су́ток.
우리는 기선을 타고 3일간을 주야로 항해했다.

по́`[рə]` (악센트 음절의 바로 앞에서는 `[pa]`)》 前 I (一與) ① (면·선위)를, (면·선)을 따라. ② …에 의해서, …에 의존해서. ③ …에 관계된, …의 분야의. ④ …가 원인이 되어, …한 까닭으로. ⑤ …를 수단으로 하여. ⑥ …마다(複數); …씩(單數). II (一対) …까지. III (一前) …한 후에, …하고 나서.

Мы шли *по* у́лице.
우리는 거리를 거닐었다.

Она́ гуля́ла *по* па́рку.
그녀는 공원을 산책했다.

По мои́м часа́м без пяти́ шесть.
내 시계로는 6시 5분전이다.

Мы изуча́ем ру́сский язы́к *по* ра́дио.
우리는 라디오로 러시아어를 공부하고 있다.

Вот мой това́рищ *по* институ́ту.
이 사람은 나의 대학친구이다.

За́втра бу́дет экза́мен *по* фи́зике.
내일 물리시험이 있다.

Он не мог прие́хать *по* боле́зни.
그는 아파서 올 수가 없었다.

Он прихо́дит сюда́ *по* суббо́там.
그는 매주 토요일에 이곳에 온다.

Ка́ждый учени́к получи́л *по* уче́бнику.
학생 모두가 교과서를 1권씩 받았다.

Он был в Москве́ с апре́ля *по* а́вгуст.
그는 4월 부터 8월 까지 모스끄바에 있었다.

По сме́рти отца́ он уе́хал за грани́цу.
아버지가 돌아가신 후 그는 외국으로 떠났다.

побе́да [pab'édə] 46 a 因 승리, 우승.

Мы доби́лись *побе́ды*.
우리는 승리를 거두었다.

победи́ть [pəb'ıd'ít'] 169 完 (一対) 승리하다, 이기다.

Он *победи́л* чемпио́на.
그는 챔피언을 이겼다.

поведе́ние [pəv'ıd'én'ijə] 42 a 田 생활태도, 품행, 행실.

Его́ *поведе́ние* мне не нра́вится.
나는 그의 태도가 마음에 들지 않는다.

пове́рить [pav'ér'it'] 154 完 ① (一與) 신뢰하다, 신용하다, 의심하지 않다, 곧이 듣다. ② (в 一対) 믿다, 신앙하다.

Я не *пове́рил* свои́м глаза́м.
나는 내 눈을 의심했다.

повернуться

Мать *поверила* в успех сына. 어머니는 자식의 성공을 믿었다.
повернуться [pəv'ırnútsə] 151 [完] 방향을 바꾸다.
Она *повернулась* в сторону. 그녀는 옆으로 몸을 돌렸다.
поверхность [pav'érxnəs't'] 56 а [女] 표면, 외면.
Семьдесят пять процентов земной *поверхности* занимает вода. 지표면의 75%는 물이다.

повести [pəv'ıs't'í] 217 [完] (-对) ①데리고가다, 연행하다; 선도하다, 이끌다. ②(어떤 행위를) 시작하다.
Они *повели* старика к врачу. 그들은 노인을 모시고 의사있는 곳으로 갔다.
Шофёр *повёл* машину. 운전사는 차를 출발시켰다.
повод [póvət] 1 а [男] 동기, 이유, 구실.
Она смеётся по любому *поводу*. 그녀는 아주 잘 웃는다. (나뭇잎이 떨어져도 웃는다.)
повторить [pəftar'it'] 165 [完] ([不完] повторять) (-对) 반복하다; 복습하다.
Повторите, пожалуйста, ещё раз. 한번 더 말씀해 주십시오.
К экзамену он *повторил* учебник сначала. 시험에 대비해 그는 교과서를 처음부터 복습했다.
повторять [pəftar'át'] 145 [不完] (⇨ [完] повторить).
Старуха *повторяет* одно и то же. 노파는 똑같은 말을 자꾸 되풀이 하고 있다.
Повторяйте уроки дома. 집에서 학과를 복습하십시오.
повышение [pəvıʃén'ijə] 42 а [中] 고양, 상승, 향상.
Они борются за *повышение* уровня жизни. 그들은 생활수준의 향상을 위해 싸웠다.
погибнуть [pag'íbnut'] 150 [完] 멸망·파멸하다; 재난으로 죽음을 당하다; 조난으로 죽다.
Его отец *погиб* на войне. 그의 아버지는 전사했다.
поговорить [pəgəvar'ít'] 165 [完] 잠깐 얘기하다, 상담하다.
Об этом мне надо *поговорить* с вами. 그 문제에 관해 당신과 얘기를 좀 나누어야 합니다.
погода [pagódə] 46 а [女] 날씨, 일기.
Какая *погода* будет завтра? 내일 날씨가 어떨까요?
погодить [pəgad'ít'] 168 [完] 잠시 기다리다.
Погодите, я сейчас приду. 잠시 기다리십시오. 지금 가겠읍니다.

под [pəd] (악센트 바로 앞에서 [pad], 무성자음 앞에서는 [pat/pət], 어떤 종류의 자음결합 앞에서는 **подо** [pəda/pədə])

前 I (-造) ① …의 밑에서, …의 밑에. ② (어떤 영향·작용)의 하에서, (어떤 상태)에서. ③ …의 근방에. II (-對) ① …의 밑으로. ② (어떤 상태)로. ③ …의 근처에. ④ …무렵, …경. ⑤ …의 음에 맞춰서.

Мы сиде́ли *под* больши́м де́ревом.
우리는 커다란 나무 아래에 앉았다.

Они́ шли *под* дождём.
그들은 빗 속을 거닐었다.

Она́ нахо́дится *под* его́ влия́нием.
그녀는 그의 영향력 하에 있다.

У него́ есть родно́й дом *под* Москво́й.
모스끄바 근교에 그의 생가가 있다.

Он поста́вил чемода́н *под* крова́ть.
그는 침대 밑으로 트렁크를 넣었다.

Его́ за э́то о́тдали *под* суд.
그는 이 사건으로 재판에 회부되었다.

Мы пое́хали в дере́вню *под* Ленингра́д.
우리는 레닌그라드 근교의 마을로 갔다.

Они́ прие́хали *под* ве́чер.
그들은 저녁 무렵 도착했다.

Ему́ ещё *под* со́рок.
그는 아직 마흔살 안쪽이다.

Он поёт *под* роя́ль.
그는 피아노에 맞추어 노래하고 있다.

подава́ть [pədavát'] 229

不完 (完 пода́ть) (-対) ① (준비를 갖추어) 내놓다, 대접하다. ② (도움·희망 등을) 주다.

В кото́ром часу́ *подава́ть* вам за́втрак?
몇 시에 아침을 갖다 드릴까요?

Он всегда́ *подаёт* мне по́мощь.
그는 항상 나에게 도움을 준다.

пода́ть [padát'] 251

完 (⇒ 不完 подава́ть).

Подади́те мне маши́ну в во́семь часо́в.
8시에 나에게 차를 보내주십시오.

На како́й вы́ход *по́дали* самолёт на Москву́?
모스끄바행 비행기는 몇번 문입니까?

подборо́док [pədbaródək] 65 a

男 턱.

У него́ о́стрый *подборо́док*.
그의 턱은 뾰족하다.

подгото́вка [pədgatófkə] 88 a

女 준비, 훈련; 지식.

Они́ веду́т *подгото́вку* к экза́менам.
그들은 시험준비를 하고 있다.

подде́рживать [pad'd'érʒivət']

不完 (-対) 받들다; 지지(支持)하

142
Он здесь *поддéрживает* порядок.

Мы все *поддéрживаем* его план.

поддéржка [pad'd'érʃkə] 90 а

Он пóльзуется горячей *поддéржкой* всех члéнов óбщества.

다, 지원하다; 유지하다.
그는 이곳의 질서를 유지하고 있다.

우리 모두는 그의 계획을 지지하고 있다.

因 지지; 원조.
그는 모든 회원의 열렬한 지지를 받고 있다.

поднимáть [pədn'imát'] 143

Éсли у вас есть вопрóс, *поднимáйте* прáвую рýку.

Не *поднимáйте* больнóго с постéли.

Соревновáние *поднимáет* интерéс к рабóте.

不完 (完 ПОДНЯТЬ) (-対) ① 쳐들다; 들어 올리다. ② 세우다, 일으키다. ③ 높이다, 부흥시키다.
질문이 있으면, 오른손을 드시오.

침대에서 환자를 일으켜 세우지 마십시오.

경쟁은 노동에 대한 관심을 높인다.

поднимáться [pədn'imátsə] 143

Мне тяжелó *поднимáться* по лéстнице.

Вéтер *поднимáется*.

Цéны на продýкты рéзко *поднимáются*.

不完 (完 ПОДНЯТЬСЯ) ① 오르다, 올라 가다. ② 일어나다, 일어서다. ③ 높아지다, 향상되다.
나는 계단을 오르는 것이 힘겹다.

바람이 불어 온다.

식료품 가격이 폭등하고 있다.

поднять [padn'át'] 237

Мать *поднялá* ребёнка с пóла.

Они *пóдняли* мáссы на борьбý.

Нáша задáча — *поднять* хозяйство.

完 (⇨ 不完 ПОДНИМÁТЬ).
엄마는 마루에서 아기를 안아 들어 올렸다.

그들은 대중이 투쟁에 참여하도록 선동하였다.

우리의 과제는 경제의 부흥이다.

подняться [padn'átsə] 238

Мы *поднялись* на лифте на десятый этáж.

Он *поднялся* со стýла.

У негó *поднялáсь* температýра.

完 (⇨ 不完 ПОДНИМÁТЬСЯ).
우리는 엘리베이터로 10층에 올라갔다.

그는 의자에서 일어섰다.

그는 열이 높아졌다.

подо́бно [padóbnə]
Он поступи́л *подо́бно* свои́м ста́ршим бра́тьям.
подо́бный [padóbnij] 96 А 6
У него́ тала́нт, *подо́бный* Чайко́вскому.
подожда́ть [pədaʒdát'] 209

Я *подожду́* вас внизу́.
Она́ попроси́ла шофёра *подожда́ть*.
подойти́ [pədajt'í] 244

Ко мне *подошёл* знако́мый челове́к.
Эта рабо́та ему́ не *подойдёт*.
поду́мать [padúmət'] 142

Почему́ вы вдруг *поду́мали* об э́том?
Я да́же и *поду́мать* не мог, что он был таки́м челове́ком.
поду́шка [padúʃkə] 90 а
Она́ положи́ла но́вую *поду́шку* под го́лову больно́го.
подходи́ть [pətxad'ít'] 177
По́езд *подхо́дит* к ста́нции.
На́до *подходи́ть* к де́лу серьёзно.
Это пальто́ мне подхо́дит.
подъём [padjóm] 1 а
Они́ уста́ли при *подъёме* в го́ру.
по́езд [pójɪst] 3 с
За́втра я е́ду туда́ на *по́езде*.
пое́хать [pajéxət'] 246

副 …와 같이, …와 비슷하게.
그는 형들과 같이 행동했다.

形 …와 같이, …과 마찬가지로.
그에게는 차이콥스끼와 같은 재능이 있다.

完 (-対/生) 잠깐동안 기다리다, (올때까지) 기다리다.

밑에서 기다리겠읍니다.
그녀는 운전수에게 잠깐기다려 달라고 했다

完 (不完 подходи́ть) ①(к-與) 접근하다, 다가가다·오다. ② 접합하다, …에 어울리다.

나에게 아는 사람이 다가 왔다.

이 작업은 그에게 걸맞지 않는다.

完 (不完 ду́мать) ①(-対/о-前) 생각하다, 궁리하다. ② (- что / 不定形) …하려고 생각하다.

갑자기 당신은 왜 그것을 생각하셨 읍니까?
나는 그가 그러한 사람이었다는 것은 생각 조차도 할 수 없었다.
女 베개.
그녀는 환자 머리 밑에 새 베개를 베개 했다.
不完 (⇨ подойти́).
기차가 역으로 다가오고 있다.
문제를 신중하게 대처해야 한다.

이 외투는 나에게 어울린다.
男 올라가는 일.
그들은 등산을 해서 피로했다.

男 열차, 기차.
내일 나는 기차로 그곳에 갈 것이다.
完 (자동차등을 타고) 가다, (자동차

пожалуй

Он *поехал* в город на машине.
Машина сначала ехала медленно, а потом *поехала* быстрее.

등이) 달려가다.
그는 차를 타고 도시에 갔다.
처음에 자동차는 천천히 달리다가, 그 다음에 더욱 더 빨리 달렸다.

пожалуй [pa3áluj]
Пожалуй, ты прав.

(挿入語) 아마, 필시.
아마 네가 옳은 것 같다.

пожалуйста [pa3álistə]

助 ① 제발, 부디. (바램, 동의, 허가 등의 표현). ② 천만의 말씀 입니다.

Принесите, *пожалуйста*, книгу.
— Можно курить?
— *Пожалуйста*.
— Спасибо за помощь.
— *Пожалуйста*.

책을 좀 갖고 오시겠읍니까?
—— 담배를 피워도 되겠읍니까?
—— 좋습니다.
—— 도와주셔서 감사합니다.
—— 천만의 말씀입니다.

пожар [pa3ár] 1 a
Игра со спичками может привести к *пожару*.

男 화재.
성냥장난은 화재를 일으킬 수 있다.

пожилой [pəʒilój] 97
В комнату вошёл *пожилой* человек в очках.

形 초로(初老)의, 중년을 지난.
방으로 안경을 낀 초로의 남자가 들어 왔다.

позавчера [pəzəfʧ'ɪrá]
Это случилось *позавчера*.

副 그저께.
이일은 그저께 일어났다.

позволить [pazvól'it'] 154

完 (不完 позволять) (—対/不定形) 허가하다, 허락하다, 허용하다.

Кто вам *позволил* открыть окно?

누가 당신에게 창을 열라고 했읍니까?

позволять [pəzval'át'] 145
Доктор не *позволяет* больному выходить.

不完 (⇒完 позволить).
의사는 환자의 외출을 허락하지 않았다.

поздно [póznə]

I 短 (시간적으로) 늦다. II 副 (시간적으로) 늦게.

Уже *поздно*, пора домой.
Он вернулся *поздно* вечером.

너무 늦었다. 집에 갈 시간이다.
그는 밤 늦게 돌아왔다.

позиция [paz'ítsijə] 55 a
Он стоит на *позиции* мира.

因 위치; 입장, 태도; 진지.
그는 평화를 지지한다.

познакомиться [pəznakóm'it-

完 (с—造)…와 (서로) 알게 되다,

покóй

tsə] 156

Вчерá я *познакóмился* с егó брáтом.

어제 나는 그의 형과 알게 되었다.

пóиски [póisk'i] 17 a

覆 수색, 탐구.

Пóсле дóлгих *пóисков* мы нашли нýжный дом.

오랫동안 찾은 끝에 우리는 필요한 집을 구했다.

пойти́ [pajt'í] 244

完 ① 걸어서 나가다, 걷기 시작하다, 움직이기 시작하다. ②(비, 눈 등이) 내리기 시작하다.

Мы *пошли́* гуля́ть.
Ребёнок *пошёл*.
Пошёл дождь.

우리는 산책하러 나갔다.
아기가 걷기 시작했다.
비가 내리기 시작했다.

покá [paká]

Ⅰ 副 지금 (으로서는) Ⅱ ① 接 (— 不完了体) …하는 동안에. ③ (— не — 完了体) …할 때까지.

Нам *покá* трýдно говори́ть по-рýсски.

지금은 우리가 러시아어로 말하기는 어렵다.

Покá он ýчится, нáдо емý помóчь.

그가 학생이었을 때, 그에게는 도움이 필요했다.

Онá ждалá, *покá* он не пришёл.

그녀는 그가 올때까지 기다렸다.

показáть [pəkazát'] 204

完 (不完 покáзывать) (—対) (나타내)보이다, 보여 주다; 입증하다.

Пóсле собрáния *показáли* фильм.

모임이 끝난 뒤, 영화를 보여주었다.

Он *показáл* себя́ хорóшим худóжником.

그는 자신이 훌륭한 화가임을 보여 주었다.

показáться [pəkazátsə] 204

完 Ⅰ (不完 казáться) ① (—造) …처럼 보이다, …처럼 여겨지다. ② (— что) …로 여겨지다. Ⅱ 나타나다.

Вам всё э́то мóжет *показáться* стрáнным.

당신에게 이런 모든 것이 이상하게 보일지도 모르겠다.

И́з-за гор *показáлась* лунá.

산뒤에서 달이 떠올랐다.

покáзывать [pakázivət'] 142

不完 (⇨ 完 показáть).

Сегóдня я хочý *покáзывать* вам гóрод.

오늘 당신에게 도시를 안내하고 싶다.

покóй [pakój] 24 a P₂

男 정지; 안정, 평온.

Больно́му ну́жен *поко́й*. 환자는 안정이 필요하다.

поколе́ние [pəkal'én'ijə] 42 а 田 세대.
Турге́нев — оди́н из лу́чших люде́й про́шлого *поколе́ния*. 뚜르게네프는 과거 세대의 뛰어난 사람들 중의 한사람이다.

покры́ть [pakrít'] 227 完 (─对) 덮다, 가리우다, 숨기다, 씌우다.

Облака́ *покры́ли* не́бо. 구름이 하늘을 덮었다.

покупа́ть [pəkupát'] 143 不完 (完 купи́ть) (─对/生)구입하다, 사다.

Он *покупа́ет* мно́го книг. 그는 책을 많이 산다.

пол [pól] ① 은 1 с P_2, $П_2$ на ; ② 는 1 g 男 ① 마루, 바닥. ② 성(性).

Кни́га упа́ла на́ *пол*. 책이 바닥으로 떨어졌다.
В отве́те необходи́мо указа́ть *пол* и во́зраст. 답안을 작성할 때는 성별과 나이를 반드시 명기해야 한다.

полага́ть [pəlagát'] 143 不完 (─что) …하다고 생각하다, 간주하다.

Полага́ю, что он прав. 나는 그가 옳다고 생각한다.

по́ле [pól'ə] 37 с 田 ① 들판; 밭. ② (활동) 분야, (활약의) 현장.

Поля́ бы́ли покры́ты сне́гом. 들판이 눈으로 덮였다
Тра́кторы вы́шли в *по́ле*. 트렉터가 밭에 나와 있었다.
Пе́ред ним открыва́ется широ́кое *по́ле* де́ятельности. 그의 앞에는 폭넓은 활동의 무대가 전개돼있다.

полево́й [pəl'ıvój] 97 形 들판의, 밭의; 야전·야외의.
В дере́вне начали́сь *полевы́е* рабо́ты. 시골에서는 밭일이 시작되었다.

поле́зный [pal'éznij] 96 А 6 形 유익한, 유용한, 이로운.
Э́то оказа́лось для него́ *поле́зным*. 그것은 그에게 유익한 것이었다.

поликли́ника [pəl'ikl'ín'ikə] 49 а 女 (외래 전문의) 종합병원, 진료센터.
Вы́зовите врача́ из *поликли́ники*. 종합병원 의사 좀 불러주세요.

поли́тика [pal'ít'ikə] 49 а 女 정책; 정치.
На́ша страна́ прово́дит *поли́тику* ми́ра. 우리나라는 평화 정책을 추구하고 있다.

полити́ческий [pəl'it'íʧ'ısk'ij] 99 形 정치의, 정책의.

Это наше *политическое* требование.
이것이 우리의 정치적 요구이다.

полицейский [pəl'itsɛ́jsk'ij] 99
Там стоит *полицейская* машина.
Вы можете спросить у *полицейского*.

I 刑 경찰의. II 男 〔活〕 경찰.
저기에 경찰차가 있다.
경찰관에게 물어보시는 것이 좋을것 같군요.

полк [pólk] 17 b $П_2$ в
Они были в одном *полку*.

男 연대.
그들은 같은 연대에 있었다.

полка [pólkə] 88 a
Поставьте книги на *полку*.

囡 선반; (열차의) 침대.
책을 선반에 꽂아 주십시오.

полковник [palkóvn'ik] 17 a
Он получил звание *полковника*.

男 〔活〕 육군 대령.
그는 육군 대령이 되었다.

полностью [pólnəs't'ju]
Они *полностью* выполнили программу.

副 완전히, 충분히.
그들은 완전히 작업예정을 수행하였다.

полный [pólnij] 96 F 8

形 ① (-生) 가득찬, 충만한. ② 완전한, 결함이 없는.

Зал *полон* народу.
Эта страна теперь находится в *полной* независимости.

홀은 사람들로 꽉 찼다.
이 나라는 현재 완전한 독립국이다.

половина [pəlav'ínə] 46 a
Прошла *половина* лета.
Он вернётся домой в *половине* шестого.

囡 반(半); 30분.
여름의 반이 지나갔다.
그는 5시 30분에 귀가 할 것이다.

положение [pəlažén'ijə] 42 a
Надо определить *положение* судна в море.
Он вышел из трудного *положения*.

田 ① 위치. ② 상황, 정세.
해상에서는 선박의 위치를 측정하여야 한다.
그는 어려운 상황에서 벗어났다.

положить [pəlažít'] 174

完 (不完 класть) (-対) 놓다, 얹다; 안에 넣다.

Я не помню, куда *положил* билет.

나는 표를 어디에 두었는지 기억이 나지 않는다.

полоса [pəlasá] 46 h
На ней белое платье с чёрными *полосами*.
Самолёт попал в *полосу* тумана.

囡 줄; 지역, 지대.
그녀는 흰바탕에 검은 줄이 처있는 옷을 입고있다.
비행기는 안개 지역으로 들어갔다.

на.

полоте́нце [pəlat'én̪t͡sə] 77 а
 Ма́ма, принеси́ мне чи́стое *полоте́нце*.

полтора́ [pəltará] 141
 Он ушёл *полтора́* часа́ тому́ наза́д.

получа́ть [pəluʧ'át'] 143

 Она́ *получа́ет* де́ньги от сы́на.

получа́ться [pəluʧ'át͡sə] 143

 По́чта тут *получа́ется* два ра́за в день.

получе́ние [pəluʧ'én'ijə] 42 а
 Он прие́хал на друго́й день по *получе́нии* от меня́ письма́.

получи́ть [pəluʧ'ít'] 174
 Вы *получи́ли* моё письмо́?

получи́ться [pəluʧ'ít͡sə] 174
 Как она́ *получи́лась* на фотогра́фии?

по́льза [pól'zə] 46 а
 Э́то принесёт ему́ *по́льзу*.

по́льзоваться [pól'zəvət͡sə] 146

 Он ещё не уме́ет *по́льзоваться* словарём.

 Его́ рома́н *по́льзуется* больши́м успе́хом.

по́мнить [pómn'it'] 155

 Вы меня́ *по́мните*?

помога́ть [pəmagát'] 143

 Она́ ча́сто *помога́ет* ма́тери в рабо́те.

田 수건, 타월.

엄마, 깨끗한 수건 좀 주세요.

🈴 〔集合〕 1개 반, 1.5.

그는 1시간 반 전에 떠났다.

不完 (完 получи́ть) (-对) 받다, 얻다.

그녀는 아들에게서 돈을 받고 있다.

不完 (完 получи́ться) 이르다, 닿다; (어떠한 결과가) 생기다.

여기서는 우편물이 하루에 2번 배달된다.

田 영수, 접수.

그는 내 편지를 받자마자 다음 날 왔다.

完 (⇨ 不完 получа́ть).

당신은 제 편지를 받으셨읍니까?

完 (⇨ 不完 получа́ться).

사진에 그녀는 어떻게 나왔읍니까?

因 이익, 효용.

그것은 그에게 이익을 줄 것이다.

不完 (-造) 이용하다; (명성, 신용 등을) 얻다, 떨치다.

그는 아직도 사전을 찾을 줄 모른다.

그의 장편소설은 대성공이다.

不完 (-对 / о -前) 기억하다, 잊지 않다.

당신은 저를 기억하고 있읍니까?

不完 (完 помо́чь) (-與 в -前 / 不定形) 도와주다, 원조하다; (-與) 도움이 되다, (약 등이) 효력이 있다.

그녀는 자주 어머니의 일을 거들어 드린다.

по-мо́ему [pamójımu]

По-мо́ему, не ты, а он прав.

Я сде́лал э́то *по-мо́ему*.

помолча́ть [pəmalʧ'át'] 186

Помолчи́те, кто́-то идёт!

помо́чь [pamóʧ'] 221

Сестра́ *помогла́* мне реши́ть зада́чу по фи́зике.

Э́то лека́рство о́чень *помогло́*.

помо́щник [pamóʃn'ik] 17 а

Сын был хоро́шим *помо́щником* отцу́.

по́мощь [póməʃʃ'] 56 а

В тру́дную мину́ту он всегда́ приходи́л мне на *по́мощь*.

понеде́льник [pən'ıd'él'n'ik] 17 а

По *понеде́льникам* музе́й не рабо́тает.

понима́ть [pən'imát'] 143

Я вас хорошо́ *понима́ю*.
Вы *понима́ете* по-япо́нски?

поня́тие [pan'át'ijə] 42 а

Сло́во и *поня́тие* — ра́зные ве́щи.

Он не име́ет никако́го *поня́тия* об э́том.

поня́тно [pan'átnə]

— *Поня́тно*?
— Да, *поня́тно*.

Учи́тель рассказа́л обо всём о́чень *поня́тно*.

Они́, *поня́тно*, вы́полнят зада́ние в срок.

поня́тный [pan'átnij] 96 А 6

Ⅰ (挿入語) 내 생각으로는. Ⅱ 副 내 방법으로는.

내 생각으로는 너보다는 그가 옳은 것 같다.

나는 내 방법대로 이것을 했다.

完 잠시 조용히 하다.

좀 조용히 해, 누군가가 온다!

完 (⇒不完 помога́ть).

누나는 내가 물리 문제를 푸는 것을 도와주었다.

이 약은 대단한 효과가 있었다.

男 [活] 조수, 협력자.

아들은 아버지의 훌륭한 협력자였다.

女 원조, 도움, 구조, 구원.

어려울 때마다 그는 나를 도우러 왔다.

男 월요일.

매주 월요일은 박물관이 휴관입니다.

不完 (完 поня́ть) (—対) 이해하다, 알다

당신이 말씀하신 것을 잘 알겠읍니다.
당신은 일어를 할 줄 아십니까?

中 ① 관념, 개념. ② 지식, 이해.

말과 개념은 별개의 것이다.

그는 이것에 관해서는 아무것도 모른다.

Ⅰ 短 명료하다. Ⅱ 副 이해하기 쉽게. Ⅲ (挿入語) 물론.

— 알겠어요?
— 네, 알겠읍니다.

선생님은 모든 것을 알기 쉽게 말씀해 주셨다.

그들은 물론 주어진 과제를 기한내에 명확히 수행 할 것이다.

形 알기쉬운, 명료한.

поня́ть

Вам *поня́тен* мой вопро́с?
제 질문이 이해가 되시나요?

поня́ть [pan'át'] 233   完 (⇨ 不完 понима́ть).

Вы *по́няли* меня́?
내가 말한 것을 이해하시겠읍니까?

Извини́те, я не *поняла́*, что вы сказа́ли.
죄송하지만, 당신이 말씀하신 것을 이해하지 못했읍니다.

попа́сть [papás't'] 214   完 (в / на —対) 맞다; 부딪치다; 우연히 만나다, 발견하다; (어떤 장소에) 나타나다, …에 이르다.

Ка́мень *попа́л* в окно́.
돌이 유리창에 맞았다.

Как мне *попа́сть* в парк?
공원에 가려면 어떻게 가나요?

К сча́стью я *попа́л* на хоро́шего помо́щника.
다행히 나는 좋은 조수를 만났다.

по-пре́жнему [papr'éʒn'ɪmu]   副 전과 같이, 여전히.

Оте́ц *по-пре́жнему* мно́го рабо́тает.
아버지께서는 여전히 많은 일을 하신다.

попро́бовать [papróbəvət'] 146   完 (不完 про́бовать) (—対) 시험하다, 해보다; 맛보다; (—不定形) 시도하다.

Мы *попро́бовали* свои́ си́лы.
우리는 우리의 힘을 시험해 봤다.

Я *попро́бую* устро́ить вас на рабо́ту.
당신의 일자리를 구해보겠읍니다.

попроси́ть [pəpras'ít'] 180   完 (不完 проси́ть) (—対 о—前) 요구하다, 청하다; (—対—不定形) …할 것을 부탁하다, 요청하다.

Она́ *попроси́ла* меня́ о по́мощи.
그녀는 나에게 도움을 청했다.

Я *попроси́л* его́ рассказа́ть о себе́.
나는 그에게 그자신에 관한 이야기를 해 줄 것을 부탁했다.

попы́тка [papítkə] 88 a   女 시도, 기도.

Он не раз де́лал *попы́тки* доказа́ть, что прав.
그는 자신이 옳다는 것을 몇번이고 증명하려고 하였다.

пора́ [pará] I 은 46 i   I 女 때, 시기, 시절. II 述 …할 때이다.

С тех *пор* мы не встреча́лись.
그후로 우리는 만나지 못했다.

Пора́ идти́ домо́й.
벌써 집에 갈 시간이다.

поро́г [parók] 17 a   男 문턱.

Я его́ на *поро́г* не пущу́.
나는 집에 그를 들여보내지 않겠다.

поро́да [paródə] 46 a   女 (가축이나 식물의) 품종.

В саду́ росли́ три де́рева осо́бенной *поро́ды*. 정원에는 특별한 품종의 나무 3그루가 자라고 있다.

порт [pórt] 1 g *П₂* в 男 항구, 항.
Кора́бль стои́т в *порту́*. 선박이 항구에 정박하고 있다.

портре́т [partr'ét] 1 a 男 초상화, 사진.
На стене́ вися́т два *портре́та*. 벽에 초상화 2개가 걸려 있다.

портфе́ль [partf'él'] 14 a 男 서류 가방.
Бума́ги лежа́т в *портфе́ле*. 서류는 가방 속에 있다.

по-ру́сски [parúsk'i] 副 러시아어로; 러시아식으로.
Я хочу́ говори́ть *по-ру́сски*. 나는 러시아어로 이야기하고 싶다.
Они́ живу́т совсе́м *по-ру́сски*. 그들은 완전히 러시아식으로 생활하고 있다.

поря́док [par'ádək] 65 a *P₂* 男 질서, 정돈; 순서.
На его́ столе́ всегда́ по́лный *поря́док*. 그의 책상은 항상 깨끗이 정돈되어 있다.

посёлок [pas'ólək] 65 a 男 (새로 생겨난 도시풍의) 주거지.
О́коло ста́нции вы́рос *посёлок*. 역주변에 새로운 도시가 생겨났다.

посла́ть [paslát'] 202 完 (一对) 보내다; 파견하다.
Я *посла́л* откры́тку роди́телям в дере́вню. 나는 시골에 계신 부모님께 엽서를 보냈다.
Пошли́те меня́ в Москву́ на съезд. 저를 모스끄바 대회에 보내 주시오.

по́сле [pós'l'ı] I 前 (一生) …의 후에, 뒤에. II 副 뒤에, 후에.
У меня́ бу́дет свобо́дное вре́мя *по́сле* трёх часо́в. 3시 이후에 한가한 시간이 있읍니다.
Я зайду́ к тебе́ *по́сле*. 나중에 너한테 들리겠다.

после́дний [pas'l'éd'n'ij] 98 形 ① 최후의, 최종의. ② 최근의; 최신의.
Когда́ начала́сь война́, он учи́лся на *после́днем* ку́рсе институ́та. 전쟁이 시작되었을때, 그는 대학에서 최종학년에 재학중이었다.
Она́ не зна́ла об э́том до *после́днего* вре́мени. 그녀는 최근까지 그것에 대해서 몰랐다.

послеза́втра [pəs'l'ızáftrə] 副 모레.
Экза́мены начина́ются *послеза́втра*. 모레 시험이 시작된다.

послу́шать [paslúʃət'] 142 完 (不完 слу́шать) (一对) 듣다, 따르다.

посмотре́ть

Вам лу́чше *послу́шать* отца́.

당신은 아버지 말씀에 따르는 것이 좋습니다.

посмотре́ть [pəsmatr'ét'] 196

完 (不完 смотре́ть) ① (в / на-쳑) …방향을 보다, 바라보다, 응시하다. ② (-쳑) 보다, 관찰하다.

Она́ *посмотре́ла* на меня́.

그녀는 나를 쳐다보았다.

Я хочу́ *посмотре́ть* э́тот фильм.

나는 그 영화를 보고 싶다.

Врач *посмотре́л* го́рло больно́го.

의사는 환자의 목구멍을 진찰했다.

пост [póst] 1 b *П₂* на

男 ① 초병; 초소, 부서. ② 직, 지위.

Солда́ты стоя́ли на *посту́*.

병사들이 초소에서 보초를 서고 있었다.

Он за́нял высо́кий *пост*.

그는 고위직에 앉았다.

поста́вить [pastav'it'] 156

完 (不完 ста́вить) (-쳑) 세우다, 세워놓다; (어떤 상황에) 놓다; 설치하다. 상연하다.

Поста́вьте ва́зу на стол.

꽃병을 책상 위에 놓으십시오.

Неда́вно у нас в кварти́ре *поста́вили* телефо́н.

최근에 우리집에 전화를 가설했다.

посте́ль [pas't'él'] 56 а

女 침대.

Больно́му необходи́мо лежа́ть в *посте́ли*.

환자는 반드시 침대에 누워있어야 한다.

постепе́нно [pəs't'ip'énnə]

副 점점, 차차, 점차적으로.

Я *постепе́нно* начина́ю понима́ть ру́сский язы́к.

나는 차차 러시아어를 이해하기 시작하고 있다.

постоя́нно [pəstajánnə]

副 항상, 부단히.

Я *постоя́нно* ду́маю о тебе́.

나는 항상 너를 생각하고 있다.

постоя́нный [pəstajánnij] 96 A 6

形 부단한; 항구적인.

Э́тот *постоя́нный* шум меша́ет рабо́тать.

이 계속되는 소음으로 작업을 할 수 없다.

постоя́ть [pəstaját'] 190

完 잠시 서 있다, 잠깐 동안 멈춰 있다.

Он *постоя́л* у воро́т мину́т де́сять и пошёл домо́й.

그는 문 앞에서 10분쯤 서 있다가 집으로 갔다.

постро́ить [pastró'it'] 153

完 (不完 стро́ить) (-쳑) 건설·건축하다, 제작하다.

В го́роде *постро́или* но́вую гости́ницу.
도시에 새로운 호텔이 세워졌다.

поступа́ть [pəstupát'] 143
不完 (完 поступи́ть) ① 행동하다. ② (в / на —대)(어떤 조직이나 시설에) 들어가다.

Ему́ не сле́дует так *поступа́ть*.
그 사람은 그런 식으로 행동해서는 안된다.

Из нас мно́гие *поступа́ют* рабо́тать на заво́ды.
우리들 가운데 많은 사람들이 공장에 취직을 한다.

поступи́ть [pəstup'ít'] 175
完 (⇨ 不完 поступа́ть).

Как нам тепе́рь *поступи́ть*?
우리는 지금 어떻게 해야 합니까?

Он *поступи́л* в университе́т на экономи́ческий факульте́т.
그는 대학의 경제학부에 입학했다.

посыла́ть [pəsilát'] 143
不完 (完 посла́ть) (—대) 보내다, 파견하다.

Он *посыла́ет* ма́тери де́ньги раз в ме́сяц.
그는 1달에 1번씩 어머니에게 송금하고 있다.

поте́ря [pat'ér'ə] 47 а
因 상실; 손실.

Его́ смерть была́ серьёзной *поте́рей* для нау́ки.
그의 죽음은 학문에 있어서 커다란 손실이었다.

потеря́ть [pət'ir'át'] 145
完 (不完 теря́ть) (— 대) 잃다, 상실하다; 허비하다.

Я *потеря́л* ключ от свое́й ко́мнаты.
나는 내 방 열쇠를 잃어 버렸다.

Мы на э́том де́ле *потеря́ли* мно́го вре́мени и эне́ргии.
우리는 이 일에 많은 시간과 정력을 허비했다.

пото́к [patók] 17 а
男 물결; 컨베이어 시스템.

Мы шли по ле́вому бе́регу го́рного *пото́ка*.
우리는 계곡을 따라 흐르는 급류의 왼쪽 기슭을 따라 걸어 갔다.

потоло́к [pətalók] 65 b
男 천장.

Он живёт в ко́мнате с ни́зким *потолко́м*.
그는 천장이 낮은 방에서 살고 있다.

пото́м [patóm]
副 그 다음에; 후에.

Мы сде́лали уро́ки, а *пото́м* посмотре́ли телеви́зор.
우리는 예습, 복습을 한 다음, 텔레비젼을 보았다.

потому́ [pətamú]
副 그러므로, 그 까닭에.

Мне не́когда, и *потому́* я не могу́ прийти́.
나는 시간이 없어서 올 수가 없다.

Я не могу́ пойти́, *потому́* что
나는 아파서 갈 수가 없다.

П

потре́бность [patr'ébnəs't'] 56 а 女 수요, 필요; 욕구.
Он чу́вствовал *потре́бность* сде́лать что́-нибудь поле́зное для неё.
그는 그 여자를 위해서 무언가 도움이 되는 일을 하고 싶어 했다.

похо́д [paxót] 1 а 男 행군; 하이킹.
Я люблю́ ходи́ть в *похо́д*.
나는 하이킹 가는 것을 좋아한다.

походи́ть [pəxad'ít'] 177 完 잠깐동안 산책하다.
Мы *походи́ли* в па́рке.
우리는 공원을 잠깐동안 여기 저기 돌아다녔다.

похо́жий [paxóʒij] 101 A 4 形 비슷한 닮은.
Она́ *похо́жа* на отца́.
그 여자는 아버지를 닮았다.

по́чва [póʧ'və] 46 а 女 토양, 흙; 기초, 근저.
Он потеря́л *по́чву* под нога́ми.
그는 자신이 설 기반을 잃었다.

почему́ [pəʧ'ımú] 副 왜, 어째서, 무엇 때문에.
Почему́ ты не зашёл ко мне вчера́?
왜 너는 어제 우리 집에 들리지 않았니?

почему́-то [pəʧ'ımútə] 副 웬일인지, 어째서인지.
Почему́-то он не пришёл.
웬일인지 그는 오지 않았다.

по́чта [póʧ'tə] 46 а 女 우체국; 우편; 우편물.
Я хочу́ купи́ть ма́рки и конве́рты на *по́чте*.
나는 우체국에서 우표와 봉투를 사고 싶습니다.
Есть ли для меня́ *по́чта*?
나에게 온 우편물이 있읍니까?

почти́ [paʧ't'í] 副 거의, 대략.
Я прочита́л *почти́* всю кни́гу.
나는 이 책을 거의 다 읽었다.

поэ́т [paét] 1 а 男 [活] 시인.
Пу́шкин — вели́кий ру́сский *поэ́т*.
뿌쉬낀은 위대한 러시아의 시인이다.

поэ́тому [paétəmu] 副 따라서, 그렇기 때문에.
Я был за́нят, *поэ́тому* не писа́л вам.
바빠서 당신에게 편지를 쓸 수가 없었다.

появи́ться [pəjıv'íttsə] 176 完 (不完 появля́ться) 나타나다, 모습을 보이다.
Он *появи́лся* на приёме в но́вом костю́ме.
그는 리셉션에 새 양복을 입고 나타났다.

появля́ться [pəjıvl'áttsə] 145 不完 (⇨完 появи́ться).
На на́ших экра́нах ста́ли *появля́ться* интере́сные фи́льмы.
우리 나라의 은막에 흥미진진한 영화가 나타나기 시작했다.

по-япо́нски [pəjɪpónsk'i]
Это напи́сано *по-япо́нски*.
по́яс [pójəs] 3 с
Она́ но́сит кра́сный *по́яс*.
пра́вда [právdə] 46 а

Он всегда́ говори́т *пра́вду*.
— *Пра́вда*, что он уе́хал? —
Пра́вда.
пра́вило [práv'ilə] 29 а
Ты зна́ешь *пра́вила* игры́ в
футбо́л?
пра́вильно [práv'il'nə]

Вы поступи́ли *пра́вильно*.
— Не пойти́ ли нам в теа́тр? —
Пра́вильно.
пра́вильный [práv'il'nij] 96 A 7
Он дал *пра́вильный* отве́т на
вопро́с.
прави́тельство [prav'ít'ıl'stvə]
29 а
Япо́нское *прави́тельство* объя́-
ви́ло прое́кт ми́рного догово́-
ра.
пра́во [právə] 29 с
Ты не име́ешь *пра́ва* так по-
ступа́ть.
пра́вый [právij] 96 D 1

Это зда́ние стои́т на *пра́вом*
берегу́ Невы́.
Мы бо́ремся за *пра́вое* де́ло.
Он *прав* в э́том спо́ре.
пра́здник [práz'n'ik] 17 а
По *пра́здникам* друзья́ всегда́
собира́лись вме́сте.
пра́ктика [prákt'ikə] 49 а

副 일본어로; 일본식으로.
그것은 일본어로 쓰여있다.
男 허리띠, 벨트; 지대; 허리.
그녀는 빨간 벨트를 하고 있다.
I 女 진실; 진리. II 囲 사실이다,
그렇다(동의의 뜻).

그는 항상 진실을 말한다.
— 그 사람이 가버린 것이 정말입니
까? — 정말입니다.

田 법칙, 규칙.
너는 축구경기 규칙을 알고 있느냐?

I 副 옳게, 올바르게; 정확히. II 囲
그렇다, 옳다.

당신은 올바르게 행동했읍니다.
— 우리가 극장에 가는 편이 좋지 않
을까요? — 맞아요.

形 옳은; 정확한; 규칙적인.
그는 질문에 옳게 대답했다.

田 정부.

일본정부는 평화조약의 초안을 공표
했다.

田 권리, 자격.
너에게는 그렇게 행동할 권리가 없다.

形 ① (長語尾로만) 오른쪽의, 우측
의. ② 공정한, 옳은. ③ (短語尾)
옳다, 맞다.

그 건물은 네바강 우측 연안에 있다.

우리는 정의를 위해 싸우고 있다.
이 논쟁은 그가 옳았다.
男 경축일; 휴일.
경축일에 친구들은 항상 함께 모였
었다.

女 ① 실천, 실지. ② 실습.

Нужно проводить теорию на *практике*. 이론을 실천에 옮기는 일이 필요하다.

Каждый год студенты едут на *практику* в разные концы Советского Союза. 매년 학생들은 소련의 여러 지방으로 실습을 하러 떠난다.

практический [prakt'itʃ'ısk'ij] 99 形 실지의, 실제적인.

Это не имеет *практической* пользы. 이것은 실제로 도움이 되지 않는다.

превратиться [pr'ıvrat'ittsə] 172 完 (不完 превращаться) ((в — 对) 변하다, 바뀌다.

Вода *превратилась* в лёд. 물이 얼음이 되었다.

превращаться [pr'ıvraʃʃ'áttsə] 143 不完 (⇨完 превратиться).

Посёлок быстро *превращается* в город. 신개발지는 급속히 도시화되어 가고 있다.

предел [pr'ıd'él] 1 а 阳 경계, 한계.

Всему есть *предел*. 어떤 일에도 한계가 있다.

предлагать [pr'ıdlagát'] 143 不完 (完предложить) (—对/不定形) 제안하다, 건의하다, 신청하다; 제공하다, 권하다.

Он *предлагает* мне помощь. 그는 나에게 도움을 자청하고 있다.
Я *предлагаю* пойти в кино. 나는 영화보러 갈 것을 제안합니다.
Хозяйка *предлагает* чай гостям. 여주인이 손님에게 차를 권하고 있다.

предложение [pr'ıdlaʒén'ijə] 42 а 中 제안; 구혼.

Кто за это *предложение*? Прошу поднять руки. 이 제안에 찬성하는 분이 있읍니까? 손을 들어 주십시오.

предложить [pr'ıdlaʒít'] 174 完 (⇨ 不完 предлагать).

Я *предложил* ему встретиться завтра в десять часов. 나는 그에게 내일 10시에 만나자고 제안했다.

Он *предложил* ей кофе. 그는 그 여자에게 코오피를 권했다.

предмет [pr'ıdm'ét] 1 а 阳 ① 물건, 물품. ② 대상; 테에마. ③ 과목.

Здесь продают *предметы* одежды. 여기서는 옷가지를 팔고 있다.

Кто является *предметом* вашей любви? 당신이 마음에 두고 있는 사람이 누구입니까?

Физика — мой самый любимый *предмет*. 물리는 내가 가장 좋아하는 과목이다.

предприятие [pr'ıtpr'iját'ijə] 42 а
田 기업, 생산시설.

Он работает на современном *предприятии*.
그는 현대적인 기업에서 일하고 있다.

председатель [pr'ıts'ıdát'ıl'] 14 а
男 [活] 의장.

Отец — *председатель* колхоза.
아버지는 콜호즈 의장이다.

представитель [pr'ıtstav'ít'ıl'] 14 а
男 [活] 대표.

На завод приехали *представители* министерства.
공장에 부(部)의 대표가 도착했다.

представить [pr'ıtstáv'it'] 156
完 (不完 представлять) (一対)
① 제출·제시하다, 보이다; (어떤 상황을) 나타내다, 보이다. ② 소개·추천하다.

Для получения писем надо *представить* документы.
편지를 받기 위해서는 증명서의 제시가 필요하다.

Представьте меня этой девушке.
저를 이 처녀에게 소개시켜 주십시오.

представление [pr'ıtstavl'én'ijə] 42 а
田 ① 상연, 상연 작품. ② 지식, 이해; 관념.

Мы пошли на *представление* «Горя от ума».
우리는 『지혜의 슬픔』이란 공연을 보러 갔다.

Книга даёт полное *представление* о природе этого края.
이 책은 그 지방의 자연에 대해서 완전한 지식을 제공해 준다.

представлять [pr'ıtstavl'át'] 145
不完 (⇒完 представить).

Работа *представляет* для меня большой интерес.
이 일은 나에게 대단한 흥미를 느끼게 한다.

Там собрались люди и стали *представлять* друг друга.
그 곳에 사람들이 모여 서로서로 소개하기 시작했다.

прежде [pr'éžd'ı]
副 전에는.

Прежде здесь были сады, а теперь появились новые заводы.
전에 이곳은 정원이였었지만, 지금은 새 공장이 생겨났다.

прежний [pr'éžn'ij] 98
形 이전의, 종전의, 예전의.

В *прежние* времена мы встре-
전에 우리들은 더욱 자주 만났었다.

чались чаще.

президе́нт [pr'ız'id'ént] 1 а 男 〔活〕 대통령; 총재, 회장, 사장, 의장.

За́втра день вы́боров *президе́нта* о́бщества. 내일은 협회 회장 선거일이다.

прекра́сно [pr'ıkrásnə]
I 副 훌륭하게, 멋지게, 매우 좋게.
II 述 훌륭하다, 멋지다, 최고다.
III 助 괜찮다, 좋다.

Он *прекра́сно* чита́ет стихи́. 그는 시를 멋지게 낭독한다.
Здесь *прекра́сно* отдыха́ть. 이곳은 휴식하기에 최고다.
Прекра́сно, я за́втра приду́ к вам. 좋읍니다, 제가 내일 당신 댁에 가겠읍니다.

прекра́сный [pr'ıkrásnıj] 96 А 6 形 매우 아름다운, 훌륭한, 멋진.
Они́ доби́лись *прекра́сных* результа́тов. 그들은 훌륭한 성과를 거두었다.

преподава́тель [pr'ıpədavát'ıl'] 14 а 男 〔活〕 (개개의 교과의) 교사, (대학 등의) 강사.
Он рабо́тает *преподава́телем* ру́сского языка́. 그는 러시아어 선생이다.

при [pr'i] 前 (—前) ① …의 곁에, …가까이. ② …부속의, …소속의. ③ …에 첨가되어; …의 면전에. ④ …에 즈음하여, …때에. ⑤ …조건하에.

На стене́ *при* двери́ виси́т карти́на. 문의 옆벽에 그림이 걸려있다.
У нас *при* заво́де хоро́шая столо́вая. 우리 공장에는 좋은 식당이 있다.
Не беспоко́йтесь, я бу́ду *при* вас. 걱정마시오, 내가 당신과 함께 있을 테니까.
Э́та кни́га вы́шла в свет *при* жи́зни писа́теля. 이 책은 작가의 생존시에 출간되었다.
Вы не мо́жете е́хать туда́ *при* тако́м здоро́вье. 당신은 그러한 건강상태로는 그곳에 갈 수 없읍니다.

прибо́р [pr'ibór] 1 а 男 기구, 기기, 장치; 용구일절.
На́ша лаборато́рия получи́ла но́вые электри́ческие *прибо́ры*. 우리 실험실에 새로운 전기 기기가 들어왔다.

прибы́ть [pr'ibít'] 249 完 도착하다, 당도하다.
По́езд *прибу́дет* в пять часо́в. 열차는 5시에 도착한다.

привести [pr'iv'ɪs't'í] 217   完 (不完 **приводить**) (—対) ① 데리고 오다. ② …로 이끌다, 도입하다, 인용하다.

Приведите его сюда.   그를 여기로 데려 오시오.
Это *приведёт* нас к большой трудности.   이것은 우리를 커다란 곤경에 빠지게 할 것이다.

приводить [pr'ivad'ít'] 177   不完 (⇒完 **привести**).

Он несколько раз *приводил* её к нам.   그는 그녀를 우리에게 여러차례 데려 왔다.
Это *приводит* меня в хорошее настроение.   이 일이 나의 기분을 좋게 한다.

привыкнуть [pr'ivíknut'] 150   完 (—不定形/к-與) 익숙해 지다, 습관이 되다.

Я *привык* рано вставать.   나는 일찍 일어나는데 익숙해 있다.

привычка [pr'ivíʧ'kə] 90 a   女 습관, 버릇.
У неё была *привычка* читать в постели.   그녀는 잠자리에서 책을 읽는 버릇이 있다.

придумать [pr'idúmət'] 142   完 (—対) 생각해 내다.
Я не мог *придумать* другого выхода.   나는 다른 해결책을 생각해 낼 수 없었다.

приезжать [pr'ijɪʒ'ʒ'át'] 143   不完 (完 **приехать**) (타고) 오다, 도착하다.

Отец *приезжает* в Токио на будущей неделе.   아버지께서는 다음 주에 동경에 도착 하신다.

приём [pr'ijóm] 1 a   男 ① 접수, 영수; 채용, 수용. ② 응접, 대접, 접대, 리셉션. ③ 수법, 수단, 방법.

Объявили о *приёме* в университет.   대학 입학 요강이 발표됐다.
Я не ждал такого холодного *приёма*.   나는 그러한 냉대는 생각지도 않았다.
Читайте и изучайте *приёмы* великих писателей.   위대한 작가의 책을 읽고 작법을 연구하시오.

приехать [pr'ijéxət'] 246   完 (⇒不完 **приезжать**).
Они *приехали* на поезде.   그는 열차로 왔다.

признать [pr'iznát'] 143   完 (—対) 분별하다, 깨닫다; 인정하다, 승인하다.

Я её не *признал*.   나는 그녀를 알아보지 못했다.
Многие страны *признали* но-   많은 국가들이 새 정부를 승인했다.

вое правительство.

прийти [pr'ijt'í] 243   完 (不完 приходить) (걸어서) 도착하다, (어떤 상태 또는 결과에) 도달하다.

Вчера я *пришёл* домой поздно.   어제 나는 늦게 귀가했다.
Пришла весна.   봄이 왔다.
Мы *пришли* к соглашению.   우리는 합의에 도달했다.

прийтись [pr'ijt'ís'] 243   完 (不完 приходиться) ① (一與-不定形) 하지 않으면 않되다, …하게 되다. ② …에 들어맞다; …에 해당되다.

Ему *пришлось* прочитать большой материал.   그는 방대한 자료를 다 읽어야만 했다.
Нам *придётся* подождать поезда ещё час.   우리는 기차를 아직 1시간 더 기다려야 한다.
Новый год *пришёлся* на субботу.   설날은 토요일이었다.

приказ [pr'ikás] 1 a   男 명령, 지령.
Командир полка отдал *приказ* начинать стрелять.   연대장은 사격개시 명령을 내렸다.

приказать [pr'ikazát'] 204   完 (一不定形) 명령하다, 명하다. 지시하다.

Отец *приказал* мне пойти туда немедленно.   아버지는 나에게 빨리 그곳으로 출발하라고 명하셨다.

применение [pr'im'ın'én'ijə] 42 a   田 적용, 사용, 응용.

Мы решили отказаться от *применения* этого средства.   우리는 이 방법을 사용하지 않기로 결정했다.

пример [pr'im'ér] 1 a   男 예, 실례; 모범.
Он объяснил правило на нескольких *примерах*.   그는 약간의 예를 들어 규칙을 설명했다.

примерно [pr'im'érnə]   副 약, 대강, 대략.
Я уеду *примерно* через месяц.   나는 대략 1개월 후에 떠난다.

принадлежать [pr'inədl'ıʒát'] 186   不完 ① (一與) …에 속하다, …의 소유이다. ② (к-與) …에 소속하다.

Земля *принадлежит* народу.   토지는 국민의 것이다.
Он *принадлежит* к числу лучших художников.   그는 뛰어난 화가 중의 하나이다.

принести́ [pr'in'is't'í] 215   完 (不完 приноси́ть) (—对) (손으로) 가져오다.

Принеси́те мне моро́женое.   저에게 아이스크림 좀 가져다 주십시요.

Я *принёс* вам интере́сную кни́гу.   나는 재미있는 책을 당신에게 가져왔읍니다.

принима́ть [pr'in'imát'] 143   不完 (完 приня́ть) (—对) ① 받다, 맡다, 맞아들이다, 응접하다. ② 채용·채택하다. ③ 받아들이다, 섭취하다.

Здесь *принима́ют* по́чту за грани́цу?   여기서 국제우편을 접수합니까?

Не *принима́йте* его́ в чле́ны кружка́.   그를 서클 회원으로 받아들이지 마시오.

Ка́ждое у́тро он *принима́ет* холо́дный душ.   그는 매일 아침에 냉수로 샤워한다.

До́ктор сего́дня не *принима́ет* больны́х.   의사는 오늘 환자를 받지 않는다.

приноси́ть [pr'inas'ít'] 180   不完 (⇨完 принести́).

Ва́ше письмо́ всегда́ *прино́сит* нам большу́ю ра́дость.   당신의 편지는 우리에게 항상 커다란 즐거움을 가져다 줍니다.

при́нцип [pr'íntsip] 1 а   阳 원칙, 주의; 원리.

Э́то про́тив мои́х *при́нципов*.   이건 나의 원칙에 어긋난다.

приня́ть [pr'in'át'] 235   完 (⇨不完 принима́ть).

Она́ *приняла́* моё предложе́ние.   그녀는 나의 구혼을 받아 들였다.

Его́ *при́няли* в па́ртию.   그는 입당이 인정되었다.

На собра́нии *при́няли* ва́жное реше́ние.   회의에서 중대한 결의가 채택되었다.

Мини́стр *при́нял* иностра́нных госте́й.   장관은 외빈을 접견하였다.

приро́да [pr'iródə] 46 а   阴 자연.

Челове́к стро́ит свою́ жизнь в борьбе́ с *приро́дой*.   인간은 자연과의 투쟁 속에서 자신의 삶을 구축해 나간다.

присла́ть [pr'islát'] 202   完 (—对) 보내 오다.

Он *присла́л* мне кни́ги.   그 사람은 나에게 몇권의 책을 보내 왔다.

приходи́ть [pr'ixad'ít'] 177   不完 (⇨ прийти́).

Обы́чно я *прихожу́* домо́й в   보통 나는 6시에 귀가한다.

шесть часо́в.
Без вас *приходи́л* Ива́н.

приходи́ться [pr'ixad'ítsə] 177
Уже́ ма́ло вре́мени. Нам *прихо́дится* брать такси́.
Пра́здник *прихо́дится* на сле́дующую пя́тницу.

причём [pr'iʧ'óm]
Он не согласи́лся с мои́м мне́нием, *причём* доба́вил, что не совсе́м понима́ет меня́.

причи́на [pr'iʧ'ínə] 46 а
Причи́ну пожа́ра так и не удало́сь установи́ть.
Она́ пла́чет без *причи́ны*.

прия́тно [pr'ijátnə]

Они́ *прия́тно* провели́ ве́чер у друзе́й.
Мне бы́ло *прия́тно* с ва́ми познако́миться.

про [prə] 〈제1음절에 악센트가 있는 단어의 앞에서는 [pra]〉
Они́ уе́хали, и *про* меня́ забы́ли.

проблéма [prabl'émə] 46 а
Э́то *проблéма* совреме́нной нау́ки.

про́бовать [próbəvət'] 146

Она́ до́лго *про́бовала* реши́ть зада́чу по фи́зике.

провести́ [prəv'ıs't'í] 217

Он *провёл* нас че́рез лес.
Мы успе́шно *провели́* заседа́ние.

당신이 부재시에 이반이 왔었다.

不完 (⇒完 прийти́сь).
이미 시간이 없다. 우리는 택시를 잡아야만 한다.
경축일은 다음 금요일이다.

接 게다가, 그리고도.
그는 내 의견에 찬성하지 않았고 게다가, 나를 전혀 이해하지 못한다고 부언했다.

因 ① 원인. ② 이유.
화재의 원인을 어떠한 방법으로도 규명하지 못했다.
그녀는 까닭없이 울고있다.

I 副 유쾌하게, 즐겁게. II 術 유쾌하다, 즐겁다.
그들은 친구집에서 즐거운 저녁을 보냈다.
나는 당신과 알게 되어 즐거웠읍니다.

前 (一対) …에 대하여, …에 관하여.
그들은 떠났으며 그리고 나를 잊어 버렸다.

因 문제.
이것은 현대과학의 문제이다.

不完 (完 попро́бовать) (一対) 맛보다, 시험하다, 해보다; (一不定形) 시도하다, 해보다.
그녀는 물리문제를 풀려고 오랫동안 애를 썼다.

完 (不完 проводи́ть) (一対) ① 안내하다, 인도하다, 데리고가다. ② 실시하다. ③ (시간을) 보내다.
그는 숲을 지나 우리를 인도했다.
우리는 회의를 성공리에 마쳤다.

Я *провёл* месяц в Москве. 나는 모스끄바에서 한달을 보냈다.

проводи́ть [prəvad'ít'] 177 不完 (⇨完 провести́).

Секрета́рь *проводи́л* меня́ к дире́ктору заво́да. 비서가 나를 공장장에게 안내했다.

У нас *прово́дят* заня́тия по ру́сскому языку́ три ра́за в неде́лю. 우리는 주당 3회씩 러시아어 수업을 한다.

Как вы *проводи́ли* вре́мя на мо́ре? 당신은 해변에서 시간을 어떻게 보냈읍니까?

програ́мма [pragrámmə] 46 а 女 계획; 프로그램.

Они́ изуча́ют ру́сский язы́к по но́вой *програ́мме*. 그들은 새로운 프로그램에 따라 러시아어를 연구한다.

прогре́сс [pragr'és] 1 а 男 진보, 향상.

На́ше о́бщество идёт по пути́ *прогре́сса*. 우리 사회는 진보의 길을 걷고있다.

продава́ть [prədavát'] 229 不完 (完 прода́ть) (—対) 팔다, 판매하다.

На у́лице же́нщина *продаёт* цветы́. 거리에서 여인이 꽃을 팔고 있다.

прода́ть [pradát'] 251 完 (⇨不完 продава́ть).

Я *про́дал* свою́ маши́ну. 나는 차를 팔아버렸다.

продолжа́ть [prədalzát'] 143 不完 (—対 / 不定形) 계속하다, 계속해서 … 를 하다.

Он *продолжа́ет* свою́ рабо́ту. 그는 자기 일을 계속하고 있다.

Она́ *продолжа́ла* чита́ть. 그녀는 독서를 계속했다.

проду́кты [pradúkti] 1 а 複 식료품.

Где вы покупа́ете *проду́кты*? 당신은 식료품을 어디서 삽니까?

проду́кция [pradúktsijə] 55а 女 생산고; 제품, 생산물.

Каку́ю *проду́кцию* произво́дит ваш заво́д? 당신 공장에서는 어떤 제품을 생산합니까?

прое́кт [praékt] 1 а 男 ① 설계도. ② 초안, 안.

Дом постро́ен по моему́ *прое́кту*. 내 설계도에 따라 빌딩이 세워졌다.

Он занима́ется подгото́вкой *прое́кта* догово́ра. 그는 조약의 초안을 준비한다.

прозра́чный [prazráʧ'nij] 96 А 6 形 투명한, 명료한.

Посмотри́, кака́я *прозра́чная* вода́! 보세요, 물이 얼마나 투명한지!

произведе́ние [prəiz'v'ɪd'én'ijə] 田 작품.

произвОди́ть

42 а
Здесь он написа́л свои́ гла́вные *произведе́ния*. 이곳에서 그는 주요작품을 썼다.

производи́ть [prəizvad'ít'] 177 不完 (一对) 생산하다, 제조하다, 만들다; …하다, 수행하다.

Наш заво́д *произво́дит* станки́. 우리 공장에서는 공작기계들을 생산하고 있다.

Здесь *произво́дят* хими́ческие о́пыты. 여기서는 화학 실험을 하고 있다.

произво́дственный [prəizvótst'v'ınnij] 96 形 생산의; 작업의.

В де́вять часо́в бу́дет *произво́дственное* совеща́ние. 9시에 생산 회의가 열린다.

произво́дство [prəizvótstvə] 29 а 田 생산.

Произво́дство станко́в в на́шей стране́ си́льно вы́росло. 우리나라는 공작기계 생산이 대폭적으로 증가했다.

произойти́ [prəizajt'í] 244 (1·2 人称 없이) 完 (不完 происходи́ть) 일어나다, 생겨나다, 발생하다.

Со мной вчера́ *произошёл* стра́нный слу́чай. 어제 나에게 이상한 일이 일어났다.

происходи́ть [prəisxad'ít'] 177 不完 (⇨ 完 произойти́).
Что там *происхо́дит*? 거기 무슨 일이 일어나고 있읍니까?

пройти́ [prajt'í] 244 完 (不完 проходи́ть) I ① 통행하다, 지나가다. ② 경과하다, 지나다. Ⅱ (一对) 통과하다; (과정, 과목을) 학습하여 끝내다.

Скажи́те, пожа́луйста, как *пройти́* на вокза́л? 역으로 갈려면 어떻게 가야하는지 말씀해 주시겠어요?

Уже́ *прошла́* зима́. 이미 겨울은 지나갔다.

По́езд *прошёл* ста́нцию. 기차는 간이역을 지나쳤다.

Они́ успе́шно *прошли́* курс фи́зики. 그들은 좋은 성적으로 물리학 과정을 마쳤다.

пролетариа́т [prəl'ıtər'iát] 1 а 男 프롤레타리아 계급.

В произведе́ниях Го́рького опи́сывается жизнь пролетариа́та. 고리끼 작품에는 프롤레타리아의 생활이 묘사되어 있다.

пролета́рий [prəl'ıtár'ij] 27 а 男 〔活〕 프롤레타리아.

Э́ту пробле́му реши́т класс 이 문제를 해결하는 것은 프롤레타

пролетариев.
리아 계급이다.

промы́шленность [pramíʃl'ınnəs't'] 56 а
因 공업, 산업.

За после́дние го́ды Коре́я доби́лась кру́пных успе́хов в о́бласти кораблестрои́тельной *промы́шленности.*
최근 한국은 조선업 분야에 커다란 성공을 거두었다.

промы́шленный [pramíʃl'ınnij] 96
形 공업의, 산업의.

Сара́тов — кру́пный *промы́шленный* центр на Во́лге.
「사라또프」는 볼가강 유역의 커다란 공업 중심지이다.

пропа́сть [prapás't'] 214
完 없어지다; 보이지·들리지 않게 되다; 못 쓰게 되다; 헛되이 되다.

У меня́ *пропа́ли* бума́ги.
나의 서류가 없어졌다.

У него́ *пропа́л* го́лос.
그는 목소리가 나오지 않게 되었다.

проси́ть [pras'ít'] 180
不完 (完 **попроси́ть**) (—对о—前) 청하다, 요구하다, 구하다; (—对—不定形) 청하다, 요청하다, 부탁하다.

Он *про́сит* меня́ о по́мощи.
그는 나의 도움을 청했다.

Вас *про́сят* прийти́ за́втра.
당신께서 내일 와주셨으면 합니다.

прости́ть [pras't'ít'] 171
完 (—对) 용서하다, 면제하다.

Прости́те, пожа́луйста.
죄송합니다.

про́сто [próstə] 比 про́ще
I 述 간단하다, 용이하다. II 副 간단하게; 쉽게.

Ему́ о́чень *про́сто* э́то сде́лать.
그에게 있어서 이것을 하기란 매우 용이하다.

Аппара́т устро́ен о́чень *про́сто.*
장치는 아주 간단하게 되어있다.

просто́й [prastój] 97 D 1 比 про́ще
形 ① 간단한, 용이한, 평이한. ② 순박한, 솔직한.

Неуже́ли ты не мог отве́тить на тако́й *просто́й* вопро́с?
정말로 너는 그렇게 간단한 질문에도 대답할 수 없냐?

Я люблю́ *просто́го* челове́ка.
나는 순박한 사람이 좋다.

простра́нство [prastránstvə] 29 а
田 공간.

Оста́вьте *простра́нство* ме́жду двумя́ стола́ми.
두 탁자 사이에 공간을 좀 남겨두시오.

про́сьба [próz'bə] 46 а
因 청원, 의뢰, 부탁.

Ча́сто она́ обраща́лась к нам
그녀는 우리에게 여러가지 일로 자

с ра́зными *про́сьбами*.   주 부탁하곤 했다.

про́тив [prót'iv](무성자음 앞에서는 [prót'if]) 📒 (一生) …맞은 편에, …에 반대하여, 거역하여.

Де́рево стои́т *про́тив* до́ма.   나무는 집의 맞은편에 서있다.
Они́ шли *про́тив* ве́тра.   그들은 바람을 맞으며 걸어갔다.

проти́вник [prat'ívn'ik] 17 а   男 [活] 적, 반대자, 상대편.

На́ша кома́нда победи́ла *проти́вника*.   우리 팀은 상대팀을 이겼다.

противоре́чие [prət'ivar'éʧ'ijə] 42 а   田 모순, 대립.

Э́ти лю́ди полны́ *противоре́чий*, в их поведе́нии тру́дно разобра́ться.   이 사람들은 모순 투성이라 이들의 행동을 이해하기 곤란하다.

профе́ссор [praf'ésər] 3 с   男 [活] 교수.

Я слу́шаю ле́кции изве́стных *профессоро́в*.   나는 유명한 교수들의 강의를 듣고 있다.

проходи́ть [prəxad'ít'] 177   不完 (⇒完 пройти́).

Сейча́с по́езд *прохо́дит* по́ мосту́.   지금 기차가 다리를 통과하고 있다.

Собра́ние *прохо́дит* успе́шно.   집회는 성공적으로 진행되고 있다.
Вы *проходи́ли* хи́мию?   당신은 화학과목을 들었었읍니까?

прохла́дный [praxládnij] 96 А 6   形 시원한, 선선한; 서늘한.

Бы́ло *прохла́дное* у́тро.   선선한 아침이었다.

проце́нт [pratsént] 1 а   男 퍼센트.

Они́ вы́полнили план на 150 (сто пятьдеся́т) проце́нтов.   그들은 계획을 150퍼센트 달성했다.

проце́сс [pratsés] 1 а   男 경과, 진행; 과정, 공정.

Э́то сейча́с нахо́дится в *проце́ссе* рассмотре́ние.   그것은 현재 검토 중에 있다.

проче́сть [praʧ'és't'] 218   完 (一対) 통독하다, 읽어버리다. (= прочита́ть).

Вы уже́ *прочли́* газе́ту?   당신은 벌써 신문을 다 읽었읍니까?

про́чий [próʧ'ij] 101   I 形 다른, 기타의. II 複 [活] 타인들.

Про́чие лю́ди так не ду́мают.   다른 사람들은 그렇게 생각하지 않는다.
Все *про́чие* ушли́, а я оста́лся оди́н.   다른 사람들은 다 가고 나 혼자만 남았다.

прочита́ть [prəʧ'itát'] 143   完 (不完 чита́ть) (一対) ① 읽

Она́ ещё не *прочита́ла* его́ рома́н.
Вчера́ я *прочита́л* всю ночь.

про́шлое [pró∫ləjə] 96
Мне не жаль *про́шлого*.

про́шлый [pró∫lij] 96
В *про́шлое* воскресе́нье мы е́здили за́ город.

проща́ться [pra∫'∫'áttsə] 143
Они́ до́лго *проща́лись* на вокза́ле.

пря́мо [pr'ámə]

Иди́те *пря́мо* по э́той у́лице.
Вы идёте *пря́мо* домо́й?
Скажи́те *пря́мо* — вы не лю́бите э́того челове́ка?

прямо́й [pr'ımój] 97 D 9

Проведи́те *пряму́ю* ли́нию.
Она́ име́ет *прямо́е* отноше́ние к э́тому де́лу.
Почему́ ты ухо́дишь от *прямо́го* отве́та?

пти́ца [pt'ítsə] 52 a
Пти́цы летя́т на юг.

пункт [púnkt] 1 a
Я при́был на парохо́де в Баку́, оди́н из са́мых ю́жных *пу́нктов* на́шей страны́.
Догово́р состои́т из десяти́ *пу́нктов*.

пуска́ть [puskát'] 143

Не *пуска́йте* дете́й на у́лицу.
Не *пуска́йте* пока́ маши́ну.

다. ② (강연, 강의를)하다.
그녀는 아직도 그의 소설을 다 읽지 못했다.
어제 나는 밤새도록 독서를 했다.

田 과거, 지난날.
나는 지난날을 후회하지 않는다.
形 과거의; 그 전의.
지난 일요일에 우리는 교외에 다녀왔다

不完 (с-造)작별을 고하다.
그들은 역에서 오랫동안 작별인사를 나누었다.

副 ① 똑바로. ② 직접적으로. ③솔직히.
이 길을 따라 곧장 가십시오.
집으로 바로 가십니까?
솔직히 말씀해 주십시오. 당신은 그 사람을 좋아하고 있지 않습니까?

形 ① 똑바른. ② (長語尾로만) 직접의. ③솔직한.

직선을 그으십시오.
그녀는 그 사건과 직접적인 관계가 있다.
너는 왜 솔직한 대답을 회피하느냐?

因 [活] 새.
새들이 남쪽으로 날아가고 있다.
男 ① 지점, 장소. ② 항목.
나는 배로 우리나라의 최남단 지점 중의 한 곳인「바쿠」에 도착했다.

조약은 10개 항목으로 이루어 졌다.

不完 (完 пусти́ть) (-対) 놓아 주다, 가게하다; 들여놓다 ② 가동시키다, 시동시키다.
아이들을 거리에 나오게 하지 마시오.
잠시동안 기계를 가동시키지 마시오.

пусти́ть [pus't'ít'] 181   完 (⇨ 不完 пуска́ть).
  Я тебя́ туда́ не *пущу́*.   나는 너를 그곳에 보내지 않겠다.
  Вско́ре *пусти́ли* пассажи́ров в ваго́н.   곧 승객들을 차량안으로 들여 보냈다.
  Они́ *пусти́ли* но́вый заво́д в ход.   그들은 새 공장을 가동시켰다.
пусто́й [pustój] 97 D 9   形 빈; 시시한, 가치 없는.
  Мы сли́шком ра́но пришли́: зал совсе́м ещё *пусто́й*.   우리들은 너무 일찍와서 호홀이 아직 텅텅 비어 있었다.
пусть [pús't']   助 (一動詞現在 3 人称 /быть의 未来 3人称) …하게 하다.
  Пусть он придёт за́втра.   그가 내일 오도록 하시오.
путь [pút'] 28 b   男 ① 길. ② 여행. ③ 방법.
  Э́тот *путь* са́мый коро́ткий.   이 길이 지름길이다.
  Он собира́ется в *путь*.   그는 여행할 작정이다.
  Каки́м *путём* вы доби́лись таки́х результа́тов?   어떤 방법으로 당신은 이러한 결과를 얻으셨읍니까?
пу́шка [púʃkə] 90 a   女 대포.
  Они́ стреля́ли из *пу́шки*.   그들은 대포로 포격을 가했다.
пшени́ца [pʃin'íʦə] 52 a   女 소맥, 밀.
  Мы доби́лись высо́кого урожа́я *пшени́цы*.   우리는 밀농사에서 대풍을 이뤘다.
пыль [píl'] 56 a П₂ в   女 먼지.
  Пыль попа́ла мне в глаза́.   내눈에 먼지가 들어갔다.
  Сапоги́ бы́ли в *пыли́*.   장화는 먼지투성이였다.
пыта́ться [pitáʦə] 143   不完 (一不定形)…하려고 시도하다.
  Он и не *пыта́лся* сде́лать э́то.   그는 이것을 시도해 보려고도 하지 않았다.
пья́ный [p'jánij] 96, I 은 D 1   I 形 술이 취한. II 形〔活〕 술 취한 사람.
  Он был *пьян*.   그는 술에 취해 있었다.
  Пья́ный на нога́х не де́ржится.   술취한 사람이 비틀거린다.
пятиле́тка [p'it'il'étkə] 88 a   女 5 개년계획.
  Мы вы́полнили *пятиле́тку* в четы́ре го́да.   그들은 5개년계획을 4년만에 완수했다.
пятна́дцать [p'ıtnáʦət'] 130   数 15.
  Он сиде́л в тюрьме́ *пятна́дцать* лет.   그는 15년간 옥살이를 했다.

пя́тница [p'átn'itsə] 52 а
　По *пя́тницам* она́ рабо́тает в библиоте́ке.

囚 금요일.
그녀는 매주 금요일마다 도서관에서 일한다.

пя́тый [p'átij] 96
　Мы се́ли в *пя́тый* ваго́н.

國 〔序〕 5번째의, 제 5의.
우리들은 5호차에 탔다.

пять [p'át'] 128
　Прошло́ уже́ *пять* лет со дня его́ сме́рти.

國 5.
그가 죽은지 벌써 5년이 흘렀다.

пятьдеся́т [p'id'd'is'át] 133
　Ему́ под *пятьдеся́т*.

國 50.
그는 50살이 채 못되었다.

пятьсо́т [p'itsót] 139
　Там собрало́сь бо́лее *пятисо́т* челове́к.

國 500.
그곳에는 500명 이상의 사람이 모였다.

Р

рабо́та [rabótə] 46 а

囚 ① 일; 직업, 직장. ② 작품, 저작.

　Он был гото́в взять любу́ю *рабо́ту*.

그는 어떤 일이라도 할 용의가 있었다.

　В кото́ром часу́ вы идёте на *рабо́ту*?

당신은 몇시에 출근하십니까?

　Э́то *рабо́та* изве́стного худо́жника.

이것은 유명한 예술가의 작품이다.

рабо́тать [rabótət'] 142

不完 일하다, 근무하다; (기계를) 작동하다, 움직이다.

　Он хорошо́ *рабо́тает*.
　Она́ *рабо́тает* в библиоте́ке.
　Телефо́н не *рабо́тает*.
　Магази́н *рабо́тает* с девяти́ до пяти́.

그는 일을 잘한다.
그녀는 도서관에 근무하고 있다.
이 전화는 불통이다.
이 상점은 9시부터 5시까지 영업을 하고 있다.

рабо́тник [rabót'n'ik] 17 а
　Он хоро́ший нау́чный рабо́тник.

男 〔活〕 (일에) 종사자, 일꾼; 종업원.
그는 훌륭한 과학자이다.

рабо́чий [rabóʧ'ij] 101

Ⅰ 男 〔活〕 노동자. Ⅱ 形 노동자의; 노동의, 작업의.

　Большинство́ *рабо́чих* живёт бли́зко от заво́да.

대부분의 근로자들이 공장 가까이에 살고있다.

У нас на заводе построена новая *рабочая* столовая. 우리 공장에 새로운 근로자 식당이 생겼다.

Рабочий день у нас начинается в восемь часов утра. 우리들의 일과는 아침 8시에 시작된다.

равно [ravnó] 🖽 (一與) 같다; 마찬가지다.

Два и три *равно* пяти. 2 더하기 3은 5이다.

Мне всё *равно*. 나에게는 다 마찬가지다.

равный [rávnij] 96 В 5 🖽 같은, 동등한, 평등한.

Все *равны* перед законом. 만인은 법 앞에 평등하다.

рад [rát] А 11 🖽 (一與 / 不定形 / что) 즐겁다, 기쁘다, 반갑다; 즐거워하다, 기뻐하다, 반가워하다.

Мы *рады* вашим успехам. 우리는 당신이 개가를 올려서 기뻐요

Я *рад* вас видеть. 당신을 뵙게되어 반갑습니다.

Мать *рада*, что сын вернулся домой. 어머니는 아들이 귀향해서 기쁘다.

ради [rád'i] 🔲 (지배하는 말의 뒤에 놓이는 경우도 있다)(一生) …을 위하여, …할 목적으로, …한 이유에서.

Сделайте это *ради* меня. 나를 위해 이것을 해 주십시오.

Чего *ради* я туда пойду? 내가 왜 그 곳에 갑니까?

радио [rád'io] 《不変》 🖽 라디오; 무선전신.

По вечерам мы часто слушаем *радио*. 밤에 우리는 자주 라디오를 듣는다.

радость [rádəs't'] 56 а 🖾 기쁨, 환희; 즐거움.

Я с *радостью* сделаю это для вас. 나는 기꺼이 당신을 위해 이것을 하겠읍니다.

раз [rás] 2 с P_2 🖽 ① (1) 회, 횟수, 번. ② 배(倍).

Она прочитала его письмо несколько *раз*. 그 여자는 그의 편지를 몇번이고 읽었다.

Ваши часы в два *раза* дороже, чем мой. 당신의 시계는 제것보다 2배 더 비싸군요.

разве [ráz'v'ı] 🖽 정말로…입니까?

Разве ты их не знаешь? 너는 저 사람들을 정말 모르니?

развиваться [rəz'v'ivátʦə] 143 不完 발달·발전·진전하다, 향상·증대하다.

В последние годы у них быстро *развивается* тяжёлая промышленность. 최근 수년간 그들의 중공업은 급속히 발전해 가고 있다.

развитие [raz'v'ít'ijə] 42а
　В *развитии* экономики СССР важная роль принадлежит сельскому хозяйству.
　田 발전, 발달.
　소련의 경제발전에 있어서 농업은 중요한 역할을 하고 있다.

разговаривать [rəzgavár'ivət'] 142
　О чём вы с ним так долго *разговаривали*?
　不完 이야기하다, 대화하다.
　당신은 그 사람하고 무엇을 그렇게 오랫동안 이야기했읍니까?

разговор [rəzgavór] 1 а P_2
　Разговор у нас шёл об искусстве, о музыке.
　男 회화, 대화.
　우리들의 대화는 예술과 음악에 대해서 행하여 졌다.

различный [raz'l'íʧ'nij] 96 А 6
　Наши мнения совершенно *различны*.
　Я познакомился с *различными* людьми.
　形 다른, 상이한 ; 여러가지의, 다양한.
　우리들의 의견은 완전히 상반 된다.
　나는 각양각색의 사람들과 알게 되었다.

размер [razm'ér] 1 а
　Какого *размера* этот участок?
　男 크기, 치수, 길이 ; 정도, 규모.
　이 구획의 크기는 어느 정도입니까?

разнообразный [rəznaabráznij] 96 А 6
　Он встречался с самыми *разнообразными* людьми.
　形 여러가지의, 가지각색의, 다양한.
　그는 실로 각양각색의 사람들을 만났다.

разный [ráznij] 96
　У них *разные* характеры.
　В дом ходят *разные* люди.
　形 다른, 상이한 ; 가지각색의.
　그들은 성격이 서로 다르다.
　이 집에는 각양각색의 사람들이 드나들고 있다.

разобраться [rəzabrátsə] 210
　Он хорошо *разобрался* в международных отношениях.
　完 (в — 前) 환하게 깨달아서 알다. …을 상세히 알다.
　그는 국제관계를 매우 잘 알고 있다.

разоружение [rəzəruʒén'ijə] 42 а
　Шведское правительство предложило всеобщее *разоружение*.
　田 군비축소 ; 무장해제.
　스웨덴 정부는 전면군축을 제안했다.

разрешить [rəzr'ıʃit'] 166
　Врач *разрешил* ему гулять в саду.
　完 ① (—对 / 不定形) 허락·허가하다.
　② (—对) 해결하다.
　의사는 그에게 정원을 산보해도 좋다고 허락했다.

Я надéюсь, что он *разрешúт* нáши сомнéния.

разумéться [rəzum'éttsə] 144 (1·2人称 없이)

不完 ① 이해되다. ② (挿入語로서, разумéется로 만 쓰여) 물론, 말할 필요도 없이.

Что *разумéется* под э́тим слóвом?

이 말은 어떤 뜻으로 쓰여지고 있읍니까?

Мы, *разумéется*, лю́бим свою́ рóдину.

우리들은, 말할 필요도 없이, 우리들의 고향을 사랑한다.

райкóм [rajkóm] 1 a

男 지구위원회.

Мы вы́полнили задáние *райкóма* пáртии.

우리는 당지구위원회의 과제를 수행했다.

райóн [rajón] 1 a

男 ① 지역, 지대. ② (소련의) 주; 구, 지구(地区).

Э́то одúн из крýпных промы́шленных *райóнов* нáшей страны́.

이것은 우리나라의 거대한 공업지대 중의 하나이다.

Я живý в Лéнинском *райóне* гóрода Москвы́.

나는 모스끄바시의 레닌구(区)에 살고 있다.

ракéта [rak'étə] 46 a

女 로켓트; 로켓트탄.

Ракéта мóжет двúгаться как в атмосфéре, так и в космúческом прострáнстве.

로켓트는 대기중에서는 물론 우주공간에서도 작동할 수 있다.

рáно [ránə] 比 рáньше / рáнее

I 副 일찍. II 形 아직 이르다.

Сегóдня мы встáли *рáно*.

오늘 우리들은 일찍 일어났다.

Ещё *рáно* обéдать.

점심을 먹기에는 아직 이르다.

рáньше [rán'ʃi]

副 ① (рáно 의 比) 보다 일찍; 보다 먼저. ② 이전에, 일찌기.

Завóд вы́полнил план *рáньше* срóка.

이 공장은 기한보다 일찍 계획을 완수했다.

Рáньше здесь бы́ли мáленькие домá, а сейчáс огрóмные здáния.

전에 이곳에는 작은 집들이 있었는데, 지금은 거대한 건물이 있다.

рассердúться [rəs's'ırd'íttsə] 177

完 (不完 сердúться) 화내다, 노하다.

Прочитáв егó письмó, онá *рассердúлась*.

그 사람의 편지를 읽고나서, 그 여자는 화를 냈다.

расскáз [raskás] 1 a

男 이야기, 말씀; 단편소설.

Ученикú внимáтельно слýшают

학생들은 극동 시베리아 지역의 숲

рассказ о жизни лесных животных в Сибири на Дальнем Востоке.
Я люблю *рассказы* Чехова.

рассказа́ть [rəskazát'] 204

Он *рассказа́л* нам свою историю.
Она́ *рассказа́ла* ему́ обо всём.

расска́зывать [raskázivət'] 142
Никому́ об э́том не *расска́зывайте*.

рассма́тривать [rassmátr'ivət'] 142

Суд *рассма́тривает* де́ло.
Он *рассма́тривает* э́то как долг.

расстоя́ние [rəstaján'ijə] 42 а
Он рассма́тривает карти́ну с бли́зкого *расстоя́ния*.

расте́ние [ras't'én'ijə] 42 а
Цветы́ э́того *расте́ния* о́чень краси́вы.

расти́ [ras't'í] 216

Мы *росли́* в э́том го́роде.
Трава́ *растёт*.
Де́ти *расту́т* на глаза́х.
Растёт на́ше наро́дное хозя́йство.

расчёт [raʃ'ʃ'ót] 1 а
Она́ сде́лала оши́бку в *расчёте*.

реа́льный [r'iál'nij] 96 А 7
Писа́телям необходи́мо познако́миться с *реа́льной* действи́тельностью.
На́до ста́вить себе́ *реа́льные*

속에 사는 동물의 생태에 관한 이야기를 주의깊게 듣고 있다.
나는 체홉 단편을 좋아한다.

完 (不完 расска́зывать)(−對/о −前) 이야기하다, 진술하다, 서술하다.

그는 우리들에게 자신의 신상에 대해서 이야기를 했다.
그녀는 그에게 모든것을 털어놨다.

不完 (⇒完 рассказа́ть).
아무에게도 이것을 말하지 마세요.

不完 ① (−對) 잘 보다; 조사하다, 음미하다. ② (−對как−對) 간주하다, 여기다, 생각하다.

법정은 이 사건을 심리중이다.
그는 이 일을 의무로 여기고 있다.

田 거리, 간격.
그는 그 그림을 가까운 거리에서 들여다보고 있다.

田 식물.
이 식물의 꽃은 매우 아름답다.

不完 (完은 вы́расти) ① 자라다. ② 증대하다.

우리들은 이 도시에서 자랐다.
풀이 자라고 있다.
아이들은 눈에 띄게 자란다.
우리 국민경제는 발전하고 있다.

男 계산, 셈.
그 여자는 계산착오를 일으켰다.

形 ① 실제의. ② 현실적인.
작가들은 생생한 현실을 익혀야만 한다.

자신에게 현실적인 목표를 설정할

ребёнок

цели.

ребёнок [r'ıb'ónək] 66 a 男 〔活〕 젖먹이, 어린아이, 유아.

Мать держит *ребёнка* на руках. 엄마가 어린아이를 양팔에 안고 있다.

ребята [r'ıb'átə] 66 a 複 (口語) (군대, 직장, 클럽등의) 동료들; (부를 때) 제군들! 얘들아! 모두들!

Скажите *ребятам*, чтобы шли на собрание 모두에게 집회에 나오도록 말해 주십시오.

революционный [r'ıvəl'utsiónnij] 96 A 6 形 혁명의, 혁명적인.

Я начал читать историю *революционных* движений. 나는 혁명운동사를 읽기 시작했다.

Во время гражданской войны миллионы рабочих и крестьян встали на защиту *революционных* завоеваний. 내전 당시 수백만의 노동자와 농민들이 혁명의 성과를 수호하기 위해 봉기했다.

революция [r'ıval'útsijə] 55 a 女 혁명; 혁신, 개혁.

Главный вопрос всякой *революции* — вопрос о власти. 어떤 혁명에서도 그 주요한 문제는 권력의 문제이다.

редакция [r'ıdáktsijə] 55 a 女 편집부; 편집, 감수.

Она работает в *редакции* журнала. 그 여자는 잡지사 편집부에서 근무하고 있다.

Словарь вышел под *редакцией* известного профессора. 사전은 유명한 교수의 감수하에 간행되었다.

редкий [r'étk'ij] 99 D 14 比 реже 形 드문; 희한한.

Лес стал *редким*. 숲이 벌거숭이가 되었다.

Такие случаи очень *редки*. 그런 경우는 매우 드물다.

редко [r'étkə] 比 реже 副 드물게, 간혹, 어쩌다.

Он *редко* бывает здесь. 그는 여기에 어쩌다 오곤 한다.

режим [r'ıźím] 1 a 男 질서, 생활양식; 제도.

Мы держимся правильного *режима* питания. 우리들은 올바른 식생활을 하고있다.

резкий [r'ésk'ij] 99 D 14 比 резче 形 날카로운, 급격한, 강렬한.

У него *резкий* голос. 그는 목소리가 날카롭다.

резко [r'éskə] 比 резче 副 날카롭게, 급격히, 강렬하게.

Он закрыл дверь очень *резко*. 그는 매우 격하게 문을 닫았다.

результат [r'ızul'tát] 1 a 男 결과, 성과, 성적.

Завтра они узнают о *резуль*- 내일 그들은 시험 결과를 알게 될

тáтах экзáменов.

рекá [r'ıká] 49 i/h
Вверх по *реке́* идёт парохóд.
것이다.
図 강.
기선이 강을 거슬러 올라간다.

респу́блика [r'ıspúbl'ikə] 49 a
Совéтский Сою́з состои́т из 15 (пятнáдцати) *респу́блик*.
図 공화제; 공화국.
소련은 15개의 가맹공화국으로 구성되어 있다.

рестора́н [r'ıstarán] 1 a
Они́ обéдают в *рестора́не* при вокзáле.
男 식당, 레스토랑.
그들은 역 레스토랑에서 점심을 먹는다.

речь [r'éʧ'] 57 g
Речь — сáмая глáвная из человéческих спосóбностей.
Речь идёт о нóвой кни́ге.
Он вы́ступил с *рéчью* на съéзде.
図 ① 언어, 말. ② 이야기, 회화; 연설.
말은 인간의 능력 가운데 가장 중요한 것이다.
새로 나온 책이 화제가 되고 있다.
그는 대회에서 연설했다.

решáть [r'ıʃát'] 143
Я цéлый час *решáл* задáчу по фи́зике.
Это *решáет* её судьбу́.
不完 (完 реши́ть)) ① (—对) 풀다, 해결하다. ② (—对/ 不定形) 결정하다.
나는 꼬박 1시간동안 물리문제를 풀었다.
이것이 그 여자의 운명을 결정한다.

реше́ние [r'ıʃén'ijə] 42 a
Эта задáча имéет два *реше́ния*.
Все ждут *реше́ния* съéзда по э́тому дéлу.
田 ① 해답. ② 결정, 결의.
이 문제는 2 개의 해답이 있다.
모든 사람들이 이 문제에 관한 대회의 결정을 기다리고 있다.

реши́тельно [r'ıʃít'ıl'nə]
Он *реши́тельно* отказáлся поéхать туда́.
副 과감하게, 단호하게.
그는 그곳에 가기를 단호히 거부했다.

реши́ть [r'ıʃít'] 166
Оказáлось, что я прáвильно *реши́л* э́ту задáчу.
Мы *реши́ли* оставáться в э́том гóроде ещё нéсколько дней.
完 (⇨ 不完 решáть)).
내가 이 문제를 옳게 해결했다는 것이 판명되었다.
우리들은 이 도시에서 며칠 더 머무르기로 했다.

рис [r'ís] 1 a P_2
Япóнцы чáсто едя́т ры́бу и *рис*.
男 벼; 쌀; 밥.
일본인은 생선과 쌀을 자주 먹는다.

рисова́ть [r'isavát'] 147
Я *рису́ю* егó портрéт карандашóм.
不完 (—对) 그리다, 스케치하다.
나는 그 사람의 초상화를 연필로 그리고 있다.

рису́нок [r'isúnək] 65 а
  Учени́к показа́л свой *рису́нок* учи́телю.

男 (선, 수채의) 그림; 윤곽.
학생은 자신의 그림을 선생님에게 보여 드렸다.

род [rót] ①은 1 с P_2, $П_2$ в/на ; ②는 1 а
  Он *ро́дом* крестья́нин.
  Её чу́вства к нему́ бы́ли стра́нного *ро́да*.

男 ① 태어난 집안, 가문. ② 종류.
그는 농부 집안 출신이다.
그녀의 그에 대한 감정은 기묘한 종류의 것이었다.

ро́дина [ród'inə] 46 а
  Э́тот го́род — моя́ *ро́дина*.

女 조국, 모국, 고향.
이 도시는 나의 고향이다.

роди́тели [rad'ít'ıl'i] 14 а
  Его́ *роди́тели* ещё жи́вы.

複 〔活〕 양친, 부모.
그의 양친은 아직 생존해 계시다.

роди́ться [rad'ítʦə] 182
  Он *роди́лся* в 1963 г. (ты́сяча девятьсо́т шестьдеся́т тре́тьем году́) в Москве́.
  От любви́ к же́нщине *родило́сь* всё прекра́сное на земле́.

完 / 不完 태어나다; 생겨나다.
그는 1963년에 모스끄바에서 태어났다.
여성에 대한 사랑에서 지상의 온갖 훌륭한 것이 생겨났다.

родно́й [radnój] 97
  Она́ моя́ *родна́я* мать.
  Э́то *родно́й* дом Пу́шкина.

形 ① 혈연의, 혈연 관계가 있는.
② 고향의.
그 여자는 나의 생모다.
이것이 뿌쉬낀의 생가이다.

ро́за [rózə] 46 а
  Мне нра́вится кра́сная *ро́за* бо́льше, чем бе́лая.

女 장미.
나는 흰 장미보다 붉은 장미가 더 좋다.

роль [ról'] 56 g
  Он игра́ет в фи́льме гла́вную *роль*.

女 역, 역할.
그는 이 영화에서 주역을 맡고 있다.

рома́н [ramán] 1 а
  Я прочита́л *рома́н* Толсто́го «Война́ и мир» на ру́сском языке́.

男 장편소설.
나는 톨스토이의 소설 『전쟁과 평화』를 러시아어로 읽었다.

рост [róst] 1 а P_2
  Весна́ и ле́то — вре́мя *ро́ста* расте́ний.
  В ко́мнату вошёл мужчи́на высо́кого *ро́ста*.

男 ① 성장; 증대. ② 신장.
봄과 여름은 식물의 성장시기이다.
방으로 키 큰 남자가 들어 왔다.

рот [rót] 60 b P_2, $П_2$ во
  Рот у неё де́тский — ма́лень-

男 입.
그 여자의 입은 아이 입같아, 작고

кий и краси́вый.
роя́ль [rajál'] 14 а
На сце́не стои́т *роя́ль*.
руба́шка [rubáʃkə] 90 а
Ему́ идёт си́няя *руба́шка*.
рубль [rúbl'] 15 b
Я купи́л э́ту кни́гу за три *рубля́*.
рука́ [ruká] 49 i
Я взял её за́ *руку*.
рука́в [rukáf] 3 b
Она́ была́ в бе́лом пла́тье без *рукаво́в*.
руководи́тель [rukəvad'ít'ıl'] 14 а
Кто *руководи́тель* ва́шей гру́ппы?
руково́дство [rukavótstvə] 29 а
Он взял на себя́ *руково́дство* гру́ппой.
В про́шлом году́ вы́шло но́вое *руково́дство* по хи́мии.
ру́сский [rúsk'ij] 99

Он уже́ два го́да изуча́ет *ру́сский* язы́к.
Ру́сские составля́ют большинство́ населе́ния СССР.
ру́чка [rútʃ'kə] 90 а

Он держа́лся за *ру́чку* две́ри, но в ко́мнату почему́-то не входи́л.
Она́ пи́шет но́вой *ру́чкой*.
ры́ба [ríbə] 46 а
Она́ купи́ла килогра́мм *ры́бы*.
рыба́к [ribák] 17 b
Рыбаки́ ло́вят ры́бу се́тью.
ряд [r'át] 1 с P_2, $П_2$ в,《два, три,

예쁘다.
男 그랜드피아노.
무대에 피아노가 놓여 있다.
女 셔츠; 남방.
그에게는 푸른색 셔츠가 어울린다.
男 루불 (소련의 화폐단위).
나는 이 책을 3루불에 샀다.

女 손, 팔.
나는 그 여자의 손을 잡았다.
男 소매.
그 여자는 소매없는 흰색 원피스를 입고 있었다.
男 〔活〕 지도자, 리더.

당신들 그룹의 지도자는 누구입니까?

中 ① 지도. ② 참고서.
그는 그룹의 지도를 맡았다.

작년에 새로운 화학 참고서가 나왔다.

I 形 러시아의, 러시아인의. II 男 〔活〕 러시아인.
그는 벌써 2년간 러시아어를 공부하고 있다.
러시아인은 소련 인구의 대부분을 이루고 있다.
女 ① 손잡이, 핸들. ② 펜(만년필, 볼펜 등).
그는 문의 손잡이를 잡고 있었지만, 웬일인지 방에는 들어오질 않았다.

그녀는 새 펜으로 쓰고 있다.
女 생선, 물고기.
그녀는 생선을 1kg 샀다.
男 〔活〕 어부.
어부들은 망으로 고기를 잡는다.
男 ① 열. ② 일련, 다수.

рядом

четы́ре+ряда́))
Они́ шли двумя́ *ряда́ми*.
У меня́ к вам *ряд* вопро́сов.

ря́дом [r'ádəm]
Я ся́ду *ря́дом* с тобо́й.

그들은 2열로 걸어가고 있다.
나는 당신께 몇가지 질문이 있읍니다.
副 옆에, 인접해서.
나는 너와 나란히 앉겠다.

C

c [s] 《ш 의 앞에서는 [ʃ]; ч 의 앞에서는 [ʃ']; б, д, г, з 의 앞에서는 [z]; ж 의 앞에서는 [ʒ]; 어떤 종류의 자음결합 앞에서는 **co** [sa/sə]》

Он взял кни́гу *со* стола́.
Муж ско́ро вернётся *с* заво́да.

Сего́дня в Москву́ прие́хали го́сти *с* Украи́ны.
Я рабо́таю здесь *с* апре́ля.
Я иду́ к вам *с* жено́й.
Она́ до́лго проща́ется *с* хозя́йкой у двере́й.
За́втра я уезжа́ю *с* пе́рвым по́ездом.
Я живу́ здесь *с* ме́сяц.

сад [sát] 1 с П₂ в
В *саду́* игра́ют де́ти.

сади́ться [sad'ítsə] 168

Сади́тесь, пожа́луйста, в кре́сло, а я *сажу́сь* на дива́н.
Я ча́сто *сажу́сь* в авто́бус.
Иногда́ она́ *сади́тся* за роя́ль

前 Ⅰ (—生) ① …의 위로부터, (на를 사용하여 나타내는 장소, 대상) …로 부터. ② …이래.
Ⅱ (—造) ① …와 함께, …과 한짝이 되어. ② …을 사용하여.
Ⅲ (—对) …쯤, 정도, 가량.

그는 책상에서 책을 잡았다.
남편은 얼마 안 있어 공장에서 돌아올 것이다.
오늘 우크라이나로 부터 모스끄바에 손님이 도착했다.
나는 4월부터 여기서 일하고 있다.
처와 함께 댁을 찾아 뵙겠읍니다.
그녀는 오랫동안 안주인과 출입구에서 작별의 인사를 나누고 있다.
내일 나는 첫차로 떠납니다.

나는 1개월 가량 여기서 살고 있다.
男 뜰, 정원.
뜰에서 아이들이 놀고 있다.

不完 (完은 сесть) (동작) ① (в / на —対) 앉다, 자리잡다; (탈것에) 타다. ② (за —対) …을 향해 앉다. ③ (해, 달등이) 지다, (비행기가) 착륙하다, (새가) 앉다, (앉아서) 쉬다.

안락의자에 앉으십시오, 저는 소파에 앉을테니까.
나는 버스를 자주 탑니다.
이따금 그녀는 피아노 앞에 앉아 피

и игра́ет.
Мы сиде́ли у окна́ и смотре́ли, как *сади́лось* со́лнце.

сам [sám] 115

아노를 칩니다.
우리들은 창가에 앉아서 해가 지는 것을 바라보고 있었다.
🔲 [完] ① (그 사람) 자신. ② 자신이, 스스로.

Оте́ц *сам* был на собра́нии.
Скажи́те об э́том ей *само́й*.
Я сде́лаю э́то *сам*.

아버지가 직접 집회에 가셨었다.
그 일을 그녀 자신에게 말해주세요.
내 스스로 이것을 하겠읍니다.

самолёт [səmal'ót] 1 а

🔲 비행기, 항공기.

Самолёты лета́ют на большо́й высоте́ со ско́ростью зву́ка.

비행기들이 고공을 음속으로 비행한다.

са́мый [sámìj] 96

🔲 [完] ① (보통 — э́тот, тот) 바로 그. ② (— 시간, 장소를 말할 때) 꼭, 정확히 바로. ③ (형용사에 붙어서 最上級을 형성한다) 가장, (…중에서) 제일.

Э́то та *са́мая* кни́га, о кото́рой мы говори́ли.
Дере́вья расту́т под *са́мыми* о́кнами.
Э́та доро́га *са́мая* коро́ткая.

이것이 우리가 이야기했던 바로 그 책이다.
나무들이 창 바로 밑에서 자라고 있다.
이 길이 지름길이다.

сапоги́ [sapag'í] 18 b

🔲 장화, 부츠.

Он хо́дит в чёрных *сапога́х*.

그는 검은 장화를 신고 다닌다.

са́хар [sáxər] 1 а/3 с P_2

🔲 (單) 설탕.

Я обы́чно пью чай с *са́харом*.

나는 보통 홍차에 설탕을 타서 마신다.

све́дения [s'v'éd'ın'ijə] 42 а

🔲 ① 지식. ② 정보, 보도.

Он облада́ет больши́ми *све́дениями* по фи́зике.
Он сообщи́л лишь не́которые *све́дения* о себе́.

그는 상당한 물리학 지식을 가지고 있다.
그는 자신에 관해서 불과 조금 밖에는 알려주질 않았다.

све́жий [s'v'éʒij] 101 C 1

🔲 ① 신선한; 날 것의. ② 최신의, 최근의.

Здесь во́здух чист и *свеж*.
У вас *све́жие* газе́ты?

이곳의 공기는 맑고 신선하다.
최근의 신문이 있읍니까?

свет [s'v'ét] 1 а P_2, ①은 P_2 на

🔲 ① 빛. ② 세계; 세상.

Свет ла́мпы па́дал ей пря́мо на го́лову.
В музе́е со́браны карти́ны со

전등 빛이 똑 바로 그 여자의 머리를 비치고 있었다.
박물관에 전세계니 그림이 모아져

свéтлый

всего *свéта*. — 있다.

свéтлый [s'v'étlij] 96 D 13 — 밝은, 환한; 담색의.
Я вошёл в большу́ю *свéтлую* ко́мнату. — 나는 크고 환한 방으로 들어갔다.

свида́ние [s'v'idán'ijə] 42 а — 데이트; 사람과 만남, 회견.
Она́ пошла́ на *свида́ние* в но́вом пла́тье. — 그녀는 새옷을 입고 데이트 하러 나갔다.
До *свида́ния*. — 안녕히 계십시오(가십시오).

свинья́ [s'v'in'já] 93 е — 〔活〕 돼지; 천하고 열등한 인간.
У нас в колхо́зе 500 (пятьсо́т) *свине́й* лу́чших поро́д. — 우리 집단농장에는 우량품종의 돼지 500마리가 있다.

свобо́да [svabódə] 46 а — 자유.
Мы бо́ремся за *свобо́ду* сло́ва. — 우리는 언론의 자유를 위해서 노력하고 있다.

свобо́дный [svabódnij] 96 А 6 — ① 자유로운. ② 비어있는, 사용하지 않는. ③ 한가로운.
Вы уже́ *свобо́дные* лю́ди. — 너희들은 이제 자유로운 사람들이다.
В авто́бусе я за́нял *свобо́дное* ме́сто. — 나는 버스 안에서 빈 자리에 앉았다.
Вы *свобо́дны* сего́дня ве́чером? — 오늘 밤에 당신은 한가 하십니까?

свой [svój] 119 — 〔所有〕 자신의, 자기의.
Я забы́л *свою́* кни́гу. — 나는 내 책을 잊었다.
Она́ получи́ла *свои́* ве́щи. — 그녀는 자신의 소지품을 받았다.

сво́йство [svójstvə] 29 а — 특성, 특질, 개성.
Он облада́ет прекра́сными *сво́йствами*. — 그는 멋진 개성의 소유자이다.

связа́ть [s'v'izát'] 204 — ① (-対) 잇다, 연결하다, 묶다. ② (-対 с -造) …을 …과 관계를 맺다·결부시키다.
Судьба́ *связа́ла* их. — 운명이 그들을 맺어 주었다.
Он *связа́л* результа́т с не́сколькими причи́нами. — 그는 그 결과를 몇가지의 원인에 결부시켜 보았다.

связь [s'v'ás'] 56 а 《в свя́зи / связи́》 — ① 관계; 교류관계. ② 통신, 연락.
Ме́жду э́тими фа́ктами нет никако́й *свя́зи*. — 이 사실들 간에는 아무런 관계도 없다.
Связь с го́родом не рабо́тала уже́ не́сколько дней. — 도시와의 통신이 벌써 며칠간 두절되어 있었다.

святóй [s'v'ıtój] 97, I 은 D 9

I 形 신성한, 성스러운. II 阳〔活〕 성인(聖人).

Он хóдит по *святы́м* местáм. 그는 성지순례를 하고 있다.
Я ведь не *святóй*. 나는 성인군자가 아니다.

сдавáть [zdavát'] 229

不完 (－对) ① 넘겨주다, 내어 주다. ② (시험을) 치르다.

Мы не *сдаём* гóрод проти́внику. 우리는 이 도시를 적에게 내어 주지 않겠다.
Они́ бу́дут *сдавáть* пять экзáменов. 그들은 5과목의 시험을 치를 생각이다.

сдать [zdát'] 250

完 (⇒ 不完 сдавáть).

Вы ужé *сдáли* кни́ги в библиотéку? 당신은 벌써 책을 도서관에 반납했읍니까?
Вчерá онá *сдалá* экзáмен по литератýре. 어제 그녀는 문학시험에 합격했다.

сдéлать [z'd'élət] 142

完 (不完 дéлать) (－对) ① 하다. ② 만들다, 제조하다.

Онá дóлго дéлала урóки, но не *сдéлала* всё. 그녀는 오랜시간 예습 복습을 했지만, 전부 끝마치지는 못했다.
Он *сдéлал* в своём кабинéте пóлки. 그는 자신의 서재에 선반을 설치했다.

себя́ [s'ıb'á] 107

代〔再歸〕 자기자신.

Онá ви́дит *себя́* в зéркале. 그녀는 거울을 보고 있다.
Я купи́л *себé* пальтó. 그는 자신의 오우버코우트를 샀다.
Возьми́те э́ти дéньги с *собóй*. 이 돈을 가지고 가십시오.

сéвер [s'év'ır] 1 а

阳 북쪽, 북방; 북국(北国).

Э́тот гóрод нахóдится к *сéверу* от Москвы́. 이 도시는 모스끄바의 북쪽에 있다.

сéверный [s'év'ırnij] 96

形 북쪽의, 북방의.

Сýдно идёт в *сéверном* направлéнии. 배가 북진하고 있다.

сегóдня [s'ıvód'n'ə]

副 오늘; 현재, 지금.

Сегóдня ýтром я получи́л письмó. 오늘 아침 나는 편지를 받았다.

седьмóй [s'ıd'mój] 97

数〔序〕 제7의. 7번째의.

Э́то случи́лось *седьмóго* мáрта. 그것은 3월 7일에 일어났다.

сей [s'éj] 116

代〔指示〕 (고정된 표현에만 사용된다) 이.

До *сих* пор я не получи́л от- 아직까지 나는 답장을 받지 못하고

сейчас

вета.

сейча́с [s'ıʧ'ás]
Сейча́с у нас кани́кулы.
Я *сейча́с* приду́ к вам.

🔲 지금; 곧, 즉시.
지금 우리들은 방학 중이다.
지금 곧 당신을 찾아 뵙겠읍니다.

секрета́рь [s'ıkr'ıtár'] 15 b
Она́ рабо́тает *секретарём* в Институ́те ру́сского языка́.

🔲 [活] 비서; 서기.
그녀는 러시아어연구소에서 비서로 일하고 있다.

секу́нда [s'ıkúndə] 46 a
Ско́рость све́та составля́ет 300.000 (три́ста ты́сяч) киломе́тров в *секу́нду*.

🔲 초, 잠깐동안.
빛의 속도는 초속 30만 km이다.

село́ [s'ıló] 29*d
В на́шем *селе́* неда́вно постро́или прекра́сный клуб.

🔲 (큰) 촌, 촌락; (僻) 농촌.
우리 촌락에 훌륭한 클럽이 세워졌다.

се́льский [s'él'sk'ij] 99
Она́ была́ *се́льской* учи́тельницей.

🔲 촌의, 농촌의.
그 여자는 시골의 여선생님이었다.

сельскохозя́йственный [s'ıl'skəxaz'ájs't'v'ınnij] 96
Земля́ — сре́дства *сельскохозя́йственного* произво́дства.

🔲 농업의.
토지는 농업생산의 수단이다.

семна́дцать [s'ımnáttsət'] 130
Э́той де́вушке *семна́дцать* лет.

🔲 17.
이 처녀는 17세이다.

семь [s'ém'] 128
В СССР дете́й принима́ют в шко́лу с *семи́* лет.

🔲 7, 7개.
소련에서 아이들은 7세부터 학교에 들어간다.

се́мьдесят [s'ém'd'ıs'ət] 134
Наш автомоби́ль идёт со ско́ростью *се́мьдесят* киломе́тров в час.

🔲 70.
우리 자동차는 시속 70 km로 달린다.

семьсо́т [s'ımsót] 139
В э́том зда́нии есть зал на *семьсо́т* челове́к.

🔲 700.
이 건물에는 700명을 수용할 수 있는 호올이 있다.

семья́ [s'ım'já] 93 e
По пра́здникам за столо́м собира́лась вся *семья́*.

🔲 가족, 가정.
경축일마다 가족 전원이 테이블에 모여 앉았다.

се́мя [s'ém'ə] 45 c
У нас не хвата́ет *семя́н* пше-

🔲 종자, 씨앗.
우리는 밀 씨앗이 모자란다.

ни́цы.
сентя́брь [s'ınt'ábr'] 15 b　男 9월.
　В СССР но́вый уче́бный год　소련에서는 9월 1일에 새학기가 시
　начина́ется пе́рвого сентября́.　작된다.
серди́то [s'ırd'ítə]　副 노해서, 화가나서.
　Он *серди́то* бро́сил кни́гу на　그는 노하여 책을 책상 위에 팽개쳤
　стол.　다.
серди́ться [s'ırd'ítsə] 177　不完 (完 рассерди́ться) 노하다,
　　　화내다.
　На кого́ ты *се́рдишься*?　너는 누구에게 화를 내고 있느냐?
се́рдце [s'értsə] 77 c　田 심장, 가슴; 마음; 중심.
　Ему́ сде́лали опера́цию на *се́р-*　그는 심장수술을 받았다.
　дце.
середи́на [s'ır'ıd'ínə] 46 a　女 한가운데, 중앙; 중도.
　Она́ поста́вила ва́зу на *сере-*　그녀는 테이블 중앙에 화병을 놓았
　ди́ну стола́.　다.
се́рый [s'érij] 96 D 1　形 회색의, 잿빛의.
　От до́лгого дождя́ сте́ны зда́-　장마로 건물 벽이 잿빛이 되었다.
　ний *се́ры*.
серьёзно [s'ır'józnə]　副 진지하게; (병이) 심하게.
　Я говорю́ *серьёзно*.　나는 진지하게 이야기하는 것이다.
　Он *серьёзно* бо́лен.　그는 중병이다.
серьёзный [s'ır'józnij] 96 A 6　形 ① 성실한, 진지한. ② 중요한;
　　　중대한, 예삿일이 아닌.
　Он был о́чень *серьёзным* ю́но-　그는 매우 성실한 청년이었다.
　шей.
　Ничего́ *серьёзного* не случи́-　이렇다 할 일은 아무것도 일어나지
　лось.　않았다.
сестра́ [s'ıstrá] 83 e　女 누나 / 누이동생.
　Ско́лько у вас *сестёр*?　여자 형제는 몇명 있읍니까?
сесть [s'és't'] 212　完 (不完은 сади́ться) (동작) ①
　　　(в / на — 対) 앉다, 자리잡
　　　다; (탈것에) 타다. ② (за — 対
　　　)…을 향해 앉다. ③ (해, 달등
　　　이)지다, (비행기가) 착륙하다,
　　　(새가)앉다, (앉아서)쉬다.
　Она́ вошла́ в ко́мнату и *се́ла*　그 여자는 방 안으로 들어와 의자에
　на стул.　앉았다.
　Они́ все *се́ли* за стол.　그들은 모두 식탁에 앉았다.

сеть

В какую автобус мне *сесть*, чтобы попасть в университет? — 대학으로 가려면 몇번 버스를 타야 합니까?

Самолёт *сел* далеко от колхоза. — 비행기는 집단농장으로 부터 멀리 떨어진 곳에 착륙했다.

сеть [s'ét'] 56 g *П₂* в
Птицы попали в *сеть*. — 망; 연락망, 네트워크.
새 몇마리가 망에 걸렸다.

сигарета [s'igar'étə] 46 a
Он предложил мне *сигарету*. — 궐련, 담배.
그는 나에게 담배를 권했다.

сидеть [s'id'ét'] 192 — 不完 (상태) ① 앉아 있다. (새나 곤충이) 앉아 있다, 쉬고 있다. ② (어떤 장소, 상태에) 있다.

Мы *сидели* на диване. — 우리는 소파에 앉아 있었다.
Гости *сидят* за столом. — 손님들이 식탁에 앉아 있다.
На ветке *сидит* красивая птица. — 나무가지에 예쁜 새가 앉아 있다.
Сегодня я целый день *сидел* дома. — 오늘 나는 하루종일 집에 있었다.

сила [s'ílə] 46 a — 힘, 체력; 세력.
У него большая *сила* в руках. — 그는 팔 힘이 대단하다.
У меня нет больше *сил*. — 나는 벌써 힘이 다 빠졌다.

сильно [s'íl'nə] — 강하게, 격하게, 심하게; 대단히.
Он *сильно* ударил кулаком по столу. — 그는 주먹으로 책상을 세게 쳤다.

сильный [s'íl'nij] 96 H 1 — 강한, 힘센, 격한, 심한.
Наши войска очень *сильны*. — 우리의 부대는 매우 강력하다.

синий [s'ín'ij] 98 D 6 — 푸른, 청색의.
Над нами было *синее*, чистое небо. — 우리 머리 위에는 푸르고 맑은 하늘이 있었다.

система [s'is't'émə] 46 a — 양식, 제도, 체계, 시스템.
Они работают по определённой *системе*. — 그들은 일정한 양식에 따라서 일하고 있다.

сказать [skazát'] 204 — 完 (不完 говорить II) (-对) 말하다, 이야기하다; 알리다.
Что он *скажет*, если узнает об этом? — 그가 이 일을 알면 무어라고 말할까?
Скажите, пожалуйста, который теперь час? — 실례합니다만, 지금 몇시나 됐읍니까?
Я сделаю всё, что вы *скажете*. — 당신 말씀대로 전부 하겠읍니다.

сквозь [skvóz'] (무성자음 앞에서는 [skvós'])
Он говори́т *сквозь* зу́бы.
ско́лько [skól'kə] Ⅱ 는 121

Ско́лько сто́ит э́та кни́га?
Ско́лько челове́к пришло́ на собра́ние?

ско́ро [skórə]
Я *ско́ро* верну́сь.
ско́рость [skórəs't'] 56 g
По́езд идёт со *ско́ростью* 100 (сто) киломе́тров в час.
скри́пка [skr'ípkə] 88 а
Она́ хорошо́ игра́ет на *скри́пке*.
сла́бый [slábij] 96 D 1
Он роди́лся *сла́бым* ребёнком.
сла́ва [slávə] 46 а
Э́тот учёный по́льзуется мирово́й *сла́вой*.
сле́ва [s'l'évə]
Брат сиде́л *сле́ва* от меня́.
след [s'l'ét] 1 с 《単生 следа́ / сле́ду》 П₂ в/на
На доро́ге видны́ *следы́* маши́ны.
следи́ть [s'l'ɪd'ít'] 168

Они́ до́лго *следи́ли* глаза́ми за самолётом.
За мной *следя́т*.
сле́довательно [s'l'édəvət'ɪl'nə]
Пого́да хоро́шая, *сле́довательно*, мы пойдём гуля́ть в парк.
сле́довать [s'l'édəvət'] 146

🈺 (一対) …을 통해서·가로질러, …의 사이로 부터.
그는 속으로 중얼거리고 있다.
Ⅰ 🈺 얼마 만큼, …하는 만큼. Ⅱ 🈺 〔疑問〕(一生) 얼마, 몇.
이 책은 얼마입니까?
집회에 몇 사람이 왔읍니까?

🈺 빨리, 급속히; 곧, 금방.
나는 곧 돌아오겠읍니다.
🈺 속도, 스피드.
열차는 시속 100 km의 속도로 달리고 있다.

🈺 바이올린.
그 여자는 바이올린을 잘 켠다.
🈺 약한, 몸이 허약한.
그는 약골로 태어났다.
🈺 영광, 명예; 명성.
이 학자는 세계적인 명성을 얻고 있다.

🈺 왼쪽으로 부터; 왼쪽에.
형은 나의 왼편에 앉아 있었다.
🈺 (발)자국, 자취, 흔적.

도로에 차가 지나간 자국이 보인다.

🈺 (за _ 造) 지켜보다, 돌보다; 감시하다, 망보다, 경비하다.
그들은 오랫동안 비행기를 지켜 보았다.
나는 미행당하고 있다.
🈺 따라서, 이리하여.

날씨가 좋아서 우리는 공원에 산책하러 갈 것입니다.

🈺 ① (за _ 造) 뒤를 쫓아 가다, 이어지다. ② (一與) 따르다, 본받다. ③ 당연하게 되다, 결론되어지다. ④ (無人称)(一與 _

следующий

На се́вере за коро́ткой весно́й *сле́дует* ле́то. 북방에서는 봄이 짧고 바로 여름으로 이어진다.
Сле́дуйте сове́там врача́. 의사의 충고에 따라 주십시오.
Из э́того *сле́дует*, что он прав. 이 사실에서 당연히 그가 옳다는 결론이 나온다.
Ему́ не *сле́дует* так поступа́ть. 그는 그러한 행동을 해서는 안된다.

сле́дующий [s'l'éduju∫'∫'ij] 101 形 다음의; 다음과 같은.
Я встал ра́но на *сле́дующий* день. 이튿날 나는 일찍 일어났다.

слеза́ [s'l'ızá] 46**h 女 눈물 한방울, (複) 눈물.
На её глаза́х появи́лись *слёзы*. 그녀의 눈에는 눈물이 어리었다.

сли́шком [s'l'í∫kəm] 副 지나치게, 과도하게.
Э́то *сли́шком* дороги́е ве́щи. 이것은 너무 비싼 물건이다.

слова́рь [slavár'] 15 b 男 사전.
Я не мог найти́ э́того сло́ва в *словаре́*. 이 단어는 사전에 나와 있지 않았다.

сло́вно [slóvnə] 接 마치, 흡사, 마치 …처럼.
Он лежа́л на полу́, *сло́вно* мёртвый. 그는 마치 죽은 사람처럼 마루에 누워 있었다.

сло́во [slóvə] 29 c 中 ① 단어; 말. ② (單) 발언권; 언론.
Что означа́ет э́то *сло́во*? 이 단어는 무슨 뜻입니까?
Сло́во име́ет това́рищ Петро́в. 뻬뜨로프씨에게 발언권이 있다.

сло́жный [slóʒnij] 96 D 13 形 복잡한, 합성의.
Э́то *сло́жный* вопро́с. 그것은 복잡한 문제이다.

слой [slój] 25 c 男 층; 사회층.
Пыль лежи́т то́нким *сло́ем*. 먼지가 아주 엷게 쌓여 있다.

слу́жащий [slúʒə∫'∫'ij] 101 男 〔活〕 사무원, 종업원, 직원.
Он не рабо́чий, а *слу́жащий* заво́да. 그는 공원이 아니고, 공장의 사무원이다.

слу́жба [slúʒbə] 46 a 女 (單) 근무; 근무처.
Он поступи́л на *слу́жбу* в Министе́рство иностра́нных дел. 그는 외무부에 취직했다.

служи́ть [sluʒít'] 174 不完 ① 근무하다, 종사하다. ②(—與) 봉사하다, 도움이 되다, 소용되다.
Оте́ц до́лго *служи́л* в а́рмии. 아버지는 오랫동안 육군에 복무했다.

Он в ю́ности реши́л *служи́ть* нау́ке. | 그는 젊어서 학문에 몸바치기로 결심했다.

слух [slúx] 17 а | 男 ① 청각, 청력. ② 소문.

У меня́ нет музыка́льного *слу́ха*. | 나는 음치다.

Не ве́рьте *слу́хам*. | 소문을 믿지 마세요.

слу́чай [slúʧ'ıj] 24 а | 男 ① 사건, 사고. ② 경우; 기회, 찬스.

Я расскажу́ вам оди́н *слу́чай* из жи́зни. | 인생에서 일어났던 한 사건을 당신에게 말해주겠읍니다.

У меня́ не́ было *слу́чая* поговори́ть с ним. | 나에게는 그와 이야기할 기회가 없었다.

случа́йно [sluʧ'ájnə] | 副 우연히, 뜻밖에.

Я *случа́йно* обнару́жил оши́бку в расчёте. | 나는 우연히 계산상 실수를 발견했다.

случи́ться [sluʧ'íttsə] 166 (1·2 人称 없이) | 完 ① 일어나다, 생기다, 발생하다. ② (一與一不定形)기회가 생기다, 찬스가 나다.

Что *случи́лось* с ва́ми? | 당신에게 무슨 일이 생겼읍니까? (웬일 입니까? 무슨 일입니까?)

Мне *случи́лось* встре́титься с ним и поговори́ть. | 나는 뜻밖에 그를 만나 이야기를 좀 나눴다.

слу́шать [slúʃət'] 142 | 不完 I (一対) (열심히) 듣다, 경청하다. II (完послу́шать)(一対) 말(말씀)을 듣다, 복종하다.

Она́ лю́бит *слу́шать* му́зыку. | 그녀는 음악을 듣기를 좋아한다.

Студе́нты внима́тельно *слу́шают* ле́кцию. | 학생들은 주의 깊게 강의를 듣고 있다.

Он хорошо́ *слу́шает* отца́. | 그는 아버지의 말씀을 잘 듣는다.

слы́шать [slíʃət'] 183 | 不完 I (完услы́шать)(— 対 о —前)…을 듣다, …가 들리다. II 귀가 들리다.

Где-то я *слы́шал* э́тот го́лос. | 어디선가 이 목소리를 들은 적 있다.

Мы бо́льше о нём не *слы́шали*. | 우리는 더 이상 그에 대한 소식을 듣지 못했다.

Вы *слы́шите* его́? | 저 사람의 말이 들립니까?

Он пло́хо *слы́шит*. | 그는 귀가 어둡다.

сме́лый [s'm'élij] 96 D 1 | 形 용감한; 대담한.

Посмотри́, како́й *сме́лый* ма́ль- | 봐요, 얼마나 용감한 소년이에요.

смена

чик — совсем не боится высоты.

смена [s'm'énə] 46 a
Молодёжь — наша *смена*.
Завод работает в две *смены*.

смерть [s'm'ért'] 56 g
Он погиб *смертью* героя.

сметь [s'm'ét'] 144

Как он *смеет* это делать!

смех [s'm'éx] 17 a P_2
Мы услышали весёлый *смех* из соседней комнаты.

смеяться [s'm'ıjáttsə] 201

Мы *смеялись* до слёз.
Над ним все *смеются* за спиной.

смотреть [smatr'ét'] 196

Она *смотрит* на меня.
Он долго *смотрел* в окно.
Дети любят *смотреть* телевизор.
Здесь он *смотрит* за работой.

смочь [smótʃ'] 221

Завтра вы не *сможете* приехать к нам?
Он не *смог* встретиться с родителями.

смысл [smísl] 1 a
Она не могла понять *смысла*

높은 곳에서도 조금도 무서워하지 않아요.

因 (조, 사람, 순번, 시간의) 교체.
젊은이들은 우리 대를 이을 사람이다.
공장은 2교대제로 가동된다.

因 죽음, 사망.
그는 영웅적인 죽음을 했다.

不完 (—不定形) 감히 …하다, 감행하다.
그는 어쩜 그렇게도 그 일을 할 수 있을까?

男 웃음, 웃음소리.
우리는 이웃방에서 나는 즐거운 웃음소리를 들었다.

不完 ① 웃다. ② (над—造) 조소하다, 비웃다.
우리들은 눈물이 나도록 웃었다.
모든 사람들이 뒤에서 그를 비웃는다.

不完 (完는 посмотреть) ① (в / на —对) (…의 방향을) 보다, 바라보다. ② (—对) 감상하다, 보고 즐기다. ③ (за —造) 감독·보호하다.
그 여자는 나를 쳐다보고 있다.
그는 오랫동안 창밖을 바라보았다.
아이들은 텔레비전 보는 것을 좋아한다.
여기에서 그는 작업을 감독하고 있다.

完 (不完 мочь) (—不定形) ① …을 할 수 있다, …이 가능하다, …을 해도 좋다. ② …일지도 모르겠다.
내일 저희들 집에 와 주시지 않겠읍니까?
그는 부모와 만날 수가 없었다.

男 의미, 내용; 의의.
그녀는 그가 한 말의 뜻을 이해 할

того, что он сказа́л. 수가 없었다.

снаря́д [snar'át] 1 a 男 탄환.
Снаря́д попа́л в цель. 탄환이 과녁에 명중했다.

снача́ла [snaʧ'álə] 副 ① 최초로, 우선, 먼저; 처음은. ② 다시 처음부터.
Снача́ла поду́май, а пото́м говори́. 먼저 생각을 하고 말하라.
Де́лайте всё *снача́ла*. 완전히 처음부터 다시 해주십시오.

снег [s'n'ék] 3 c P_2, $П_2$ в 男 눈.
На кры́шах домо́в лежи́т мно́го *сне́гу*. 집집마다 지붕에 눈이 많이 쌓여있다.

снима́ть [s'n'imát'] 143 不完 (完 СНЯТЬ) (—对) ① (장치한 것을)떼다; (낀 것을)빼다; 벗기다. ② 사진을 찍다, 복사하다.
Не *снима́йте* пальто́, тут хо́лодно. 외투를 벗지마시오, 여기는 춥습니다.
У неё фотоаппара́т и она́ ча́сто *снима́ет* свои́х дете́й. 그녀는 사진기를 갖고 있어서 자기 아이들을 자주 찍어 줍니다.

сни́мок [s'n'ímək] 65 a 男 사진.
Я хочу́ сде́лать здесь не́сколько *сни́мков*. 나는 이곳에서 사진 몇장 찍고 싶다.

сно́ва [snóvə] 副 다시, 또다시; 새로이.
Сно́ва пошёл дождь. 다시 비가 내렸다.

снять [s'n'át'] 236 完 (⇨ 不完 снима́ть).
Сними́те э́ту карти́ну со стены́. 이 그림을 벽에서 떼어주십시오.
Он *снял* шля́пу и вошёл в зал. 그는 모자를 벗고 호올에 들어갔다.
На мо́ре мы *сня́ли* мно́го фотогра́фий. 바다에서 우리들은 사진을 많이 찍었다.

соба́ка [sabákə] 49 a 因〔活〕개.
Ка́ждое у́тро он хо́дит гуля́ть с *соба́кой*. 매일 아침 그는 개를 데리고 산보하러 간다.

собира́ть [səb'irát'] 143 不完 (完 собра́ть) (—对) 모으다; 수집・채집하다.
Я *собира́ю* материа́лы для статьи́. 나는 기사 / 논문 자료를 모으고 있다.
Наш сын *собира́ет* иностра́нные ма́рки. 우리 집 아들은 외국우표를 수집하고 있다.

собира́ться [səb'irátsə] 143 不完 (完 собра́ться) ① 모이다.

По суббо́там у него́ *собира́ется* кружо́к.
Мы *собира́емся* е́хать в СССР.
Пока́ они́ *собира́лись*, по́езд ушёл.

собра́ние [sabrán'ijə] 42 а
Сего́дня у нас о́бщее *собра́ние*.
У него́ *собра́ние* ре́дких книг.

собра́ть [sabrát'] 206
Собери́те всех ученико́в во двор.
В э́том году́ мы *собра́ли* хоро́ший урожа́й пшени́цы.

собра́ться [sabrátʦə] 207
Заче́м там *собрали́сь* лю́ди?
Днём мы *собрали́сь* в доро́гу, а ве́чером пое́хали.

со́бственность [sóps't'v'ınnəs't'] 56 а
Земля́ ста́ла *со́бственностью* наро́да.

со́бственный [sóps't'v'ınnij] 96
Ему́ хоте́лось име́ть *со́бственный* автомоби́ль.

собы́тие [sabít'ijə] 42 а
Вчера́ произошло́ одно́ о́чень стра́нное *собы́тие*.

соверше́нно [səv'ırʃénnə]
Я *соверше́нно* здоро́в.

со́весть [sóv'ıs't'] 56 а
Не могу́ я э́того сде́лать — *со́весть* не позволя́ет!

сове́т [sav'ét] 1 а

② (-不定形) …하려고 하다; 준비를 하다.
매주 토요일마다 그 사람 집에서 써클 모임이 있다.
우리들은 소련에 갈 생각입니다.
그들이 준비를 하고 있는 동안에 기차는 떠나버렸다.
田 ① 집회. ② 수집; 집성.
우리는 오늘 총회가 있다.
그는 많은 희귀서를 수집하여 소장하고 있다.
完 (⇨ 不完 собира́ть).
전교생을 교정에 집합시켜 주십시오.
올해 우리는 밀농사에서 대풍을 이뤘다.
不完 (⇨ 完 собира́ться).
왜 저곳에 사람들이 모여있읍니까?
우리는 낮에 여행 준비를 하고 저녁에 출발했다.
囡 소유물, 재산; 소유.
토지는 국민의 것이 되었다.
彫 자기자신의.
그는 자신의 자동차를 갖고 싶어 했다.
田 사건.
어제 매우 이상한 한 사건이 일어났다.
副 완전히, 아주, 전연.
나는 더없이 건강하다.
囡 양심.
나는 양심이 허락치 않아 그런 일은 할 수 없다.
男 ① 충고, 조언. ② 소비에트 (소련의 입법; 행정기관); 회의, 평의회.

По *совéту* сестры́ он прочитáл э́ту кни́гу.

누나의 충고에 따라 그는 이 책을 읽었다.

Совéт Мини́стров СССР при́нял э́то предложéние.

소련 각료회의는 그 제안을 채택했다.

совéтский [sav'étsk'ij] 99

① 소련의. ② 소비에트 (입법·행정기관) 의, 소비에트적.

«Востóк» — пéрвый *совéтский* спу́тник с человéком на борту́.

「바스토크」는 사람을 태운 최초의 소련의 인공위성이다.

Мой отéц — *совéтский* рабóтник.

아버지는 소비에트기구의 직원이다.

совещáние [səv'ıʃ'ʃ'án'ijə] 42 а

회의, 심의회.

Он уéхал на *совещáние* в министéрство.

그는 부(部) 회의에 참석하러 떠났다.

совремéнный [səvr'ım'énnıj] 96 А 6

현대의; 현재의; 현대적인.

Оснóву нáшей промы́шленности составля́ет нóвая, *совремéнная* тéхника.

새로운 현대적 기술이 우리 산업의 기초를 이루고 있다.

совсéм [safs'ém]

완전히, 전혀, 아주.

Я *совсéм* забы́л об э́том.

나는 그 일에 대해서 완전히 잊어버렸다.

совхóз [safxós] 1 а

소프호오즈, 국영농장.

Он рабóтает дирéктором крýпного *совхóза*.

그는 커다란 국영농장에서 관리인으로 일하고 있다.

согласи́ться [səglas'íttsə] 170

① (на — 對/不定形) 찬성·수락·승낙하다. ②(с — 造) 의견이 일치하다.

Они́ срáзу *согласи́лись* на нáше предложéние.

그들은 우리 제안에 즉시찬성했다.

Никáк не могу́ *согласи́ться* с вáми.

도저히 당신에게 동의할 수가 없읍니다.

соглашéние [səglaʃén'ijə] 42 а

① 의견의 일치; 합의. ② 협약, 협정.

Э́то нáдо дéлать по *соглашéнию* с ним.

이것은 그와의 합의 하에서 하지 않으면 안된다.

СССР заключи́л торгóвое *соглашéние* с Япóнией.

소련은 일본과 무역협정을 체결했다.

содержáние [səd'ırʒán'ijə] 42 а

내용, 알맹이; 줄거리; 목차.

содержа́ть

Его́ докла́д был сла́бым по *содержа́нию*.
그의 보고는 내용이 빈약했다.

содержа́ть [səd'ɪrʒát'] 195

不完 (-что) ① 부양하다, 유지하다. ② 포함하다, 함유하다.

Он до́лжен *содержа́ть* свою́ семью́.
그는 자신의 가족을 부양하지 않으면 안된다.

Кни́га *содержи́т* в себе́ мно́го интере́сного.
이 책에는 흥미진진한 내용이 많이 적혀 있다.

соедине́ние [səjɪd'in'én'ijə] 42 а
田 결합, 연합, 단결; 화합물.

Полк шёл на *соедине́ние* с гла́вными си́лами.
연대는 주력부대와 합류하기 위해 행군중이었다.

соединённый [səjɪd'in'ónnij] 96 В 3
形 결합된, 연합된.

Они́ *соединёнными* уси́лиями выполня́ют план.
그들은 힘을 합하여 계획을 수행하고 있다.

сожале́ние [səʒal'én'ijə] 42 а
田 ① 유감, 유감스러움. ② 동정.

Я уе́хал отту́да без вся́кого *сожале́ния*.
나는 아무런 유감없이 그 곳을 떠났다.

Он сде́лал э́то из *сожале́ния*.
그는 동정으로 그것을 했다.

создава́ть [səzdavát'] 229

不完 (完 созда́ть) (-что) 창조, 창작하다, 만들어내다, 생산하다.

Худо́жник при жи́зни стреми́лся *создава́ть* ряд блестя́щих произведе́ний.
이 화가는 생전에 훌륭한 작품을 창조해 내기위하여 고생을 거듭했다.

созда́ние [sazdán'ijə] 42 а
田 창조, 창설; 작품.

Созда́ние э́того теа́тра яви́лось кру́пным собы́тием в культу́рной жи́зни го́рода.
이 극장의 설립은 도시 문화생활에 있어서 큰 사건이었다.

созда́ть [sazdát'] 251

完 (⇨ 不完 создава́ть).

Война́ *создала́* но́вую обстано́вку.
전쟁은 새로운 사태를 낳았다.

созна́ние [saznán'ijə] 42 а
田 의식, 자각.

Она́ потеря́ла *созна́ние*.
그 여자는 의식을 잃었다.

солда́т [saldát] 2 а
男 [活] 병사; 군인.

Он слу́жит в *солда́тах*.
그는 군복무 중이다.

солёный [sal'ónij] 96 D 5

形 ① (長語尾로만) 소금기가 있는; 소금에 절인. ② (맛이) 짠.

Я люблю́ *солёные* огурцы́.
나는 소금에 절인 오이를 좋아한다.

Суп сли́шком *солёный*.
스프가 너무 짜다.

со́лнечный [sóln'ıʧ'nij] 96 А 6   形 ① (長語尾로만) 태양의, 일광의. ② 양지바른, 볕이 드는.

Земля́ — плане́та *со́лнечной* систе́мы.   지구는 태양계의 한 혹성이다.

Окно́ выхо́дит на *со́лнечную* сто́рону.   창은 햇볕이 드는 쪽으로 나있다.

со́лнце [sónt͜sə] 41 а   中 ① 태양. ② 햇살, 볕.

Со́лнце уже́ се́ло.   해는 벌써 졌다.

Они́ сидя́т на *со́лнце* и разгова́ривают.   그들은 양지바른 곳에 앉아 이야기를 하고 있다.

соль [sól'] 56 g   女 (單) 소금.

Не клади́ так мно́го *со́ли* в суп.   스프에 그렇게 많은 소금을 넣지 마라.

сомне́ние [samn'én'ijə] 42 а   中 의심, 의혹; 의문점.

В э́том нет *сомне́ния*.   그것은 의문의 여지가 없다.

сон [són] 60 b   男 ① 잠, 수면. ② 꿈.

Он спит кре́пким *сном*.   그는 곤히 잠을 자고 있다.

Како́й хоро́ший *сон* ви́дела я сего́дня!   오늘 어찌나 좋은 꿈을 꾸었던지!

сообща́ть [saapʃ'ʃ'át'] 143   不完 (完 сообщи́ть) (一対) 전하다, 알려주다.

Он *сообщи́л* мне, что прие́дет в Сеу́л в а́вгусте.   그는 8월에 서울에 온다고 나에게 알려왔다.

сообще́ние [saapʃ'ʃ'én'ijə] 42 а   中 ① 전달; 보도, 정보. ② 교통, 연락.

Я получи́л *сообще́ние* о сме́рти дру́га.   나는 친구의 부고를 받았다.

У нас прямо́е *сообще́ние* с це́нтром го́рода.   우리 집은 도심지까지 직통 교통편이 있다.

сообщи́ть [saapʃ'ʃ'ít'] 166   完 (⇨ 不完 сообща́ть).

Он *сообщи́л* мне, что прие́дет в То́кио в а́вгусте.   그는 8월에 동경에 온다고 나에게 알려 왔다.

соревнова́ние [sər'ıvnaván'ijə] 42 а   中 경쟁, 경기, 시합.

В э́тих *соревнова́ниях* принима́ли уча́стие спортсме́ны мно́гих стран.   이 경기에는 많은 국가의 선수들이 참가했다.

со́рок [sórək] 131   数 40.

Мне тяжело́ нести́ *со́рок* кило-   나는 40kg의 물건을 운반하는 것이

сосе́д [sas'ét] 11 a
Он был мои́м *сосе́дом* по кварти́ре.

сосе́дний [sas'édn'ij] 98
Магази́н нахо́дится в *сосе́днем* зда́нии.

соста́в [sastáf] 1 a
В *соста́в* лека́рства вхо́дят тра́вы.

соста́вить [sastáv'it'] 156
Он *соста́вил* большо́й слова́рь.
Э́то не *соста́вит* большо́го труда́.

составля́ть [səstavl'át'] 145
Он сейча́с *составля́ет* докла́д.
Э́то *составля́ет* еди́нственную возмо́жность.

состоя́ние [səstaján'ijə] 42 a
В како́м *состоя́нии* нахо́дится ва́ша рабо́та?

состоя́ть [səstaját'] 190
Кварти́ра *состои́т* из трёх ко́мнат.
В чём *состои́т* значе́ние собы́тия?

состоя́ться [səstajáttsə] 190 (1·2 人称 없이)
План не *состоя́лся*.

сосу́д [sasút] 1 a
Она́ поста́вила *сосу́д* с водо́й на стол.

со́тня [sót'n'ə] 86 a
На собра́ние пришли́ *со́тни* люде́й.

сохрани́ть [səxran'ít'] 165

힘이 든다.
男 [活] 이웃; 옆 사람.
그는 나의 아파트의 이웃이었다.

形 이웃의.
상점은 이웃 건물에 있다.

男 성원, 구성원; 성분, 조성.
그 약의 성분으로 풀이 들어있다.

完 (不完 составля́ть) (-对) 조립하다, 편찬하다; 구성하다.
그는 대사전을 편찬하였다.
이 일에는 커다란 노력이 들지 않는다.

不完 (⇒完 состáвить).
그는 지금 보고서를 작성하고 있다.
그것은 유일한 가능성이다.

田 상황, 상태.
당신의 일은 어떠한 상태에 놓여있읍니까? (일이 잘 되어 갑니까?)
不完 ① (из -生) 이루다, 구성하다. ② (в-前) …에 있다.
아파트는 방이 3개로 되어있다.

그 사건의 의미는 어떠한 곳에 있읍니까?

完 행하여지다, 성립되다.
계획은 실현되지 않았다.

男 그릇, 용기.
그녀는 물이 들어있는 그릇을 책상에 놓았다.

女 100개, 100으로 모아진 것.
집회에 수백명이 왔다.

完 (-对) 지키다, 보존하다; 준수하다.

Сохраните это на память обо мне.
이것을 나에 대한 추억으로 간직해 주십시오.

Он *сохранил* тайну до смерти.
그는 죽을 때까지 비밀을 지켰다.

социализм [sətsial'ízm] 1 a
男 사회주의.

Советский Союз пропагандирует социализм по всему миру.
소련은 전세계에 사회주의를 선전하고 있다.

социалистический [sətsial'ist'itʃ'isk'ij] 99
形 사회주의의, 사회주의적인.

Во Франции к власти пришла *социалистическая* партия в 1982 году.
1982년에 프랑스는 사회당이 집권했다.

социальный [sətsiál'nij] 96
形 사회의, 사회적인.

Они стремятся к повышению *социального* положения женщин.
그들은 여성의 사회적 지위 향상에 노력하였다.

союз [sajús] 1 a
男 동맹, 연맹; 연방; 조합.

Обе страны заключили военный *союз*.
양국은 군사동맹을 체결하였다.

спасибо [spas'íbə]
助 고맙습니다, 감사합니다.

Вы мне очень помогли, большое *спасибо*.
당신께서 저에게 많은 도움을 주셔서 대단히 감사합니다.

спать [spát'] 187
不完 (잠을) 자다.

Мне хочется *спать*.
저는 자고 싶어요.

Ребёнок *спит*.
어린아이가 자고있다.

специалист [sp'ıtsial'íst] 1 a
男 〔活〕 전문가.

Он *специалист* по болезням сердца.
그는 심장병 전문가이다.

специальный [sp'ıtsiál'nij] 96 A 7
形 ① (長語尾로만) 특별한, 특수한. ② 전문의, 전문적인.

К нам на завод приехал *специальный* корреспондент «Правды».
우리 공장에 「쁘라브다」의 특파원이 왔다.

Этот вопрос слишком *специален*.
이 문제는 너무 전문적이다.

спина [s'p'iná] 46 f
囡 등.

Он стоит *спиной* к окну.
그는 창을 등지고 서있다.

спичка [s'p'ítʃ'kə] 90 a
囡 성냥.

У вас есть *спички*?
성냥 있읍니까?

спокойно [spakójnə]
Ⅰ 副 고요히, 조용히, 평온하게.

Он говори́л *споко́йно*.
На душе́ бы́ло *споко́йно*.
споко́йный [spakójnij] 96 А 8
Мо́ре сего́дня *споко́йное*.
спор [spór] 1 а P_2
Об э́том *спо́ру* нет.
По э́тому по́воду иду́т горя́чие *спо́ры*.
спо́рить [spór'it'] 154
С ним не сто́ит *спо́рить* об э́том.
спорт [spórt] 1 а
Каки́м ви́дом *спо́рта* вы занима́етесь?
спорти́вный [spart'ívnij] 96
Сего́дня начну́тся интере́сные *спорти́вные* соревнова́ния.
спортсме́н [sparʦmén] 1 а
Каки́х сове́тских *спортсме́нов* вы зна́ете?
спо́соб [spósəp] 1 а
Он реши́л э́ту зада́чу разли́чными *спо́собами*.
спосо́бность [spasóbnəs't'] 56 а
Оказа́лось, что у него́ нет никаки́х *спосо́бностей* к му́зыке.
спосо́бный [spasóbnij] 96 А 6

Он *спосо́бен* к фи́зике.
То́лько кру́пный специали́ст *спосо́бен* реши́ть э́ту пробле́му.
спра́ва [správə]
Мой стол стои́т *спра́ва* от окна́.
спра́шивать [spráʃivət'] 142

Ⅱ 動 조용하다, 평온하다.
그는 조용히 말했다.
마음이 평온했다.
形 고요한, 조용한, 평온한.
바다는 오늘 고요하다.
男 논의, 논쟁, 토론.
거기에 대해서는 논쟁의 여지가 없다.
이것에 대하여 격렬한 논쟁이 일고 있다.
不完 의논·논의하다, 논쟁하다.
그것에 대하여 그 녀석하고는 논의 할 가치도 없다.
男 스포츠, 운동, 경기.
당신은 어떠한 운동을 하고 계십니까?

形 스포츠의, 운동의.
재미있는 운동경기가 오늘 시작된다.

男 〔活〕 스포츠맨, 운동선수.
당신은 소련의 운동선수 중 누구를 알고 계십니까?
男 방법, 수단, 방식.
그는 여러가지 방법으로 이 문제를 해결 했다.
女 재능, 소질, 능력.
그는 어떠한 음악적 재능도 없는 것으로 나타났다.

形 ① 재주·재능있는, 유능한. ② 능력있는; 가능성있는.
그는 물리에 재능이 있다.
대단한 전문가만이 이 문제를 해결 할 수 있다.
副 오른쪽으로부터, 오른쪽의.
내 책상은 창문 오른쪽에 있다.
不完 (完 спроси́ть) ① (−对 о −前) 누구에게 ⋯을 묻다, 질문하다, ⋯에 대해 묻다. ② (−对 /生 у −生) 구하다, 청하다, 찾다,

Он в своём письме *спрашивает* меня о здоровье.
그는 편지로 나의 건강에 대해 묻는다.

Она иногда *спрашивала* у меня совета.
그녀는 가끔 나에게 조언을 구했다.

спросить [spras'ít'] 180   完 (⇒ 不完 спрашивать).

Учитель *спросил* меня об уроке.
선생님은 나에게 숙제를 물어 보셨다.

Брат *спросил* у меня книгу.
동생은 나에게 책을 빌려달라고 했다.

спускаться [spuskátsə] 143   不完 내려오다, 하강하다.

Мы *спускались* с горы.
우리는 산에서 내려왔다.

спустя [spus't'á]   前 (지배하는 단어의 뒤에도 위치한다) (-对) (어떤 시간을) 지나.

Спустя два года я вернулся в родной город.
2년이 경과한 후 나는 고향으로 돌아왔다.

Мы встретились с ним много лет *спустя*.
우리는 오랜 시간이 경과한 후 그와 만났다.

спутник [spút'n'ik] 17 a   男 위성; 인공위성.

Луна — *спутник* Земли.
달은 지구의 위성이다.

С помощью *спутников* человек изучает космическое пространство.
인공위성의 도움으로 인간은 우주공간을 연구하고 있다.

сравнение [sravn'én'ijə] 42 a   中 비교, 대비, 대조.

По сравнению с говядиной свинина совсем дешёвая.
돼지고기는 소고기에 비해서 꽤 싸다.

сразу [srázu]   副 당장, 즉시; 한번에.

Он *сразу* всё понял.
나는 즉시 모든 것을 이해했다.

среда [sr'idá] 46, ①은 f, ②는 i   女 ① 환경; 매체. ② 수요일.

В образовании характера человека огромное значение имеет *среда*, в которой он жил.
살아온 환경이 인간의 성격 형성에 있어서 중요한 위치를 차지한다.

По *средам* занятий не будет.
앞으로 수요일에는 수업이 없다.

среди [sr'id'í]   前 (-生) …가운데・중에.

Автомобиль остановился *среди* площади.
자동차가 광장 한가운데에 멈췄다.

Среди студентов много спортсменов.
학생들 중에는 많은 운동선수가 있다.

средний [sr'éd'n'ij] 98   形 중앙의; 중위의; 평균의.

сре́дство

Смотри́те в *сре́днем* я́щике. — 가운데 서랍 속을 보세요.
Там стои́т же́нщина *сре́днего* во́зраста. — 저기에 중년 부인이 서 있다.

сре́дство [sr'étstvə] 29 a 中 ① 수단. ② (複) 자금.

Он все́ми *сре́дствами* доби́лся свое́й це́ли. — 그는 온갖 수단을 써서 자기의 목적을 달성했다.
Они́ получи́ли *сре́дства* на строи́тельство клу́ба. — 그들은 클럽 건립 자금을 받았다.

срок [srok] 17 a P_2 男 기간, 기한; 기일.

Они́ вы́полнили зада́ние в *срок*. — 그들은 기간내에 과제를 처리했다.

ста́вить [stáv'it'] 156 不完 (完 поста́вить) (一對) ① 놓다, 세우다. ② (어떠한 상황에) 놓다. ③ 건립하다 ; 상연하다.

Она́ *ста́вит* кни́ги на но́вые по́лки. — 그녀는 책들을 새 책꽂이에 꽂고 있다.
Статья́ *ста́вит* це́лью ана́лиз междунаро́дных отноше́ний. — 이 논문의 목적은 국제관계의 분석에 있다.
У нас уже́ мно́го раз *ста́вили* э́то представле́ние. — 우리는 이 연극을 여러번 상연했다.

стака́н [stakán] 1 a 男 유리잔.

Он вы́пил *стака́н* воды́. — 그는 물 한잔을 다 마셨다.

станови́ться [stənav'ítsə] 175 不完 (完 стать¹) (一造) ① …이 되다. ② 서다, 늘어서다.

Го́род *стано́вится* но́вым и больши́м. — 도시는 새롭고 거대화되어 가고있다.
Дни *стано́вятся* коро́че. — 낮이 점점 짧아지고 있다.
Станови́тесь в о́чередь. — 줄 뒤에 서시오.

стано́к [stanók] 65 b 男 공작기계.

Заво́д произво́дит хоро́шие *станки́*. — 공장에서는 우수한 공작기계를 생산하고 있다.

ста́нция [stán৳ijə] 55 a 女 ① 역. ② (각종의) 국(局), 소(所), 서(署).

По́езд подошёл к *ста́нции*. — 기차가 역에 도착했다.
В э́том краю́ постро́или но́вую электри́ческую *ста́нцию*. — 이 지방에는 새로운 발전소가 건설되었다.

стара́ться [starátsə] 143 不完 애쓰다, 노력하다, 힘쓰다.

Я *стара́юсь* зако́нчить рабо́ту к ве́черу. — 나는 저녁까지 일을 끝내려고 노력하고 있다.

старик [star'ík] 17 b ㅤ 男 [活] 늙은이, 노인.
ㅤМолодо́й челове́к спроси́л сове́та у *старика́*. ㅤ젊은이가 노인에게서 조언을 구했다.
стари́нный [star'ínnij] 96 ㅤ 形 옛날의, 낡은, 고풍의.
ㅤВ це́нтре го́рода нахо́дится *стари́нное* зда́ние. ㅤ도심지에 고풍의 건물이 있다.
стару́ха [starúxə] 49 a ㅤ 女 [活] 노파, 할머니.
ㅤ*Стару́ха* живёт с вну́чкой. ㅤ할머니는 손녀와 함께 살고 있다.
ста́рший [stárʃij] 101 比 ста́рше ㅤ 形 손위의, 연장의; 상급의.
ㅤ*Ста́рший* брат рабо́тает ᴨа заво́де. ㅤ형은 공장에서 일하고 있다.
ㅤОн рабо́тает *ста́ршим* инжене́ром. ㅤ그는 상급 기사로 일하고 있다.
ста́рый [stárij] 96 D 1 ㅤ 形 늙은, 노년의; 오래 된.
ㅤОн ещё не *стар* — ему́ всего́ со́рок пять лет. ㅤ그는 아직 늙지 않았다 — 이제 겨우 45살이다.
ㅤДома́ на на́шей у́лице почти́ все *ста́рые*. ㅤ우리 동네의 집은 거의 다 오래 되었다.
стать¹ [stát'] 239 ㅤ 完 (⇒ 不完 станови́ться).
ㅤОн хо́чет *стать* врачо́м. ㅤ그는 의사가 되기를 원한다.
ㅤУже́ *ста́ло* тепло́. ㅤ벌써 따뜻해졌다.
ㅤМне *ста́ло* сты́дно. ㅤ나는 부끄러워졌다.
стать² [stát'] 239 ㅤ 完 ① (-不定形) …하기 시작하다. ② 일어나다, 생기다. ③ 멈추다.
ㅤОн *стал* рабо́тать на фа́брике. ㅤ그는 공장에서 일하기 시작했다.
ㅤЧто с ним *ста́ло*? ㅤ그에게 무슨 일이 있었읍니까?
ㅤЧасы́ *ста́ли*. ㅤ시계가 멈췄다.
статья́ [stat'já] 93 b ㅤ 女 논문, 논설; 기사
ㅤЯ прочита́л це́лый ряд *стате́й* по э́тому вопро́су. ㅤ나는 이 문제에 관한 많은 논문을 읽었다.
сте́бель [s't'éb'il'] 62 g ㅤ 男 (식물의) 줄기, 줄거리.
ㅤРасте́ние состои́т из *сте́бля* и ли́стьев. ㅤ식물은 줄기와 잎으로 이루어져 있다.
стекло́ [s't'ikló] 75*d ㅤ 中 유리; 렌즈.
ㅤДверь сде́лана из *стекла́*. ㅤ문은 유리로 되어 있다.
стекля́нный [s't'ikl'ánnij] 96 ㅤ 形 유리의, 유리 제품의.
ㅤНа столе́ стоя́ла краси́вая *стекля́нная* ва́за. ㅤ책상에는 아름다운 유리 꽃병이 있었다.
стена́ [s't'iná] 46 i ㅤ 女 벽; 성벽.

сте́пень

На *стене́* виси́т больша́я карти́на.
벽에 커다란 그림이 걸려있다.

сте́пень [s't'ép'ın'] 56 g
Я уста́л до после́дней *сте́пени*.
Кака́я у него́ учёная *сте́пень*?
🉂 ① 정도 ② 칭호, 위(位).
나는 극도로 피곤하다.
그는 무슨 학위를 가지고 있읍니까?

степь [s't'ép'] 56 g *П*₂ в
Го́род, где я роди́лся, нахо́дится в *степи́*.
🉂 스텝, 대초원.
내가 태어난 도시는 스텝 지방에 있다.

стира́льный [s't'irál'nij] 96
Она́ купи́ла но́вую *стира́льную* маши́ну.
🉂 세탁의, 세탁용의.
그녀는 새 세탁기를 샀다.

стихи́ [s't'ixí] 17 b
Поэ́т написа́л но́вые *стихи́*.
🉂 시(詩), 운문.
시인은 새로운 시를 썼다.

сто [stó] 132
Вы на *сто* проце́нтов пра́вы.
🉂 100.
당신이 100% 옳습니다.

сто́ить [stóit'] 153

— Ско́лько *сто́ит* э́та кни́га?
— Она́ сто́ит рубль.
Э́то не *сто́ит* внима́ния.
Сто́ит проче́сть э́ту кни́гу.
— Спаси́бо!
— Не *сто́ит*.
🉂 ① (—对/生) 값·가격이 얼마이다. ② (—生) …가치가 있다; (—不定形) …할 만한 가치가 있다, …할 만하다.
— 이 책은 얼마입니까?
— 그것은 1루불 입니다.
이것은 주목할 가치가 없다.
이 책은 다 읽어볼 가치가 있다.
— 감사합니다.
— 천만에요.

стол [stól] 1 b
Соба́ка лежа́ла под *столо́м*.
🉂 책상, 테이블.
개가 책상 밑에 누워있다.

столи́ца [stal'ítsə] 52 a
Москва́ — *столи́ца* СССР.
🉂 수도, 서울.
모스끄바는 소련의 수도이다.

столо́вая [stalóvəjə] 96
Он обы́чно обе́дает в *столо́вой*.
🉂 식당(구내).
그는 보통 구내식당에서 점심을 먹는다.

столь [stól']
Э́то не *столь* ва́жно.
🉂 (文語) 이렇게, 그렇게.
이것은 그렇게 중요하지 않다.

сто́лько [stól'kə] I 은 121

Я *сто́лько* раз проси́л его́ об э́том.
Сын мне про вас *сто́лько* рассказа́л.
I 🉂 [数量](—生) 그만큼 많은.
II 🉂 (그만큼) 많이.
나는 그에게 이일에 대해 수차례 부탁했다.
아들한테서 당신 말씀 많이 들었읍니다.

сторона́ [stəraná] 46 i   因 쪽, 방향; 면(面), 측(側), 옆.

Они́ пошли́ в ра́зные *сто́роны*.   그들은 각자가 생각하는 방향으로 갔다. (뿔뿔이 흩어졌다).

По обе́им *сторона́м* у́лицы стоя́т высо́кие зда́ния.   길 양편으로 고층 건물이 서있다.

стоя́ть [stajátʼ] 190   不完 ① 서있다. ② (기후, 계절등이) 계속되다. ③ 정지해 있다, 멈추어 있다.

Я до́лго *стоя́л* в о́череди.   나는 오랫동안 줄을 섰다.

На столе́ *стои́т* ва́за с цвета́ми.   테이블 위에는 꽃병이 놓여있다.

Стоя́ла хоро́шая пого́да.   좋은 날씨가 계속되었다.

По́езд до́лго *стои́т*.   기차가 오랫동안 정지하고 있다.

страна́ [straná] 46 d   因 ① 나라. ② 지방.

В на́шей *стране́* мно́го кру́пных городо́в.   우리나라에는 대도시가 많이 있다.

Он до́лго жил в жа́рких *стра́нах*.   그는 오랫동안 열대지방에서 살았다.

страни́ца [stranʼítsə] 52 a   因 쪽, 면, 페이지.

В кни́ге 200 (две́сти) *страни́ц*.   이 책은 200페이지로 되어 있다.

стра́нно [stránnə]   I 副 이상하게, 기묘하게. II 述 이상하다, 불가사의하다.

Э́то звучи́т *стра́нно*.   이것은 이상하게 들린다.

Стра́нно, что вы об э́том ра́ньше не поду́мали.   당신이 전에 그것에 대해 생각하지 않은 것이 이상하군요.

стра́нный [stránnij] 96 D 13   形 이상한, 기묘한, 불가사의한.

Па́рень име́л *стра́нный* вид.   젊은이는 이상한 모습을 하고있다.

страх [stráx] 17 a P_2 男 두려움, 공포, 무서움.

Она́ кри́кнула от *стра́ха*.   그녀는 무서워서 비명을 질렀다.

стра́шно [stráʃnə]   I 副 무섭게, 지독히. II 述 무섭다, 두렵다.

Он *стра́шно* бе́ден.   그는 지독히도 가난하다.

Ему́ *стра́шно* быть одному́.   그는 혼자 있는 것을 두려워한다.

стра́шный [stráʃnij] 96 D 13   形 두려운, 공포의; 무서운.

Не ве́рьте ему́, он *стра́шный* челове́к.   그를 믿지 마세요, 그는 무서운 사람입니다.

стреля́ть [strʼilʼátʼ] 145   不完 쏘다, 사격하다; (—対) 쏘아 죽이다.

Он хорошо́ *стреля́ет*.   그는 사격을 잘한다.

стреми́ться

Проти́вник на́чал *стреля́ть* из пу́шки по го́роду.
적군은 대포로 도시를 포격하기 시작했다.

стреми́ться [str'ım'ítsə] 167

不完 (к—與) …하려고 애쓰다, 추구하다, 지향하다, 갈망하다; (—不定形) 뜻을 두다. 애쓰다.

Наро́д во всём ми́ре *стреми́тся* к ми́ру.
전세계 모든 사람들은 평화를 갈망하고 있다.

Наро́д *стреми́тся* боро́ться за свобо́ду.
민중은 자유를 위한 투쟁을 지향하고 있다.

стремле́ние [str'ıml'én'ijə] 42 а
田 지향, 열망, 의향, 의욕.

Моё *стремле́ние* — быть журнали́стом.
기자가 되는것이 나의 열망이다.

стро́гий [stróg'ij] 99 D 8 比 стро́же
形 엄한, 엄중한.

Он говори́л *стро́гим* то́ном, а глаза́ бы́ли весёлые.
그는 엄한 어조로 말했으나, 눈빛은 명랑했다.

стро́го [strógə] 比 стро́же
副 엄하게, 엄밀하게.

Он *стро́го* отно́сится к де́тям.
그는 아이들을 엄하게 대한다.

строе́ние [strajén'ijə] 42 а
田 구조, 구성.

Сейча́с я чита́ю интере́сную статью́ о *строе́нии* Земли́.
지금 나는 지구의 구조에 관한 재미있는 논문을 읽고 있다.

строи́тель [straít'ıl'] 14 а
男〔活〕건축가.

Вчера́ состоя́лось совеща́ние инжене́ров-*строи́телей*.
어제 건축기사들의 회의가 있었다.

строи́тельный [straít'ıl'nij] 96
形 건축의, 건설의.

Он у́чится в *строи́тельном* институ́те.
그는 건축 대학에서 공부하고 있다.

строи́тельство [straít'ıl'stvə] 29 а
田 건설, 건축; 건설현장.

Руководи́телем *строи́тельства* э́того заво́да явля́ется молодо́й инжене́р.
이 공장의 건설책임자는 젊은 기사이다.

стро́ить [stróit'] 153

不完 (完 постро́ить)(—対) 짓다, 세우다, 건설·건축하다.

Здесь *стро́ят* большо́й дом.
이곳에서 커다란 집을 건설중이다.

Мы стро́им но́вое о́бщество.
우리는 새로운 사회를 건설하고 있다.

строй [strój] ① 은 24 а, ② 는 25 с $П_2$ в
男 ① 제도, 기구, 구조. 조직; ② 대열, 이동체제.

У них со́здан но́вый *строй* го-
그들은 새로운 국가제도를 만들었다.

сударства.
Солдаты шли *строем*.
병사들은 대열을 맞추어서 앞으로 나갔다.

строка [straká] 49 h
囡 (문자등의) 줄, 행(行)
Он написал всего несколько *строк*.
그는 기껏해서 몇 줄만을 썼을 뿐이다.

студент [stud'ént] 1 a
男 〔活〕 대학생.
Он читает лекции *студентам* физического факультета.
그는 물리학과 학생들에게 강의를 하고 있다.

студентка [stud'éntkə] 88 a
囡 〔活〕 여대생.
В прошлом году моя сестра стала *студенткой*.
작년에 나의 여동생은 대학생이 되었다.

стул [stúl] 5 a
男 의자.
Он сидел на *стуле*.
그는 의자에 앉아 있었다.

стыдно [stídnə]
囲 부끄럽다, 창피하다.
Мне *стыдно* за плохое поведение товарища.
나는 친구의 좋지못한 행실이 부끄럽다.

стюардесса [s't'uardéssə] 46 a
囡 〔活〕 스튜어디스.
Она хочет быть *стюардессой*.
그녀는 스튜어디스가 되기를 원하고 있다.

суббота [subótə] 46 a
囡 토요일.
Он сказал, что придёт в *субботу*.
그녀는 토요일에 오겠다고 말했다.

суд [sút] 1 b
男 ① 법정. ② 재판, 심리.
Его вызвали в *суд*.
그는 법정에 호출됐다.
Когда состоится *суд* по его делу?
그 사람에 대한 재판은 언제 열립니까?

судить [sud'ít'] 177
不完 ① (-对) 재판하다, 심판하다. ② (о-前) 판단하다, 판별하다.
Его *судили* военным судом.
그는 군사재판을 받았다.
Пока ещё трудно *судить* о его литературном таланте.
그의 문학적 재능에 관하여 판단하는 것은 아직은 어렵다.

судно [súdnə] 35 c
田 배, 선박.
Судно подошло к берегу.
배는 기슭으로 다가갔다.

судьба [sud'bá] 81 d
囡 운명, 숙명.
Я ничего не знаю о *судьбе* друга.
나는 친구가 어찌되었는지 전혀 알 길이 없다.

судья [sud'já] 93 e
男 〔活〕 판사; 심판관.

суме́ть

Я расскажу́ наро́дному *судье́* всё, как бы́ло.

н는 있었던 모든 일을 판사에게 진술하겠다.

суме́ть [sum'ét'] 144

完 (不完 уме́ть) (-不定形) 능력을 가지다, 할 줄 알다.

Как ты *суме́л* сдать все экза́мены на отли́чно?

너는 어떻게 모든 시험에 우수하게 합격했니?

су́мка [súmkə] 88 а

女 손가방, 핸드백.

Я никогда́ не выхожу́ из до́ма без *су́мки*.

나는 집에서 나올 때 항상 손가방을 들고 나온다.

суп [súp] 1 c P_2, $П_2$ в

男 국, 수우프.

На обе́д мы взя́ли *суп* с мя́сом.

점심식사로 우리는 고기 수우프를 먹었다.

су́тки [sútk'i] 88 а

複 하루, 1주야.

Дво́е *су́ток* больно́й ничего́ не ел.

이틀동안 환자는 아무것도 먹지 않았다.

сухо́й [suxój] 100 D 11 比 су́ше

形 마른, 건조한; 시든.

Трава́ уже́ совсе́м *суха́я*.

풀은 이미 완전히 말랐다.

существо́ [suʃʃ'istvó] 29 b

中 ① 본질, ② 존재, 생물체.

Она́ не понима́ет *существа́* вопро́са.

그녀는 문제의 본질을 이해하지 못하고 있다.

Там нет ни одного́ живо́го *существа́*

거기에는 하나의 생물체도 살고 있지 않다.

существова́ние [suʃʃ'istvaván'ijə] 42 а

中 존재; 생존, 생활.

Оте́ц совсе́м забы́л о моём *существова́нии*.

아버지는 나의 존재에 대해 완전히 잊고 계셨다.

существова́ть [suʃʃ'istvavát'] 147

不完 ① 존재하다. ② (-造/на-対) 생활하다.

Существу́ют лю́ди, кото́рые не лю́бят литерату́ру.

문학을 혐오하는 사람이 있다.

Она́ реши́ла *существова́ть* свои́м трудо́м

그녀는 자기의 힘으로 생활하기로 결심했다.

су́щность [súʃʃ'nəs't'] 56 а

女 본질, 요점.

Мне сто́ило нема́ло труда́ поня́ть *су́щность* де́ла.

나는 일의 본질을 파악하는데 적지 않은 노력이 필요했다.

схвати́ть [sxvat'ít'] 179

完 (-対) ① (不完 хвата́ть) 잡다. ② (병에) 걸리다.

Он *схвати́л* меня́ за́ руку.

그는 내 손을 잡았다.

Я *схвати́л* грипп.

나는 유행성 감기에 걸렸다.

сходи́ть [sxad'ít'] 177
Тебе́ лу́чше *сходи́ть* туда́.
сце́на [stsénə] 46 а
Она́ не могла́ жить без *сце́ны*.

счастли́вый [ʃʃɪs'l'ívij] 96 А 3
Я пошла́ спать, *счастли́вая* от мы́сли, что он меня́ лю́бит.
сча́стье [ʃʃ'ás't'jə] 80 а
За вре́мя её боле́зни он впервы́е узна́л *сча́стье* ви́деть её.
счёт [ʃʃ'ót] 3*с P_2, $П_2$ на

Да́йте мне *счёт*.
Игра́ ко́нчилась со *счётом* 1:2 (оди́н-два).
счита́ть [ʃʃ'itát'] 143

Ребёнок уме́ет *счита́ть* до десяти́.
Счита́йте я́блоки.
Я *счита́ю* его́ че́стным челове́ком.
Все *счита́ют*, что он прав.
счита́ться [ʃʃ'itátsə] 143

Он *счита́ется* хоро́шим врачо́м.
Нельзя́ не *счита́ться* с его́ мне́нием.
съезд [s'jést] 1 а
Он вы́ступил на *съе́зде* с больши́м докла́дом.
сын [sín] 6 с
Почему́-то давно́ нет письма́ от *сы́на*.
сыр [sír] 1 с P_2, $П_2$ в

不完 내리다.
너는 여기서 내리는 것이 좋겠다.
女 무대; 연극; 장면.
그녀는 연극없이는 도저히 살 수가 없었다.

形 행복한, 행복의, 행운의.
그가 나를 사랑한다는 생각에 행복함을 느끼며 잠자리에 들었다.

田 행복, 행운.
그녀가 병석에 있는 동안 그는 처음으로 그녀를 보는 행복을 느꼈다.

男 ① 계산, 감정; 청구서. ②(單) 득점, 스코어.

계산서를 주십시오.
경기는 1:2의 스코어로 끝났다.

不完 ① 세다, 계산하다. ② (一对) 셈하다, 계산하다. ③ (一对一造 / за — 对) ⋯를 ⋯로 생각하다; (что ⋯) ⋯라고 생각하다.
이 아이는 10까지 셀 줄 안다.

사과가 몇 개인지 세어보세요.
나는 그를 성실한 사람이라고 생각한다.
모두들 그가 옳다고 생각한다.

不完 ① (一造) 여겨지다, 간주되다. ② (с-造) ⋯ 를 고려에 넣다, ⋯의 의견을 중시하다.

그는 훌륭한 의사로 여겨진다.
그의 의견을 무시할 수도 없다.

男 대회, 대표자회의.
그는 대회에서 많은 보고를 했다.

男 [活] 아들, 자식.
웬일인지 오랫동안 아들로 부터 소식이 없다.

男 치이즈.

Я забы́ла купи́ть *сы́ру*. 나는 치이즈 사는 것을 깜빡 잊어버렸다.

сюда́ [s'udá]
Заче́м вы пришли́ *сюда́*? 당신은 무엇 때문에 여기 오셨읍니까?

Т

та́йна [tájnə] 46 a 囡 비밀; 신비.
У меня́ нет никаки́х *тайн* от тебя́. 나는 너에게 아무런 비밀도 없다.

так [ták] 副 ① 이렇게, 그렇게. ② 이와 같이, 그처럼.
Так бы́ло напи́сано в письме́. 편지에 그렇게 쓰여있었다.
Я *так* мно́го ходи́л, что уста́л. 나는 녹초가 될 정도로 아주 많이 걸어다녔다.

та́кже [tágʒə] 副/接 …도, …도 역시, 마찬가지로.
Э́тот телефо́н *та́кже* не рабо́тает. 이 전화도 불통이다.
Я, а *та́кже* мои́ друзья́ о́чень лю́бим спорт. 나는, 그리고 내 친구들도, 운동을 매우 좋아한다.

тако́е [takójə] 100 田 그러한 것.
Тако́го бо́льше не уви́дишь. 그러한 것은 더 이상 볼 수 없다.

тако́й [takój] 100 代 ① [指示] 이런, 그러한. ② (疑問詞·形容詞에 붙여 강조) 도대체.
Тако́й челове́к нам ну́жен. 그러한 사람이 우리에게 필요하다.
Он *тако́й* си́льный. 그는 힘이 매우 세다.

такси́ [taks'í] 《不変》 田 택시.
Вы́зовите мне, пожа́луйста, *такси́*. 택시 좀 불러주세요.

тала́нт [talánt] 1 a 男 (타고 난) 재능, 재질.
У него́ большо́й *тала́нт*. 그는 대단한 재능을 타고 났다.

там [tám] 副 거기서, 저기.
По́сле шести́ часо́в *там* никого́ не быва́ет. 여섯시 이후에는 거기에 아무도 없다.

та́нец [tán'ıts] 70 a 男 춤, 무용.
Он учи́тель *та́нцев*. 그는 무용 교사이다.

танк [tánk] 17 a 男 전차, 탱크.
Они́ стреля́ли по *та́нку*. 그는 전차를 향해 사격했다.

тарéлка [tar'élkə] 88 a
Онá положи́ла хлеб на тарéлку.

твёрдо [t'v'órdə] 比 твёрже
Я *твёрдо* реши́л уéхать за грани́цу.

твёрдый [t'v'órdij] 96 D 4 比 твёрже.
Я́блоки бы́ли зелёные, *твёрдые*.

твой [tvój] 119
Э́то не *твоё* дéло.
Вот *твоё* полотéнце.

твóрческий [tvórʧ'ısk'ij] 99
Стáрый писáтель ещё продолжáет *твóрческую* дéятельность.

твóрчество [tvórʧ'ıstvə] 29 a
Он изучáет тáйну *твóрчества* поэ́та.

теáтр [t'ıátr] 1 a
Вы чáсто бывáете в *теáтре*?
Онá изучáет истóрию рýсского *теáтра*.

телеви́дение [t'ıl'ıv'íd'ın'ijə] 42 a
Зáвтра по *телеви́дению* бýдет передáча выступлéния оркéстра.

телеви́зор [t'ıl'ıv'ízər] 1 a
Он лю́бит смотрéть по *телеви́зору* спорти́вные прогрáммы.

телéга [t'ıl'égə] 49 a
На *телéге* сидéл стáрый крестья́нин.

телезри́тель [t'ıl'ızr'ít'ıl] 14 a
Дороги́е *телезри́тели*, передаём музыкáльную прогрáмму.

因 (바닥이 평평한) 접시.
그녀는 빵을 접시에 담아 놓았다.

副 굳게, 단단히, 딱딱하게.
나는 외국에 가기로 굳게 결심했다.

形 굳은, 단단한, 딱딱한.
사과는 퍼렇고 딱딱했다.

代 〔所有〕너의, 자네의.
이건 너와 상관없는 일이다.
자 여기 네 수건이 있다.

形 창작의, 창조적인.
노작가는 아직도 창작 활동을 계속하고 있다.

田 창조, 창작.
그는 시인의 창작 비밀을 연구하고 있다.

男 ① 극장. ② 연극.
당신은 극장에 자주 가십니까?
그녀는 러시아 연극사를 연구하고 있다.

田 텔레비젼 방송, 텔레비젼 사업.
내일 텔레비젼에서 오케스트라 연주가 방영된다.

男 텔레비젼 (수상기).
그는 TV 스포츠프로를 좋아한다.

因 달구지, 수레.
달구지에 늙은 농부가 앉아 있었다.

男 〔活〕텔레비젼 시청자.
시청자 여러분, 음악 프로그램을 방송하겠읍니다.

телефо́н [t'ıl'ıfón] 1 a
Он сиде́л у себя́ за столо́м и говори́л по *телефо́ну*.

те́ло [t'élə] 29 c
Те́ло у него́ бы́ло кре́пкое.

тем [t'ém]
Чем бо́льше, *тем* лу́чше.

те́ма [t'émə] 46 a
Он рабо́тает над но́вой *те́мой*.

темнота́ [t'ımnatá] 46 d
Она́ сиде́ла без огня́ в *темноте́*.

тёмный [t'ómnij] 96 В 6
У меня́ о́чень *тёмная* ко́мната.

темп [témp] 1 a
Игра́ проходи́ла в о́чень бы́стром *те́мпе*.

температу́ра [t'ımp'ıratúrə] 46 a
Сего́дня высо́кая *температу́ра*.
У вас есть *температу́ра*?

тень [t'én'] 56 g *П₂* в
Он хо́дит за на́ми как *тень*.

тео́рия [t'ıór'ijə] 55 a
Тео́рия име́ет о́чень си́льное влия́ние на пра́ктику.

тепе́рь [t'ıp'ér']
Он ко́нчил институ́т и *тепе́рь* рабо́тает.

тепло́ [t'ıpló] I 은 29 b
Для расте́ний необходи́мо *тепло́*.
В ко́мнате бы́ло *тепло́*.
Нас принима́ли *тепло́*.

тёплый [t'óplij] 96 F 6
Вече́рний во́здух был тих и

男 전화, 전화기.
그는 자기 책상에 앉아서 전화로 얘기하고 있었다.

田 몸, 신체; 물체.
그는 몸이 튼튼하다.

接 (一比) 그 만큼 점점 더.
많을수록 더 좋다.

因 주제, 테에마.
그는 새로운 테에마에 몰두하고 있다.

因 (單) 어둠, 암흑.
그녀는 불도 없이 어둠 속에서 앉아 있었다.

形 어두운; 암색의, (색이)짙은.
내방은 매우 어둡다.

男 속도, 템포.
경기는 매우 빠른 속도로 진행되었다.

因 온도; 기온; 체온, 열.

오늘은 기온이 높다.

당신은 열이 좀 있읍니까?

因 그늘, 그림자.
그는 우리 뒤를 그림자처럼 따라다 닌다.

因 이론, 학설.
이론은 실제에 매우 강한 영향을 미친다.

副 지금, 현재; 지금부터.
그는 대학을 마치고 현재 직장에 다니고 있다.

I 田 열, 온기, 따뜻함. II 述 따뜻하다. III 副 따뜻하게; 친절하게.
식물에게는 열이 필요하다.
방안은 따뜻했다.
우리를 따뜻하게 맞이해 줬다.

形 따뜻한.
저녁 공기는 잔잔하고 따뜻했다.

тёпел.

террито́рия [t'ır'itór'ijə] 55 а
Сове́тский Сою́з — са́мое большо́е по *террито́рии* госуда́рство в ми́ре.

теря́ть [t'ır'át'] 145
Он ча́сто *теря́ет* шля́пу.
Нельзя́ бы́ло *теря́ть* ни мину́ты.

те́сный [t'ésnij] 96 D 13
Ко́мната сли́шком *тесна́*.

тетра́дь [t'ıtrát'] 56 а
Мне ну́жно две то́лстые *тетра́ди*.

тётя [t'ót'ə] 48 а
Мы бы́ли в гостя́х у *тёти*.

те́хника [t'éxn'ikə] 49а
Он написа́л кни́гу по исто́рии *те́хники* на́шей страны́.

техни́ческий [t'ıxn'íʧ'ısk'ij] 99
Он име́ет сре́днее *техни́ческое* образова́ние.

тече́ние [t'ıʧ'én'ijə] 42 а
В э́том ме́сте о́чень бы́строе *тече́ние*.

тип [t'íp] 1 а
Вы́пущены автомоби́ли но́вого *ти́па*.

ти́хий [t'íx'ij] 99 D 8 比 ти́ше
Он говори́л *ти́хим* го́лосом.

ти́хо [t'íxə] 比 ти́ше
Он смея́лся *ти́хо*.
На душе́ у него́ ста́ло *ти́хо*.

тишина́ [t'iʃiná] 46 d
Мёртвая *тишина́* стоя́ла вокру́г.

因 영토, 영역.
소련은 영토면에서 세계 최대의 국가이다.

不完 (完 потеря́ть) (-对) 잃다, 상실하다; 헛되다.
그는 모자를 자주 잃어버린다.
단 1분이라도 헛되게 보내서는 안 되었다.

形 좁은, 빽빽한; 밀접한.
방이 너무 좁다.

因 공책, 노우트.
나에게는 두꺼운 공책 2권이 필요하다.

因 (活) 아주머니; 숙모, 백모, 고모, 외숙모.
우리는 숙모댁에 손님으로 갔었다.

因 기술; 공학.
그는 우리나라 기술사에 관한 책을 썼다.

形 기술의, 기술적인.
그는 평균적인 기술적 교양을 지니고 있다.

田 흐름; 경과.
이 장소는 물살이 매우 빠르다.

男 타입, 형, 형태.
신형 자동차가 시판되었다.

形 조용한, 고요한.
그는 조용한 음성으로 말했다.

I 副 조용하게, 고요하게. II 述 조용하다, 고요하다.
그는 조용하게 웃었다.
그는 마음이 차분해졌다.

因 (單) 조용함, 정숙, 평온.
주위가 쥐죽은듯이 조용했다.

то [tó] I 은 114

I 冏 [指示] ① 그, 그것. ② (從屬節의 내용-) …라는 것. ③ (関係代名詞 что의 先行詞) …하는 것. II 圈 ① 그렇다면. ② (то... то...) 또는… 또는…, 때로는… 때로는….

Я не поступи́л в университе́т, но не жале́ю о *том*.
나는 대학에 들어가지 않았으나, 이를 후회하지는 않는다.

Я был рад *тому́*, что мать верну́лась ра́но.
나는 어머니가 일찍 돌아오셔서 기뻤다.

Я принёс *то*, что ты проси́л.
나는 네가 부탁한 것을 가져왔다.

Éсли по́здно, *то* не ходи́.
만약 늦으면 오지마라.

Они́ пи́ли *то* пи́во, *то* вино́.
그들은 맥주를 마시기도 하고, 포도주를 마시기도 했다.

това́р [tavár] 1 a
罔 상품, 물품.

В магази́нах мно́го ра́зных *това́ров*.
상점에는 여러가지 상품들이 많이 있다.

това́рищ [tavár'iʃʃ] 20 a
罔 [活] ① 동료, 동무, 동지, 친구. ② (성, 직명에 붙여서) …씨, …선생; (경칭) 동지.

Он мой *това́рищ* по це́ху.
그는 나의 직장 동료이다.

Това́рищ Ивано́в, вас про́сят к телефо́ну.
이바노프씨, 당신한테 전화왔읍니다.

Това́рищи, разреши́те откры́ть собра́ние.
동지 여러분, 회의를 시작하겠읍니다.

тогда́ [tagdá]
副 ① 그때에, 그당시. ② 그렇게 되면, 그러면; 그때에는.

Я учи́лся *тогда́* в шко́ле.
나는 그당시 학교에 다녔다.

Когда́ прочита́ю кни́гу, *тогда́* дам её тебе́.
책을 다 읽고 나면 너에게 주마.

то́же [tóʒə]
副 …역시, 마찬가지로.

Подожди́те, я *то́же* иду́.
기다리시오, 저도 갈테니.

толпа́ [talpá] 46 d
囡 군중, 인파.

На пло́щади собрала́сь *толпа́*.
광장에 군중이 모였다.

то́лстый [tólstij] 96 D 1 比 то́лще
圈 굵은, 두꺼운; 살찐.

У него́ ру́ки *то́лстые*.
그의 팔은 굵직하다.

то́лько [tól'kə]
副 ① 오직 …만, 다만 …밖에. ② 겨우, 가까스로, …한지 막.

Я *только* об этом и думаю. 나는 오로지 이것만 생각한다.
Только теперь я понял. 이제야 겨우 알겠다.

том [tóm] 3 c 男 (서적의) 권, 책.
Кто взял второй *том* словаря? 사전의 제2권을 누가 가져갔읍니까?

тон [tón] 1 g 男 (單) 어조, 말투.
Он так сказал резким *тоном*. 그는 격한 어조로 얘기했다.

тонкий [tónk'ij] 99 D 14 比 тоньше 形 가느다란, 얇은; 섬세한.
Эта бумага слишком *тонка*. 이 종이는 너무 얇다.

тонна [tónnə] 46 a 女 톤 (1,000kg).
Ещё остаётся груз весом в десять *тонн*. 아직 10톤의 화물이 남아 있다.

топор [tapór] 1 b 男 도끼.
Он ударил *топором* в дверь. 그는 도끼로 문을 내리쳤다.

торговля [targóvl'ə] 84 a 女 상업, 장사, 무역.
Он занимается *торговлей*. 그는 장사를 한다.

торговый [targóvij] 96 形 상업의, 무역의, 통상의.
Корея заключила *торговый* договор с Францией. 한국은 프랑스와 통상조약을 체결했다.

торопиться [tərap'ítsə] 175 不完 급히 서둘다.
Простите, я очень *тороплюсь*. 미안합니다만은, 저는 지금 매우 급합니다.
Вы *торопитесь*? 당신은 급합니까?

тот [tót] 114 代 [指示] ① (этот 와 상대적인 것으로서 사용되는) 그, 저, 상대편의. ② (從属節이 나타내는 사람이나 사물) (…장소의) 그; 그사람·그것의.
В этом доме живу я, а в *том* — мои родители. 나는 이집에 살고, 부모님은 저쪽 집에 사신다.
Дайте мне *ту* книгу, которую я просил. 제가 부탁한 책 좀 주세요.
Пусть ответит *тот*, кто знает. 아는 사람은 대답하시오.

тотчас [tót'tʃ'əs] 副 곧, 즉시, 금방; 곧바로.
Тотчас приходите к нам. 즉시 우리에게 오시오.

точка [tótʃ'kə] 90 a 女 점, 지점, 구두점.
Проведите прямую линию через *точку* А. 점A를 지나는 직선을 그으시오.

то́чно [tóʧ'nə]   I 副 정확히, 확실히. II 接 마치, 흡사.

Часы́ иду́т *то́чно*.   시계가 정확하다.

Он меня́ тепло́ встре́тил, *то́чно* я был его́ ста́рым дру́гом.   그는 마치 나를 오랜 친구였던 것처럼 따뜻하게 맞이했다.

то́чный [tóʧ'nij] 96 D 13   形 정확한, 정밀한; 확실한.

Кто мне мо́жет сказа́ть *то́чное* вре́мя?   누가 저에게 정확한 시간을 말씀해 주시겠읍니까?

трава́ [travá] 46 d   陰 ① 풀. ② (單) 풀밭.

Мы сиде́ли на *траве́*.   우리는 풀위에 앉았다.

Он идёт не по доро́ге, а по *траве́*.   그는 길을 따라가지 않고 풀밭으로 걸어간다.

тради́ция [trad'itsijə] 55 a   陰 전통; 관습, 관례.

Это вошло́ в на́шу *тради́цию*.   이것은 우리의 관례가 되었다.

тра́ктор [tráktər] 1 a   陽 트렉터.

Наш заво́д произво́дит *тра́кторы*.   우리 공장에서는 트렉터를 생산한다.

тре́бование [tr'ébəvən'ijə] 42 a   中 요구, 요청, 청구, 수요.

Это не отвеча́ет *тре́бованиям* вре́мени.   그것은 시대의 요청에 부합되지 않는다.

тре́бовать [tr'ébəvət'] 146   不完 I (完 потре́бовать) ① (一生 от 一生) 바라다, 구하다. ② (－чтобы) …할것을 요구하다. II (不完로만) (－生) 필요하다, 필요로 하다

Они́ *тре́буют* от нас материа́льной подде́ржки.   그들은 우리에게서 물질적 원조를 바라고 있다.

Она́ ста́ла *тре́бовать*, что́бы я оста́лся с ней.   그녀는 내가 그녀와 함께 남아 달라고 요구하기 시작했다.

Эта рабо́та *тре́бует* большо́го внима́ния.   이 일은 각별한 주의력을 필요로 한다.

тре́боваться [tr'ébəvattsə] 146 (1·2人称 없이)   不完 필요하다, 요구되다.

На э́то *тре́буется* мно́го вре́мени.   이것은 많은 시간을 필요로 한다.

тре́тий [tr'ét'ij] 102   数 〔序〕 제3의, 3번째의.

Он на *тре́тьем* ку́рсе.   그는 대학 3학년생이다.

три [tr'i] 126   数 3, 3개.

У меня́ есть *три* биле́та на   나는 축구 입장권 3장을 가지고 있

футбо́л.

три́дцать [tr'ítsət'] 128
Парк нахо́дится в *тридцати́* ме́трах от до́ма.

трина́дцать [tr'inátsət'] 130
Мое́й сестре́ *трина́дцать* лет.

три́ста [tr'ísta] 137
Ка́ждый год э́тот институ́т выпуска́ет *три́ста* специали́стов.

тро́е [trójə] 125
У него́ *тро́е* дете́й.
Нас бы́ло *тро́е*.

труба́ [trubá] 46 d
Рабо́чие прокла́дывают *тру́бы* газопрово́да.
Он хорошо́ игра́ет на *трубе́*.

тру́бка [trúpkə] 88 a

Де́душка ку́рит *тру́бку*.
Он снял *тру́бку* и говори́л в неё.

труд [trút] 1 b
Мы живём свои́м *трудо́м*.

Он без *труда́* реши́л зада́чу.

труди́ться [trud'ítsə] 177

Кто не *тру́дится*, тот не ест.
Он всю жизнь *труди́лся* на бла́го наро́да.
Она́ три дня *труди́лась* над зада́чей.

тру́дно [trúdnə]
Мне *тру́дно* вы́полнить ва́шу про́сьбу.

тру́дность [trúdnəs't'] 56 a
В чём состои́т гла́вная *тру́дность* э́той рабо́ты?

다.

數 30.
공원은 집으로 부터 30m 떨어져 있다.

數 13.
내 누이는 13세이다.

數 300.
이 대학은 매년 300명의 전문가를 배출한다.

數 〔集合〕 3사람, 3개.
그에게는 자녀가 3명있다.
우리는 3명이었다.

因 관, 파이프; 나팔.
일꾼들이 가스관을 설치하고 있다.

그는 나팔을 잘 분다.

因 ① (담배의)파이프. ②(전화의) 수화기.

할아버지가 파이프 담배를 피우신다.
그는 수화기를 든 다음 그녀에게 말했다.

男 노동; 봉사; 노력, 노고.
우리는 우리 자신이 번 돈으로 생활하고 있다.

그는 어려움 없이 문제를 해결했다.

不完 ① 노동하다. ② (над -造) 힘쓰다, 분발하여 노력하다.

일하지 않는 자는 먹지도 마라.
그는 전생애를 민중의 복지를 위해 바쳤다.

그녀는 3일간 과제에 매달렸다.

形 힘들다, 어렵다, 곤란하다.
당신의 부탁은 제가 해내기 곤란합니다.

因 어려움, 곤란; 난관.
이 일의 주된 어려움은 어떤 것입니까?

трудный [trúdnij] 96 D 13   形 어려운, 힘든, 곤란한 ; 귀찮은.
Это о́чень *тру́дный* вопро́с.   이것은 매우 어려운 문제이다.

трудово́й [trudavój] 97   形 노동의, 근로의.
У него́ замеча́тельная *трудова́я* дисципли́на.   그에게는 훌륭한 노동규율이 있다.

трудя́щиеся [trud'áʃʃ'ijəs'ə] 103   複 〔活〕 노동자.
Трудя́щиеся заво́да вы́полнили план до сро́ка.   공장의 노동자들은 기한내에 계획을 완수했다.

туале́т [tual'ét] 1 а   男 화장실, 변소.
Извини́те, пожа́луйста, где *туале́т*?   실례지만 화장실이 어디 있읍니까 ?

туда́ [tudá]   副 거기로, 저기로.
Я собира́юсь *туда́* пое́хать.   나는 거기에 갈 작정이다.

тума́н [tumán] 1 а P_2 男 안개.
Сего́дня на у́лице *тума́н*.   오늘 거리에 안개가 꺼있다.

тут [tút]   副 여기에(서) ; 거기에(서) ; 그때.
Подожди́те меня́ *тут*.   나를 거기서 기다리시오.

ту́фли [túfl'i] 84 а   複 구두.
Она́ была́ в краси́вых *ту́флях*.   그녀는 예쁜 구두를 신고 있었다.

ты [tí] 105   代 〔人称〕 (잘아는 사람〔친구, 가족 등〕에게, 손아래 사람에게)너, 자네, 그대, 당신.
Ма́ма, что *ты* де́лаешь?   엄마, 뭐해요 ?
Пойдём с *тобо́й* в шко́лу.   너도 같이 학교에 가자.

ты́сяча [tís'əʧ'ə] 50 с 《單造는 ты́сячью도 사용된다.》   因 1,000.
На заво́де рабо́тают две *ты́сячи* челове́к.   공장에는 2,000명이 일한다.

тюрьма́ [t'ur'má] 81 а   因 형무소, 감옥.
Его́ заключи́ли в *тюрьму́*.   그는 형무소에 투옥됐다.

тяжело́ [t'ıʒıló]   I 副 무겁게 ; 힘들게 ; 고통스럽게.
   II 述 무겁다 ; 힘들다 ; 고통스럽다.
Она́ *тяжело́* дыша́ла.   그녀는 힘겹게 숨쉬었다.
На него́ *тяжело́* смотре́ть.   그를 쳐다보기가 고통스럽다.

тяжёлый [t'ɪʒólij] 96 B 2   形 무거운 ; 힘든 ; 고통스런.
У меня́ *тяжёлые* чемода́ны.   나는 무거운 트렁크들을 가지고 있다.

тяну́ть [t'ınút'] 152   不完 ① (—対) 끌다, 당기다 ; 뻗히다, 늘리다. ② (無人称) (—対)

	마음을 끌다. ③ (-对/с-造) 길게 끌다. ④ (無人称) (-造) 떠다니다, 감돌다.
Он *тяну́л* меня́ за во́лосы.	그는 내 머리를 잡아 당겼다.
Она́ *тяну́ла* ру́ки ко мне.	그녀는 나에게 두손을 뻗혔다.
Меня́ *тя́нет* домо́й.	나는 집으로 돌아가고 싶다.
Они́ всё ещё *тя́нут* с отве́том.	그들은 아직도 대답을 하지 않고 질질 끌고 있다.
Тя́нет ро́зой от окна́.	창이 장미 넝쿨로 뒤덮였다.
тяну́ться [t'ɪnúttsə] 152	不完 ① 퍼지다, 늘어지다; 계속되다. ② 오래 끌다, 질질 끌다.
За дере́вней *тя́нутся* поля́.	촌락의 뒤에 밭이 펼쳐져 있다.
Де́ло *тяну́лось* два ме́сяца.	일은 2개월간 계속됐다.

У

у [u]	前 (-生) ① …의 옆에, …의 근처에. ② (어떤 사람의) 집에서. ③ (소유자) (어떤 사람)에게는. ④ (어떤 사람이 있는곳)으로 부터.
Она́ сиде́ла *у* окна́.	그녀는 창가에 앉아 있다.
Я бу́ду жда́ть вас *у* вы́хода из метро́.	나는 당신을 지하철 출구 앞에서 기다리겠읍니다.
Она́ живёт *у* бра́та.	그녀는 오빠집에서 산다.
У меня́ боли́т голова́.	나는 머리가 아프다.
У вас есть бра́тья и сёстры?	당신에게는 형제 자매가 있읍니까?
У нас дво́е дете́й.	나는 자식이 둘 있다.
Я взял э́ту кни́гу *у* бра́та.	나는 이 책을 형한테서 빌렸다.
убеди́ться [ub'ɪd'íttsə] 169	完 (в-前) 확신하다, 납득하다.
Тепе́рь мы *убеди́лись* в необходи́мости борьбы́ за мир.	지금 우리는 평화를 수호하기 위한 투쟁의 필연성을 확신했다.
убежа́ть [ub'ɪʐát'] 191	完 달아나다; 도망치다, 탈주하다.
Ма́льчик *убежа́л* домо́й.	소년은 집으로 달아났다.
Он *убежа́л* из тюрьмы́.	그는 탈옥했다.
уби́ть [ub'ít'] 225	完 (-对) 죽이다, 살해하다; 없애다; …를 절망시키다, 허비하다.
Оте́ц был *уби́т* на фро́нте.	아버지는 전선에서 전사하셨다.
Я бою́сь, что э́тот уда́р *убьёт*	나는 그녀가 이번 타격으로 인해 절

уваже́ние [uvaʒén'ijə] 42 а
Он по́льзуется *уваже́нием* това́рищей.
田 존경, 경의.
그는 동료들로 부터 존경을 받고 있다.

увеличе́ние [uv'ɪl'ɪtʃ'én'ijə] 42 а
Необходи́мо *увеличе́ние* числа́ рабо́тников.
田 증가, 확대, 강화.
종업원 수를 늘릴 필요가 있다.

уве́ренный [uv'ér'ɪnnɪj] 96 A 10
Она́ смела́ и *уве́ренна*.
확신하는, 자신있는; 확실한.
그녀는 용감하고 자신에 차 있다.

уви́деть [uv'íd'ɪt'] 184
Ско́ро мы *уви́дим* мо́ре.
Я *уви́дел* опа́сность своего́ положе́ния.
Могу́ ли я *уви́деть* вас сего́дня?
(不完 ви́деть) (-対) ① 보다; 이해하다. ② 만나다.
우리는 곧 바다를 보게 될게다.
나는 자신이 위험한 처지에 있음을 알아차렸다.
오늘 저녁 당신을 좀 만날 수 있을까요?

у́гол [úgəl] 60 b $П_2$ в/на
Из-за *угла́* появи́лось две маши́ны.
Она́ сиди́т в *углу́* ко́мнаты.
男 각; 구석; 모퉁이.
모퉁이에서 자동차 2대가 나타났다.
그녀는 방구석에 앉아 있다.

у́голь [úgəl'] 63 а/g
Э́тот край бога́т *у́глем*.
男 탄, 석탄.
이 지방은 석탄이 많이 난다.

угро́за [ugrózə] 46 а
В его́ го́лосе звуча́ла пряма́я *угро́за*.
女 협박; 위협.
그의 목소리는 분명히 협박조로 들렸다.

уда́р [udár] 1 а
Он получи́л стра́шный *уда́р* кулако́м в лицо́ и упа́л.
男 타격, 일격; 공격.
그는 얼굴에 무시무시한 주먹을 한 대 맞고 쓰러졌다.

уда́рить [udár'ɪt'] 154
Кто *уда́рил* меня́ по голове́?
Проти́вники *уда́рили* на нас со всех сторо́н.
① (-対 по-與/в-対) 때리다, 타격을 가하다. ② (на-対/по-與) 공격하다.
누가 내 머리를 때렸냐?
적군은 사방에서 우리를 공격해 왔다.

уда́ться [udátsə] 253
Опера́ция *удала́сь*.
Нам *уда́стся* зако́нчить рабо́ту
① 성공하다, 잘 되어 가다. ② (-與-不定形) 성공하다, 성공적으로 진행되다.
수술은 성공했다.
우리는 일을 기한내에 성공적으로

к сро́ку.

마칠 수 있을 것이다.

удиви́тельный [ud'iv'ít'ıl'nij] 96 А 7 形 놀랄만한, 경탄할만한, 비상한, 훌륭한; 이상한.

В э́том нет ничего́ *удиви́тельного*.

여기에는 별로 놀랄만한 일이 없다.

удово́льствие [udavól's't'vi'jə] 42 а 田 만족, 기쁨; 즐거움, 유쾌함.

Он с *удово́льствием* слу́шает му́зыку.

그는 음악을 즐겨 듣는다.

уезжа́ть [ujız'z'át'] 143 不完 (完 уе́хать) (타고) 떠나다, 출발하다.

Я *уезжа́ю* сего́дня в То́кио.

나는 오늘 동경으로 출발한다.

уе́хать [ujéxət'] 246 完 (⇨不完 уезжа́ть).

Он *уе́хал* за грани́цу.

그는 외국으로 떠났다.

уж [úʃ] I 副 이미, 벌써 (=уже́). II 助 정말로, 실로, 진짜로.

А она́ *уж* здесь.

그녀가 벌써 여기에 있구나.

Уж я не зна́ю.

정말로 나는 모른다.

у́жас [úʒəs] 1 а 男 공포, 무서움; 비참함; 재난.

Она́ дрожа́ла от *у́жаса*.

그녀는 공포에 질려 떨었다.

ужа́сно [uʒásnə] I 副 무섭게; 몹시도, 지독하게. II 術 무섭다; 지독하다; 괴롭다.

Я *ужа́сно* рад вас ви́деть.

나는 당신을 뵙게되어 기쁘기 그지 없읍니다.

Ужа́сно, е́сли не́чего де́лать.

할 일이 아무것도 없다는 것은 고통스런 일이다.

уже́ [uʒé] 副 이미, 벌써.

Он *уже́* не ребёнок.

그는 이미 어린애가 아니다.

у́жин [úʒin] 1 а 男 저녁식사.

Что сего́дня на *у́жин*?

오늘 저녁 메뉴는 무엇입니까?

у́жинать [úʒinət'] 142 不完 저녁식사하다.

Обы́чно мы *у́жинаем* в семь часо́в.

우리는 보통 7시에 저녁식사를 한다.

у́зкий [úsk'ij] 99 Е 3 比 у́же 形 좁은; 가늘은.

Мы шли по *у́зкой* у́лице.

우리는 좁은 길을 따라 걸어갔다.

узна́ть [uznát'] 143 完 (-что/что) 알아내다, 인지하다; (정보 등을) 알다.

Я *узна́л* ста́рого дру́га по го́лосу.

나는 옛친구를 목소리로 알아봤다.

уйти

Я *узнал* это от своей жены.
나는 이것을 내 아내로 부터 들어서 알았다.

уйти [ujt'í] 244
完 (不完 уходи́ть) 떠나다, 가버리다.

Она́ уже́ давно́ *ушла́* домо́й.
그녀는 벌써 오래전에 집으로 떠나 버렸다.

указа́ть [ukazát'] 204
完 (不完 ука́зывать) ① (на －对) 가리키다, 지적하다. ② (－对) 지시하다, 명령하다.

Учи́тель *указа́л* мне на оши́бку.
선생님은 나의 실수를 지적해 주셨다.

Профе́ссор *указа́л* литерату́ру по э́тому вопро́су.
교수는 이 문제에 관한 문헌을 말씀해 주셨다.

ука́зывать [ukázivət'] 142
不完 (⇨完 указа́ть).

Она́ ча́сто *ука́зывала* мне на оши́бки.
그녀는 나의 잘못을 자주 지적해 주곤 했다.

Он никогда́ не *ука́зывал* нам, как вести́ рабо́ту.
그는 우리에게 어떻게 일을 처리해야 되는지 지시한 적이 없다.

укрепле́ние [ukr'ɪpl'én'ijə] 42 а
田 강화, 고정.

Сейча́с необходи́мо *укрепле́ние* дру́жбы ме́жду на́ми.
지금 우리는 상호간의 우의를 돈독히 해야만 한다.

у́лица [úl'itsə] 52 а
因 거리, 가로.

На *у́лице* большо́е движе́ние.
거리는 교통이 혼잡하다.

улучше́ние [ulutʃén'ijə] 42 а
田 개선, 향상; 개량.

Ну́жно *улучше́ние* усло́вий труда́.
노동조건을 개선할 필요가 있다.

улыба́ться [ulibátsə] 143
不完 미소짓다, 방긋웃다.

Смотри́, там он чита́ет письмо́ и *улыба́ется*.
저기 봐라, 그가 편지를 읽으며 미소 짓고 있다.

улы́бка [ulípkə] 88 а
因 미소.

Она́ говори́т с *улы́бкой* на лице́.
그녀는 얼굴에 미소를 지으며 말한다.

улыбну́ться [ulibnútsə] 151
完 [1回] 미소짓다, 방긋웃다.

Она́ да́же не *улыбну́лась*.
그녀는 웃지도 않았다.

ум [úm] 1 b
男 지력, 지혜, 두뇌, 지성.

Он челове́к большо́го *ума́*.
그는 지혜가 많은 사람이다.

умере́ть [um'ɪr'ét'] 222
完 (不完 умира́ть) 죽다.

Оте́ц *у́мер* год наза́д.
아버지는 1년 전에 돌아가셨다.

уме́ть [um'ét'] 144
不完 (完суме́ть) (－不定形)…를

Он *умеет* играть в футбол, но сегодня не может, потому что у него дело дома.

умирать [um'irát'] 143

Какая беда! Сын не знает, что его мать *умирает*.

умный [úmnij] 96 F 7

Он очень *умный* человек.

умываться [umivátʦə] 143

Каждое утро я *умываюсь* холодной водой.

университет [un'iv'ırs'it'ét] 1 а

Он поступил в *университет*.

уничтожить [un'iʧ'tóʒit] 159

Наши части *уничтожили* врага.

упасть [upás't'] 214

Книга *упала* со стола.
К утру температура у больного *упала*.

управление [upravl'én'ijə] 42 а

Управление космическим кораблём производят с Земли.
Он работает в *управлении* железной дороги.

уровень [úrəv'ın'] 62 а

Занятия прошли на высоком *уровне*.

урожай [uraʒáj] 24 а

Здесь собирают два *урожая* риса.

урок [urók] 17 а

Я забыл сделать *уроки*.
Он даёт *уроки* музыки в средней школе.

할 줄 알다, …할 능력이 있다.
그는 축구를 할 줄 알지만, 오늘은 집에 일이 있기 때문에 할 수 없다.

不完 (⇨完 умереть).
저런 딱한 일도 있나! 자기의 어머니가 다 죽어가고 있다는 사실을 아들이 모르고 있으니.

形 영리한, 지혜로운, 현명한.
그는 매우 현명한 사람이다.

不完 세수하다.
나는 매일 아침 찬물로 세수한다.

男 (종합)대학.
그는 대학에 입학했다.

完 근절하다, 말살시키다; 파괴하다.
우리 부대는 적군을 전멸시켰다.

完 (不完 падать) 떨어지다, 넘어지다; 낮아지다; 빠지다.
책이 책상에서 떨어졌다.
아침 무렵 환자는 체온이 내려갔다.

中 ① 조종, 운전, 제어; 관리. ② 관리부, 본부.

우주선의 조종은 지구에서 한다.

그는 철도관리국에 근무한다.

男 수준, 레벨, 높이.
수업은 수준높게 진행되었다.

男 수확, 추수, 수확고; 풍작.
여기서는 벼를 이기작한다.

男 숙제(과제, 숙제 ; 수업).
나는 숙제하는 것을 잊어버렸다.
그는 중학교에서 음악수업을 맡고 있다.

усилие [us'il'ijə] 42 а
 Благодаря вашим *усилиям*, нам удалось выполнить план в срок.

田 노력, 힘들임.
당신의 노력 덕분에 우리는 계획을 기한내에 마칠수 있었읍니다.

условие [uslóv'ijə] 42 а

田 ① 조건, 약속. ② (複) 조건, 상황, 환경.

 Это главное *условие* успеха.
 Они росли в трудных *условиях* военного времени.

이것은 성공의 중요한 조건이다.
그들은 전쟁 와중의 어려운 상황에서 자랐다.

услышать [uslíʃət'] 183

园 (不完 слышать I) (- 쳐 / о - 前) 듣다, 청취하다.

 Здесь нас никто не *услышит*.

이곳에서 아무도 우리가 하는 말을 듣지 않는다.

успеть [us'p'ét'] 144

园 (- 不定形) …할 시간이 있다; (на - 對 / к - 與) (시간적으로) 여유가 있다.

 Вы *успеете* написать статью к вечеру?
 Мы *успеем* на поезд.

당신은 저녁까지 논문을 다 쓸 수 있읍니까?
우리는 기차를 탈 시간이 있다.

успех [us'p'éx] 17 а

男 ① 성공, 성과. ② (複) 좋은 성적, 진보, 향상.

 Успех этого плана зависит от тебя.
 Он делает большие *успехи* в физике.

이 계획의 성공은 너에 달려있다.
그는 물리과목에서 좋은 성적을 받고있다.

успешно [us'p'éʃnə]
 Дела идут *успешно*.

圖 성공적으로, 성과있게, 순조롭게.
일이 잘 되어간다.

установить [ustənav'ít'] 175

园 (- 쳐) 설치하다; 배치하다; 정하다; 세우다; 확립하다.

 Нам удалось *установить* связь с ними.

우리는 그들과 연락하는데 성공했다.

установка [ustanófkə] 88 а
 Они производят *установку* телефона.

囡 설치, 배치; 장치, 설비.
그들은 전화를 가설한다.

устать [ustát'] 239
 — Вы не *устали*?
 — Да, я немного устал.

园 피로하다, 피곤하다.
— 당신 피곤하지 않으세요?
— 예, 좀 피곤 한데요.

устроить [ustróit'] 153

园 (- 쳐) ① (모임, 잔치, 회합 등을) 행하다, 베풀다, 마련하다. ②

Студе́нты *устро́или* интере́сный конце́рт.
> 학생들은 재미있는 음악회를 개최했다.

Она́ *устро́ила* сы́на в шко́лу.
> 그녀는 아들을 학교에 입학시켰다.

За́втра в три часа́ — э́то вас *устро́ит*?
> 내일 3시면 당신에게 괜찮습니까?

усы́ [usí] 1 с
> 🈁 콧수염; (동물의) 수염.

Он но́сит *усы́*.
> 그는 콧수염을 기른다.

у́тро [útrə] 29 а 《с/до/от утра́; 오전의 의미로서 시각과 함께 사용될 때 утра́; к утру́; по утра́м》
> 🈁 아침; 오전.

Я не спал до *утра́*.
> 나는 아침까지 잠을 자지 않았다.

Мы встаём в семь часо́в *утра́*.
> 우리는 아침 7시에 일어난다.

По *утра́м* я гуля́ю по па́рку.
> 나는 매일 아침 공원을 산책한다.

утром [útrəm]
> 🈁 아침에.

Мы уезжа́ем за́втра ра́но *у́тром*.
> 우리는 내일 아침 일찍 출발한다.

у́хо [úxə] 40 g
> 🈁 귀.

У него́ больши́е *у́ши*.
> 그의 귀는 크다.

уходи́ть [uxad'ít'] 177
> 不完 (完 уйти́) 떠나다, 출발하다, 가버리다.

Мне пора́ *уходи́ть*.
> 나는 갈 시간이다.

По́езд *ухо́дит* в два часа́ дня.
> 기차는 매일같이 오후 2시에 출발한다.

уча́ствовать [uʧ'ástvəvət'] 146
> 不完 (в — 前) 참가하다, 참여하다.

Иностра́нные го́сти *уча́ствовали* в собра́нии студе́нтов.
> 외국인 손님들은 학생들의 집회에 참가했다.

уча́стие [uʧ'ás't'ijə] 42 а
> 🈁 참가, 참여; 관심.

Вся шко́ла принима́ла акти́вное *уча́стие* в спорти́вных соревнова́ниях.
> 학교 전체가 경기에 적극적으로 참여했다.

уча́стник [uʧ'ás'n'ik] 17 а
> 男 [活] 참가자, 참여자.

Он *уча́стник* гражда́нской войны́.
> 그는 시민전쟁의 참여자이다.

уча́сток [uʧ'ástək] 65 а
> 男 구역; 지역; 부문.

Он хо́чет получи́ть *уча́сток* земли́ для до́ма.
> 그는 집짓기 위한 땅을 불하받기를 원한다.

уче́бник [uʧ'ébn'ik] 17 а
> 男 교과서.

учение

Достаньте *учебники*.
교과서를 꺼내시오.

учение [uʧ'én'ijə] 42 a
田 가르침, 공부, 학습; 학설.

В детстве отец отдал меня в *учение*.
내가 어렸을 때 아버지는 나에게 공부를 가르쳐 주셨다.

Его *учение* по физике открыло новый век.
그의 물리학설은 새로운 시대를 열었다.

ученик [uʧ'ın'ík] 17 b
男〔活〕(초·중·고등학교) 학생; 제자.

Ученики сдали экзамены.
학생들은 시험에 합격했다.

учёный [uʧ'ónij] 96, I 은 A1
I 形 ① 박학한; 학자의, 선비의. ② (長語尾로만) 학문적인, 학문상의. II 男〔活〕학자.

Она *учёная* женщина.
그녀는 박학한 여성이다.

В этой группе разговор шёл об *учёных* предметах, а в других — об искусстве, литературе, политике.
이 집단에서는 학문상의 테에마에 대해 토론했고, 다른 집단에서는 예술,문학,정치에 관해 토론했다.

Он не только поэт, но и великий *учёный*.
그는 시인이자 위대한 학자이다.

училище [uʧ'íl'iʃʃ'ə] 41 a
田 교육시설, (전문)학교.

Она учится в музыкальном *училище*.
그녀는 음악학교에 다닌다.

учитель [uʧ'ít'ıl'] 16 c
男〔活〕(초·중·고등학교)교사, 선생.

Учитель знает всех своих учеников по фамилиям.
선생은 자기학생 모두의 성을 알고 있다.

учительница [uʧ'ít'ıl'n'itsə] 52 a
女〔活〕여교사.

Моя мать была *учительницей*.
나의 어머니는 교사였다.

учить [uʧ'ít'] 174
不完 ① (—対—與/不定形) 가르치다, 교육시키다. ② (—対) 배워서 익히다, 외우다.

Она *учит* меня играть на рояле.
그녀는 나에게 피아노를 가르친다.

Я каждый день *учу* новые слова из учебника.
나는 매일 교과서에서 새로운 단어를 배워서 익힌다.

учиться [uʧ'ítsə] 174
不完 ① (—與/不定形) 배우다, 공부하다. ② 면학중이다, 학생의 신분이다.

Мы *учимся* русскому языку. 우리는 러시아어를 배운다.
Она не работает, а ещё *учит-* 그녀는 취업을 하지않고 아직 면학
ся. 중이다.

учреждение [uʧ'r'ɪzd'én'ijə] 田 시설, 기관, 관청; 설립.
42 а

В нашем *учреждении* рабо- 우리 기관에서는 약 100명이 근무하
тает около ста человек. 고 있다.

Ф

фабрика [fábr'ikə] 49 а 囡 (경공업의) 공장.
Мой брат работает на *фабрике* 나의 형은 아동복 공장에서 일한다.
детской одежды.

факт [fákt] 1 а 男 사실.
Это исторический *факт*. 이것은 역사적인 사실이다.

факультет [fəkul't'ét] 1 а 男 (대학의) 학부.
Он учится на *факультете* ино- 그는 외국어학부에 다닌다.
странных языков.

фамилия [fam'íl'ijə] 55 а 囡 성(性).
Учитель называет учеников по 선생은 학생들을 성으로 부른다.
фамилии.

февраль [f'ɪvrál'] 15 b 男 2월.
К *февралю* она должна вер- 그녀는 2월까지는 돌아와야 한다.
нуться.

фигура [f'igúrə] 46 а 囡 모양, 자태; 인물, 사람.
У неё хорошая *фигура*. 그녀는 자태가 좋다.

физика [f'íz'ikə] 49 а 囡 물리학.
Он изучает атомную *физику*. 그는 원자물리학을 연구한다.

физический [f'iz'íʧ'ɪsk'ij] 99 形 ① 물리학의. ② 육체의.
Они производят *физические* 그들은 물리학 실험을 한다.
опыты.
Она работает в институте *фи-* 그녀는 체육대학에서 일하고 있다.
зической культуры.

философия [f'ilasóf'ijə] 55 а 囡 철학.
Он написал учебник по исто- 그는 철학사 교과서를 저술했다.
рии *философии*.

фильм [f'íl'm] 1 а 男 영화; 필름.
Фильм создан по роману Ф. М. 이 영화는 도스또옙스끼 소설을 영

Достоевского.

флот [flót] 1 а 男 함대, 해군.
Он служи́л во *фло́те*. 그는 해군에서 복무했다.

фо́рма [fórmə] 46 а 女 형, 형식; 제복.
Земля́ име́ет *фо́рму* ша́ра. 지구는 구형이다.

фотоаппара́т [fotaaparát] 1 а 男 사진기, 카메라.
Я сде́лал э́ти сни́мки свои́м *фотоаппара́том*. 나는 이 사진들을 내 사진기로 찍었다.

фотогра́фия [fətagráf'ijə] 55 а 女 사진술, 사진촬영; 사진.
Он занима́ется *фотогра́фией*. 그는 사진업에 종사하고 있다.
На э́той *фотогра́фии* его́ друзья́. 이 사진에 있는 사람들은 그의 친구들이다.

фра́за [frázə] 46 а 女 구(句) : 문구.
Он гото́вил э́ту *фра́зу* два часа́. 그는 2시간 동안 이 문구를 준비했다.

францу́з [frantsús] 1 а 男 〔活〕 프랑스인.
Я зна́ю э́того *францу́за*. 나는 이 프랑스인을 알고 있다.

францу́зский [frantsúsk'ij] 99 形 프랑스(인)의.
Мать у́чит дете́й *францу́зскому* языку́. 어머니가 자식들에게 프랑스어를 가르친다.

фронт [frónt] 1 g 男 전선, 전장; 정면.
Он поги́б на *фро́нте*. 그는 전선에서 전사했다.

футбо́л [fudból] 1 а 男 축구.
Они́ игра́ют в *футбо́л*. 그들은 축구를 한다.

X

хара́ктер [xarákt'ɪr] 1 а 男 성격, 성질.
У неё прекра́сный *хара́ктер*. 그녀는 성격이 아주 좋다.

хвата́ть¹ [xvatát'] 143 不完 (完 схвати́ть) (−対) 붙잡다, 잡다, 움켜잡다.
Они́ *хвата́ют* что попа́ло. 그들은 손에 닥치는대로 무엇이든지 마구 잡는다.

хвата́ть² [xvatát'] 143 (1·2 人称 없이) 不完 (完 хвати́ть) (−生) 충분하다, 만족하다.
У меня́ не *хвата́ет* вре́мени. 나는 시간이 부족하다.

хвати́ть [xvat'ít'] 179 (1·2 人称 없이) 完 (⇒ 不完 хвата́ть²).

Этих запасов нам *хватит* на целый месяц.

хвост [xvóst] 1 b
У лошади длинный *хвост*.

химический [x'im'íʧ'ɪsk'ij] 99
Он поступил работать на *химический* завод.

химия [x'ím'ijə] 55 a
Химия играет большую роль в народном хозяйстве.

хлеб [xl'ép] 1 a/3 c
Дайте мне *хлеба*.
Там прекрасно растут *хлеба*: рис, пшеница и др.

ход [xót] 1 c P_2, Π_2 в/на
От дома до работы час *хóду*.
Я не ожидал такого *хóда* дела.

ходить [xad'ít'] 177

Ребёнок стал *ходить*.
Он долго *ходил* по комнате.

Наши дети уже *ходят* в школу.

Сегодня мы с женой *ходили* в музей.
Туда *ходят* автобусы.
Сегодня поезда не *ходят*.

хозяин [xaz'áin] 10 a
Эта собака, наверное, убежала от своего *хозяина*.

хозяйка [xaz'ájkə] 89 a
Мать была хорошей *хозяйкой*.

хозяйственный [xaz'ájs't'v'ɪnnij] 96 A 10
Здесь собраны данные о

이 비축량만 가지고도 한달동안은 충분하다.

男 꼬리, 꽁지; 후부(後部).
말의 꼬리는 길다.

形 화학의, 화학적인.
그는 화학공장에 취직했다.

女 화학.
화학은 국민경제에 커다란 역할을 한다.

男 ① (單) 빵. ② 곡식.
빵 좀 주세요.
거기에 쌀, 밀 등의 곡식들이 아주 잘 자라고 있다.

男 진행, 이행, 경과, 진전.
집에서 직장까지 1시간 걸린다.
나는 일이 그렇게 되리라고 예상치 않았다.

不完 [不完] ([定] идти) ① 걷다. ② 걸어다니다, 왕래하다, 방문하다, 다니다. ③ (자동차등이) 운행하다, 다니고 있다.

아기가 걷기 시작했다.
그는 오랫동안 방안에서 이리 저리 걸어다녔다.

우리 아이들은 이미 학교에 다니고 있다.

오늘 나는 아내와 함께 박물관에 다녀왔다.
거기에 버스가 다닌다.
오늘은 기차가 운행되지 않는다.

男 [活] 주인; 지배인.
이 개는 틀림없이 주인으로 부터 도망쳤을 것이다.

女 [活] 여주인, 주부.
어머니는 좋은 주부였다.

形 ① (長語尾로만) 경제의, 경영의. ② 경제적인, 알뜰한.
여기에 우리 지역의 경제발전에 대

хозяйственном развитии нашего района.

한 자료가 모아져 있다.

Его жена очень *хозяйственная*.

그의 아내는 매우 알뜰하다.

хозяйство [xaz'ájstvə] 29 а

田 경제; 경제단위; 가정.

Я помогаю жене по *хозяйству*.

나는 아내의 집안일을 도와준다.

холодильник [xəlad'íl'n'ik] 17 а

冏 냉장고; 냉각·냉방장치.

Положи масло в *холодильник*.

버터를 냉장고에 넣어놔라.

хо́лодно [xólədnə]

I 團 춥다, 차갑다. II 團 차갑게, 냉정하게, 쌀쌀하게.

Здесь очень *хо́лодно*.
Он ответил мне *хо́лодно*.

이곳은 매우 춥다.
그는 나에게 냉정하게 대답했다.

холо́дный [xalódnij] 96 Е 2

圈 추운, 차가운; 냉정한.

Ночи становятся *холоднее*.

밤에는 더 춥다.

хоро́ший [xaróʃij] 101 В 4 比 лучше / лучший

圈 좋은; 우수한; 사람이 좋은.

Спасибо за *хоро́ший* совет.

좋은 충고에 감사합니다.

хорошо́ [xəraʃó] 比 лучше

I 團 좋게; 훌륭하게. II 團 좋다.

Я не очень *хорошо́* понял.
Сегодня на улице *хорошо́*.

나는 아주 잘 이해하지는 못했다.
오늘 거리는 명랑하다.

хоте́ть [xat'ét'] 255

不完 ① (-対/生) 원하다. ② (-不定形) …하고 싶다. ③ (-чтобы) … (남이 … 했으면 하고) 바라다.

Что вы *хоти́те*, чай или кофе?

당신은 차와 코오피 둘 중에 무엇을 원하십니까?

Она *хо́чет* стать учительницей.
Я *хочу́*, чтобы она кончила работу как можно скорее.

그녀는 교사가 되고 싶어 한다.
나는 그녀가 될 수 있는대로 일을 빨리 끝내기를 바란다.

хоте́ться [xat'étsə] 255 (1·2 人称 없이)

不完 (-與 - 不定形) …하고 싶어 한다.

Мне очень *хо́чется* спать.
Ему не *хоте́лось* пойти с ней.

나는 매우 졸립다.
그는 그녀와 함께 가고 싶지 않았다.

хоть [xót']

I 接 …지만. II 團 적어도.

Хоть погода была плохая, мы поехали за город.
Скажи *хоть* одно слово.

날씨가 나빴지만 우리는 교외로 나갔다.
한마디라도 좀 해라.

хотя́ [xat'á]

接 ① 비록 …지만. ② (-бы)

Отря́д шёл вперёд, *хотя́* все уже́ уста́ли.
비록 모두가 이미 피곤했지만, 부대는 전진을 계속했다.

Хотя́ бы ты и захоте́л игра́ть, тебе́ бы э́того не позво́лили.
비록 너는 놀고 싶겠지만, 허락돼 있지 않다.

худо́жественный [xudóʒəs't'v'ɪnnɪj] 96 A 10 形 ① 〔長語尾로만〕 미술의; 예술적 수법의. ② 예술적인.

Вчера́ мы смотре́ли сове́тский *худо́жественный* фильм.
어제 우리는 소련의 극영화를 보았다.

Его́ расска́зы бы́ли све́жи и *худо́жественны*.
그의 단편소설은 신선하고 예술적이었다.

худо́жник [xudóʒn'ik] 17 a 男 〔活〕 화가; 예술가.

Я мечта́ю стать *худо́жником*.
나는 화가가 되기를 꿈꾸고 있다.

ху́же [xúʒi] 《плохо́й, пло́хо 의 比》 I 形 더 나쁘다. II 副 더 나쁘게.

Пого́да сего́дня *ху́же*, чем вчера́.
오늘은 어제보다 날씨가 나쁘다.

Он зна́ет хи́мию *ху́же* меня́.
그는 화학에 대해서 나보다 모른다.

Ц

царь [tsár'] 15 b 男 〔活〕 러시아 황제, 짜르; 왕자.

Пе́рвым *царём* назва́л себя́ Ива́н III (тре́тий).
최초의 러시아 황제라고 자칭한 이는 이반 3세이다.

цвет [tsv'ét] 3 c 男 색, 색채.

Я люблю́ я́ркие *цвета́*.
나는 밝은 색을 좋아한다.

цветно́й [tsv'ɪtnój] 97 形 색이 있는, 빛이 있는.

Купи́ мне *цветны́е* каранда́ши.
색연필 좀 사줘라.

цвето́к [tsv'ɪtók] 68 b 男 꽃.

Мы встре́тили госте́й с *цвета́ми*.
우리는 꽃을 들고 손님을 맞이했다.

целова́ть [tsəlavát'] 147 不完 (−对) 뽀뽀하다, 입맞추다.

Она́ как всегда́ *целова́ла* дете́й пе́ред сном.
그녀는 항상 그렇듯이 아이들이 잠자리에 들기전에 뽀뽀해줬다.

це́лый [tsélɪj] 96 D 1 形 ① 〔長語尾로만〕 전체의, 온전…. ② 완전한, 결함없는.

Я был бо́лен *це́лую* неде́лю.
나는 1주일간 앓았다.

Зе́ркало упа́ло, но оста́лось *це́-ло*.

цель [tsél'] 56 a

Он счита́ет свое́й *це́лью* хорошо́ учи́ться.

거울이 떨어졌으나, 깨지지 않고 온전했다.

因 목표; 목적; 목적지.

그는 공부 잘 하는 것을 목표로 삼는다.

цена́ [tsiná] 46 f

Це́ны на зе́млю постоя́нно расту́т.

因 가격, 값; 가치.

땅 값이 계속 오른다.

це́нный [tsénnij] 96 A 6

Ва́ша мысль о́чень *це́нна*.

形 가치있는, 귀중한; 고가의.

당신의 생각은 매우 귀중한 것이다.

центр [tséntr] 1 a

Он живёт в *це́нтре* го́рода.

男 중심, 중앙, 중심부.

그는 시내에 살고있다.

центра́льный [tsintrál'nij] 96

Скажи́те, пожа́луйста, как пройти́ на *центра́льную* по́чту?

形 중심의, 중앙의, 주요한.

실례지만, 중앙우체국은 어떻게 가지요?

цепь [tsép'] 56 g $П_2$ в/на

Соба́ка на *цепи́*.

因 사슬, 쇠사슬; 연속.

개는 사슬로 매어져 있다.

це́рковь [tsérkəf'] 95 g

Ка́ждое воскресе́нье он быва́ет в *це́ркви*.

因 교회, 교회당.

그는 일요일마다 교회에 나간다.

цех [tséx] 17 a $П_2$ в

Мой оте́ц — нача́льник *це́ха*.

男 직장, 현장, (개개의 제조과정의) 공장.

나의 아버지는 직장의 장이다.

ци́фра [tsífrə] 46 a

Ребёнок у́чится писа́ть *ци́фры*.

因 숫자.

어린아이가 숫자 쓰는 법을 배우고 있다.

Ч

чай [tʃ'áj] 25 c P_2, $П_2$ в

Не вы́пьете ли вы ча́шку *ча́ю*?

男 차.

차 한잔 하시지 않겠어요?

час [tʃ'ás] 1 c P_2, $П_2$ в (個數詞와 함께 사용될 때 單生은 часа́)

Я ждал вас це́лый *час*.

Она́ придёт к трём *часа́м*.

Он верну́лся домо́й в пе́рвом *часу́ но́чи*.

男 ① 1시간. ② …시. ③ 제…시. ④ 때, 시각.

나는 당신을 1시간 기다렸읍니다.

그녀는 3시까지는 온다.

그는 밤 12시 지나서(제 1 시) 귀가했다.

Он пришёл к нам в *час* обеда.
그는 식사시간에 우리한테 왔다.

часово́й [ʧ'ısavój] 97

' I 🈚 ① 1시간의. ② 시계의. Ⅱ 🈯 〔活〕보초, 당번.

Заседа́ние при́няло реше́ние по́сле *часово́й* рабо́ты.
회의는 1시간의 작업 끝에 결의를 채택했다.

Моя́ сестра́ рабо́тает на *часово́м* заво́де.
나의 누이는 시계공장에 근무한다.

Часово́й стои́т на посту́.
보초가 초소에 서 있다.

ча́сто [ʧ'ástə] 比 ча́ще
🈯 자주, 빈번히, 빽빽하게.

Мы *ча́сто* хо́дим в теа́тр.
우리는 자주 극장에 간다.

часть [ʧ'ás't'] 56 g
🈚 ① 부분. ② (分數) …분의 1. ③ 부대, 과(課).

Бо́льшая *часть* студе́нтов сейча́с на пра́ктике.
대부분의 학생이 지금 실습 중이다.

Я прочита́л пе́рвую *часть* рома́на Толсто́го.
나는 똘스또이 장편소설의 제1부를 읽었다.

Э́то составля́ет тре́тью *часть* рабо́ты.
이것은 일의 3분의 1에 해당된다.

На террито́рии мно́гих стран нахо́дятся сове́тские *ча́сти*.
소련군 부대는 많은 나라의 영토에 주둔해 있다.

часы́ [ʧ'ısí] 1 c
🈯 시계.

Мои́ *часы́* иду́т то́чно.
내 시계는 정확히 간다.

ча́шка [ʧ'áʃkə] 90 a
🈚 찻잔.

Мы пришли́ к вам на *ча́шку* ко́фе.
우리는 코오피 한잔 마시러 당신에게 왔읍니다.

чей [ʧ'éj] 120

🈯 ①〔所有〕누구의. ②〔關係〕그 사람의.

Чьи ве́щи лежа́т здесь?
여기 놓여 있는 물건은 누구거요?

Я хорошо́ зна́ю писа́теля, *чьё* и́мя всем изве́стно.
나는 그 이름이 모든이에게 알려져 있는 작가를 잘 알고 있다.

челове́к [ʧ'ılav'ék] 18 a (①의 複은 лю́ди 형을 사용한다. ②는 複主를 사용하지 않는다)

🈯 〔活〕 ① 사람, 인간. ② (數詞와 함께) …사람.

Он о́чень хоро́ший *челове́к*.
그는 아주 좋은 사람이다.

Нас бы́ло пять *челове́к*.
우리는 모두 다섯이었다.

челове́ческий [ʧ'ılav'éʧ'ısk'ij] 99
🈚 인간의, 인간적인.

У него́ тёплое, *челове́ческое* отноше́ние ко всем.
그는 모든 사람에게 인간적으로 따뜻하게 대한다.

челове́чество [tʃɪlavʲétʃʲɪstvə] 29 a   田 인류, (집합적인) 인간.

Я изуча́ю исто́рию *челове́чества*.   나는 인류의 역사를 연구한다.

чем [tʃém]   接 ① …보다 더. ② (чем …, тем …) …할 수록 더 …하다.

Э́тот слова́рь лу́чше, *чем* тот.   이 사전은 저것보다 좋다.

Чем бо́льше бу́дете чита́ть, тем бо́льше бу́дете знать.   많이 읽으면 읽을수록 더 많이 알게 될 것입니다.

чемода́н [tʃɪmadán] 1 a   男 트렁크, 여행용 가방.

Он де́ржит ма́ленький *чемода́н* в пра́вой руке́.   그는 오른손에 작은 트렁크를 들고 있다.

чемпио́н [tʃɪmpʲión] 1 a   男 [活] 챔피언.

Он *чемпио́н* ми́ра по бе́гу на 100 (сто) ме́тров.   그는 100m 경주의 세계 챔피언이다.

че́рез [tʃérʲɪz] (무성자음 앞에서는 [tʃérʲɪs])   前 (-対) ① …건너서, 가로질러, 지나서, 뚫고서, 통해서. ② …중개로, 통해서. ③ …후에, 지나서.

Че́рез ре́ку постро́ен но́вый мост.   강을 가로질러 새로운 다리가 건설됐다.

Он переда́л мне письмо́ *че́рез* сестру́.   그는 누이 동생을 통해서 나에게 편지를 전해줬다.

Уро́к начнётся *че́рез* не́сколько мину́т.   수업이 몇분 후에 시작된다.

чёрный [tʃórnʲɪj] 96 B 6   形 검은; 어두운.

Я купи́ла себе́ су́мку *чёрного* цве́та.   나는 검은색 핸드백을 샀다.

чёрт [tʃórt] 12 g   男 [活] 악마, 귀신 (보통 숙어 형태로 사용되어).

Чёрт его́ зна́ет, где он!   도대체 그는 어디에 있을까!

Чёрт с тобо́й!   네가 어떻게 되든 상관없어!

черта́ [tʃɪrtá] 46 b   女 ① 선, 줄. ② 특징, 특성. ③ (複) 용모, 얼굴 생김새.

Он провёл *черту́* кра́сным каранда́шом.   그는 빨간 색연필로 줄을 그었다.

Одно́й из национа́льных черт у коре́йцев явля́ется чу́вство това́рищества.   한국인들의 특징 중의 하나가 연대감이다.

У неё пра́вильные *черты́* лица́.   그녀는 얼굴 생김새가 단정하다.

чертёж [tʃ'ɪrt'óʃ] 21*b
Он составляет *чертёж* здания.
男 도안, 도면, 설계도
그는 건물의 도면을 작성하고 있다.

честный [tʃ'ésnij] 96 D 13
Она ведёт *честный* образ жизни.
形 정직한, 성실한, 공정한.
그녀는 정직하게 살아간다.

честь [tʃ'és't'] 56 а П₂ в
Это для меня вопрос *чести*.
女 명예, 영광.
이것은 나에 있어서 명예 문제이다.

четверг [tʃ'ɪt'v'érk] 17 b
В *четверг* состоится собрание.
男 목요일.
목요일에 집회가 있다.

четвёртый [tʃ'ɪt'v'órtij] 96
Сейчас идёт *четвёртый* год пятилетки.
数 〔序〕 제4의, 4번째의.
금년은 5개년계획의 4번째 해이다.

четыре [tʃ'ɪtir'ɪ] 127
Он уже *четыре* дня не ходил на работу.
数 4, 4개.
그는 벌써 4일 동안 직장에 출근하지 않았다.

четыреста [tʃ'ɪtír'ɪstə] 138
В книге *четыреста* страниц.
数 400.
이 책은 400페이지이다.

четырнадцать [tʃ'ɪtírnətsət'] 130
Нас было *четырнадцать*.
数 14.

우리는 14명이었다.

число [tʃ'ɪsló] 74 d
Число членов нашего кружка быстро растёт.
— Какое сегодня *число*?
— Сегодня уже двадцатое *число*.
田 ① 수(양). ② 날짜.
우리 클럽의 회원수는 급증하고 있다.
— 오늘은 몇 일입니까?
— 벌써 20일입니다.

чисто [tʃ'ístə] 比 чище

Он всегда *чисто* моет руки.
В комнате было *чисто*.
I 副 깨끗이, 청결하게; 순수하게.
II 述 깨끗하다, 청결하다.
그는 항상 손을 깨끗이 닦는다.
방은 깨끗했다.

чистый [tʃ'ístij] 96 D 1 比 чище

Она всегда в *чистой* одежде.
Чистое железо в природе не встречается.
形 ① 깨끗한, 청결한. ② (長語尾로만) 순수한.
그녀는 항상 청결한 옷을 착용한다.
순수한 철은 자연계에 없다.

читатель [tʃ'itát'ɪl'] 14 а
Газета должна отвечать на письма *читателей*.
男 〔活〕 독자.
신문은 독자의 편지에 대한 답을 실어야 한다.

читать [tʃ'itát'] 143
不完 (—対) ① 읽다, 독서하다.

член

Вы *читáли* э́ту кни́гу?
Он мно́го *читáет*.
Онá хорошó *читáет* по-рýсски.
Я *читáю* лéкции по литератýре в университéте.

член [ʧ'l'én] 1 а
Он *член* нáшего клýба.

что [ʃtó] I 은 110

Что э́то?
Чегó ты хóчешь?
О *чём* вы дýмаете?
Всё, *что* мы ви́дели в музéе, бы́ло óчень интерéсно.
Дéти рáды, *что* отéц вернýлся.

Стрáнно, *что* он не приéхал.

чтóбы [ʃtóbi]

Я приéхал, *чтóбы* уви́деть егó.
Я сказáл им об э́том ещё раз, *чтóбы* они́ не забы́ли.
Я хочý, *чтóбы* вы э́то пóняли.
Врач сказáл, *чтóбы* я не кури́л.

чтó-нибудь [ʃtón'ibut'] 110 《-нибудь는不変》
Знáет ли он *чтó-нибудь* об э́том?

чтó-то [ʃtótə] 110 《-то는不変》

Он *чтó-то* сказáл по-рýсски, но

② (강연, 강의를) 하다.
당신은 이 책을 읽었읍니까?
그는 책을 많이 읽는다.
그녀는 러시아어로 잘 읽는다.
나는 대학에서 문학 강의를 하고 있다.

男 일원, 회원.
그는 우리 클럽 회원이다.

I 代 〔疑問〕 무엇; 〔関係〕(то, всё 가 先行詞)…하는 (한) 것의.
II 接 …라는 것은·을.

이것은 무엇입니까?
너는 무엇을 원하냐?
당신은 무엇에 대해 생각합니까?
우리가 박물관에서 본 모든 것은 매우 흥미로왔다.
아이들은 아버지가 돌아오신 것이 매우 기쁘다.
그가 오지 않은 것은 이상하다.

接《從属文의 동사는 과거형. 단 주어가 일치하는 경우는 從屬文의 주어를 생략하여 不定形을 사용한다) ① (目的) …하기 위하여. ② (願望, 命令 등을 나타내는 동사의 從属文을 이끈다).

나는 그를 만나기 위해 왔다.
나는 그들이 이것에 대해 잊지 않도록 다시 한번 말했다.
나는 당신이 이를 이해하기 바랍니다.
의사는 나에게 담배를 피우지 말라고 했다.

代 〔不定〕 무엇인가, 무엇이든지.
그는 이것에 대해 무언가 좀 알고 있읍니까?

代 〔不定〕 어떤 일, 어떤 것, 무엇인가 (현실로 존재하지만, 구체적으로 명시돼 있지 않은 것).

그가 러시아어로 뭔가 얘기했지만

я не по́нял.

чу́вство [tʃ'ústvə] 29 а

У меня́ тако́е *чу́вство*, что я что́-то забы́л.

나는 알아 듣지 못했다.

田 감각, 느낌, 감정; 의식.

나는 뭔가 잊어버린 것 같은 느낌이 든다.

чу́вствовать [tʃ'ústvəvət'] 146

— Как вы себя́ *чу́вствуете*?

— Я *чу́вствую* себя́ хорошо́.

不完 (-对) 느끼다, 지각하다.

— 당신은 기분이 어떻습니까?

— 나는 기분이 좋습니다.

чу́до [tʃ'údə] 34 с

На све́те нема́ло *чуде́с*.

田 기적, 경탄할만한 사건.

세상에는 불가사의한 일이 적지 않게 일어난다.

чужо́й [tʃ'uʒój] 97

Он для меня́ соверше́нно *чужо́й*.

形 타인의, 남의; 인연이 없는.

그는 나하고는 전혀 남이다.

чулки́ [tʃ'ulk'í] 67 b

Она́ но́сит то́лстые *чулки́*.

複 스타킹, 목이 긴 양말.

그녀는 천이 두꺼운 스타킹을 신고 있다.

чуть [tʃ'út']

Он *чуть* ды́шит.

副 (口語) 겨우, 간신히, 가까스로.

그는 숨이 끊어질 듯하다.

Ш

шаг [ʃák] 17 с P₂, П₂ в/на (個數詞와 함께 사용될 때, 單生은 шага́)

Он сде́лал два *шага́* вперёд и останови́лся.

男 1 보, 걸음, 보조; 발소리.

그는 앞으로 두걸음 가다가 멈췄다.

ша́пка [ʃápkə] 88 а

Он хо́дит в *ша́пке*.

女 (채양이 없는) 모자.

그는 모자를 쓰고 다닌다.

шар [ʃár] 1 с (個數詞와 함께 사용될 때, 單生은 шара́)

Спу́тник лета́ет вокру́г земно́го *ша́ра*.

У ма́льчика два возду́шных *шара́*.

男 공, 구(球) : 둥근모양의 물건, 둥근 것.

「스쁘뜨니끄」는 지구 주위를 맴돈다.

소년은 풍선 2개를 가지고 있다.

шестна́дцать [ʃisnáttsət'] 130

Наш кружо́к состои́т из *шестна́дцати* чле́нов.

數 16.

우리 써클의 회원은 16명이다.

шесто́й [ʃistój] 97

Ию́нь — *шесто́й* ме́сяц го́да.

數 [序] 제6의, 6번째의.

6월은 1년중 6번째 달이다.

шесть [ʃés't'] 128
Я буду там от трёх до *шести* часов.
數 6, 6 개.
나는 3시부터 6시까지 거기에 있겠다.

шестьдесят [ʃəz'd'ıs'át] 133
Население этого города составляет *шестьдесят* тысяч человек.
數 60.
이 도시의 인구는 6만명이다.

шестьсот [ʃissót] 139
Расстояние между Москвой и Ленинградом больше *шестисот* километров.
數 600.
모스끄바와 레닌그라드 사이의 거리는 600km 이상 떨어져 있다.

шея [ʃéjə] 54 а
Она бросилась мне на *шею*.
因 목.
그녀는 나의 목에 안겼다.

шинель [ʃin'él'] 56 а
Я встретил милиционера в *шинели*.
因 (제복의) 외투.
나는 외투를 착용한 경찰을 만났다.

широкий [ʃirók'ij] 99 F 3 比 шире
形 ① 넓은, 폭이 넓은. ② (의복이) 느슨한; (短語尾로만) 너무 느슨한. ③ 광범위한.

В углу комнаты стоял *широкий* диван.
방구석에 넓은 소파가 놓여 있었다.

Платье мне *широко* в поясе.
옷은 나에게 허리가 너무 느슨하다.

У нас на будущий год *широкие* планы.
우리는 내년에 원대한 계획이 있다.

широко [ʃirakó] 比 шире
Дверь была *широко* открыта.
副 넓게, 광범위하게.
문이 활짝 열려있다.

шкаф [ʃkáf] 1 с П₂ в/на
В этом *шкафу* есть два ящика.
男 장, 찬장.
이 장에는 서랍이 2개 달려 있다.

школа [ʃkólə] 46 а
Завтра в *школе* не будет занятий.
因 (초·중·고등) 학교.
내일 학교에 수업이 없다.

школьник [ʃkól'n'ik] 17 а
Учитель оставил этого *школьника* после уроков, потому что он плохо вёл себя.
男 [活] (초·중·고등학교의) 학생, 생도.
선생은 이 학생의 태도가 불량해서 방과 후에 남게 했다.

шляпа [ʃl'ápə] 46 а
На ней была новая *шляпа*.
因 (채양이 있는) 모자.
그녀는 새 모자를 쓰고 있었다.

шоссе [ʃossé] 《不変》
田 포장도로; 가도.

Куда́ ведёт э́то *шоссе́*? 이 도로는 어디로 통합니까?

шофёр [ʃafʼór] 1 a 男〔活〕자동차 운전사.
Мой сосе́д рабо́тает *шофёром* 나의 이웃은 택시운전사로 일한다.
такси́.

штаб [ʃtáp] 1 c 男 참모부, 사령부, 본부.
Он офице́р *шта́ба*. 그는 참모장교이다.

штат [ʃtát] 1 a 男 ① 정원, 정직원, 인원. ② (외
국의) 주(州).
Он в *шта́те* факульте́та. 그는 학부의 정직원이다.
США [sɛʃaá] означа́ет Соеди- США는 아메리카합중국이라는 뜻
нённые *Шта́ты* Аме́рики. 이다.

шум [ʃúm] 1 a P_2 男 소음, 잡음; 소동, 소란.
У меня́ боли́т голова́ от *шу́ма*. 나는 소음으로 머리가 아프다.

шуме́ть [ʃumʼétʼ] 188 不完 떠들다, 소음을 내다.
— Что за шум? —이게 무슨 소리지?
— Э́то лес *шуми́т*.. —이건 숲이 내는 소리다.

шути́ть [ʃutʼítʼ] 179 不完 농담하다, 만담하다.
Она́ лю́бит *шути́ть* с детьми́. 그녀는 아이들과 농담하며 노는 것
을 좋아한다.
Он, наве́рное, *шу́тит*. 그는 아마 농담하는 걸 거다.

шу́тка [ʃútkə] 88 a 女 농담.
Он не на *шу́тку* рассерди́лся. 그는 농담이 아니고 진짜로 화냈다.

Щ

щека́ [ʃʼʃʼıká] 49*i 女 뺨, 볼.
Он уда́рил ма́льчика по *щеке́*. 그는 소년의 뺨을 때렸다.

щётка [ʃʼʃʼótkə] 88 a 女 솔, 브러쉬.
Дай мне *щётку* для оде́жды. 옷솔 좀 줘라.

Э

экза́мен [egzámʼın] 1 a 男 시험, 검사.
Она́ о́чень боя́лась *экза́мена* 그녀는 물리 시험을 매우 두려워했
по фи́зике. 다.

эконо́мика [ekanómʼikə] 49 a 女 경제기구; 경제학.
Он специали́ст по *эконо́мике*. 그는 경제학 전문가이다.

экономи́ческий [ekənam'íʧ'ɪsk'ij] 99 　 形 경제의.

Стра́ны За́падной Евро́пы эффекти́вно бо́рются с экономи́ческим кри́зисом.
　 서구국가들은 효과적으로 경제위기를 타개하고 있다.

эконо́мия [ekanóm'ijə] 55 a 　 女 절약, 검약.

Эконо́мия мета́лла соста́вила 200 (две́сти) ты́сяч рубле́й.
　 금속의 절약으로 20만 루불의 이익이 생겼다.

экра́н [ekrán] 1 a 　 男 영사막, 스크린; 영화.

С экра́на на меня́ смотре́ло о́чень знако́мое лицо́.
　 스크린으로 부터 아주 낯익은 얼굴이 나를 처다 보았다.

эксплуата́ция [ekspluatátsijə] 55 a 　 女 ① 착취. ② (자원의) 개발; (설비의) 사용, 운전.

Эксплуата́ция челове́ка челове́ком.
　 인간에 의한 인간의 착취.

Они́ сда́ли но́вый заво́д в эксплуата́цию.
　 그들은 새로운 공장의 조업을 시작했다.

электри́ческий [el'ɪktr'íʧ'ɪsk'ij] 99 　 形 전기(電氣)의.

На большинстве́ фа́брик и заво́дов испо́льзуют электри́ческую эне́ргию.
　 대부분의 공장들은 전력을 사용하고 있다.

элеме́нт [el'ɪm'ént] 1 a 　 男 구성분자, 요소, 성분.

Вся́кая пе́сня состои́т из двух элеме́нтов — из слов и му́зыки.
　 모든 노래는 가사와 곡조라는 2가지 요소로 구성돼 있다.

эне́ргия [en'érg'ijə] 55 a 　 女 에너지; 정력, 활력.

Земля́ получа́ет от со́лнца огро́мное коли́чество эне́ргии.
　 지구는 태양으로 부터 막대한 양의 에너지를 받고 있다.

эпо́ха [epóxə] 49 a 　 女 시대, 시기.

Тео́рия Эйнште́йна сде́лала эпо́ху в исто́рии фи́зики.
　 아인슈타인의 이론은 물리학의 한 시대를 장식했다.

эскала́тор [eskalátər] 1 a 　 男 에스컬레이터.

На ста́нциях метро́ рабо́тает мно́го эскала́торов.
　 지하철 역에는 많은 수의 에스컬레이터가 작동되고 있다.

эта́ж [etáʃ] 21 b 　 男 층.

Мы с ним живём на одно́м этаже́.
　 나는 그와 같은 층에서 살고 있읍니다.

э́то [étə] I 은 1|3 　 I 代 〔指示〕 이것, 그것. II 助…

Это было давно. 그건 오래전 일이다.
Я *этому* не верю. 나는 그걸 믿지 않는다.
— Что *это*? — Это книга. —이건 무엇입니까? 그건 책입니다.
Кто *это*? 이 사람은 누구입니까?
Труд — *это* талант. 노력 — 이것은 재능이다.
Это поезд идёт. 그건 기차가 가는 것이다.

этот [étət] 113 代 〔指示〕 이것의, 그것의; (тот 에 반하여 가까운 것을 가리킴).

Я знаю *этот* рассказ, он очень интересный. 나는 이 얘기를 아는데, 그건 매우 재미있다.
В *этот* день мы все собрались у него. 그날 우리는 그의 집에 전부 모였다.
Этой девочке десять лет, а той — двенадцать. 이 여자아이는 10살 먹었고, 저 애는 12살 먹었다.

Ю

юбка [júpkə] 88 а 女 치마, 스커트.
На работу она пришла в новой чёрной *юбке*. 그녀는 새 검정치마를 입고 직장에 출근했다.

юг [júk] 17 а 男 남, 남쪽; 남방, 남부.
Он пошёл прямо на *юг*. 그는 남쪽으로 곧장 걸어갔다.

южный [júznij] 96 形 남의, 남쪽의; 남부의.
Это самый *южный* город страны. 그건 전국 최남단의 도시이다.

юность [júnəs't'] 56 а 女 청춘, 청년시대.
В *юности* он писал стихи. 그는 청년시절에 시를 썼다.

юноша [júnəʃə] 51 а 男 〔活〕 청년, 약관.
Когда он был *юношей*, мы жили рядом. 그가 청년이었을 때 우리는 이웃에 살았다.

Я

я [já] 104 代 〔人称〕 나, 저.
Я читаю книгу. 나는 책을 읽는다.

У *меня* есть сестра́. 나는 누이가 있다.
Пойдём со *мной*. 나와 같이 가자.

я́блоко [jábləkə] 38 а 田 사과.
Она́ купи́ла я́щик *я́блок*. 그녀는 사과 1 상자를 샀다.

яви́ться [jɪv'íttsə] 176 完 (不完 явля́ться) ① 나타나다, 출두하다, 출현하다. ② (-造)이다, 되다.

Яви́лись но́вые писа́тели с тала́нтом. 재능있는 신진 작가들이 나타났다.
Э́то *яви́лось* причи́ной его́ сме́рти. 이것이 그의 사망원인이다.

явле́ние [jɪvl'én'ijə] 42 а 田 현상, 사건.
Э́то обы́чное *явле́ние*. 이건 평범한 현상이다.

явля́ться [jɪvl'áttsə] 145 不完 (⇨完 яви́ться).
На рабо́ту ну́жно *явля́ться* в во́семь часо́в утра́. 직장에 오전 8시에 출근해야 한다.
Он *явля́ется* авторите́том в хи́мии. 그는 화학의 권위자이다.

я́дерный [jád'ɪrnij] 96 形 핵의, 원자핵의.
Он изуча́ет *я́дерную* фи́зику. 그는 핵물리학을 연구한다.

язы́к [jɪzík] 17 b 男 ① 혀. ② 언어, 말.
Она́ попро́бовала суп *языко́м*. 그녀는 혀로 스프를 맛보았다.
Язы́к представля́ет собо́й явле́ние социа́льное. 언어는 사회적 현상이다.

яйцо́ [jijtsó] 79 e 田 알.
Ка́ждое у́тро на́ша ку́рица кладёт *яйцо́*. 매일 아침 우리 닭이 알을 낳는다.

янва́рь [jɪnvár'] 15 b 男 1월.
Он прие́хал сюда́ в нача́ле *января́*. 그는 1월에 이곳으로 왔다.

я́ркий [járk'ij] 99 D 14 比 я́рче 形 밝은, 빛나는; 선명한.
Я не люблю́ *я́рких* цвето́в. 나는 선명한 색을 좋아한다.

я́сно [jásnə] I 副 분명하게, 명료하게. II 術 분명하다, 확연하다; 맑다.

Говори́те ме́дленно и *я́сно*. 천천히 그리고 분명하게 말하시오.
Ста́ло *я́сно*, что он не придёт. 그가 오지 않을 것은 분명해졌다.

я́сный [jásnij] 96 D 13 形 명백한, 분명한, 확연한; 맑은, 투명한.

Во́здух был так чист и *я́сен*, 공기는 달이 하늘과 바다 사이를 천

что казалось, луна медленно плывёт между небом и морем.

ящик [jáʃʃ'ik] 17 a

Что находится в этом *ящике*?
Я положил её письмо на самое дно верхнего *ящика*.

男 ① 함, 상자. ② 서랍.
이 상자 속에 무엇이 있읍니까?
나는 그녀의 편지를 윗 서랍 맨 밑 바닥에다 뒀다.

천히 헤엄쳐 가는 것 처럼 보일 정도로 깨끗하고 맑았다.

부 록

1. 名詞変化

	主格	生格	与格	対格	造格	前置格
1	заво́д заво́д|ы	-а -ов	-у -ам	— -ы	-ом -ами	-е -ах
2	солда́т солда́т|ы	-а —	-у -ам	-а —	-ом -ами	-е -ах
3	го́род город|а́	-а -о́в	-у -а́м	— -а́	-ом -а́ми	-е -а́х
3*	счёт счет|а́	-а -о́в	-у -а́м	— -а́	-ом -а́ми	-е -а́х
4	глаз глаз|а́	-а —	-у -а́м	— -а́	-ом -а́ми	-е -а́х
5	стул сту́л|ья	-а -ьев	-у -ьям	— -ья	-ом -ьями	-е -ьях
6	сын сынов|ья́	-а -е́й	-у -ья́м	-а -е́й	-ом -ья́ми	-е -ья́х
7	англича́нин англича́н|е	-а —	-у -ам	-а —	-ом -ами	-е -ах
8	граждани́н гра́ждан|е	-а —	-у -ам	-а —	-ом -ами	-е -ах
9	господи́н господ|а́	-а госпо́д	-у -а́м	-а госпо́д	-ом -а́ми	-е -а́х
10	хозя́ин хозя́ев|а	-а —	-у -ам	-а —	-ом -ами	-е -ах
11	сосе́д сосе́д|и	-а -ей	-у -ям	-а -ей	-ом -ями	-е -ях
12	чёрт чёрт|и	-а -е́й	-у -я́м	-а -е́й	-ом -я́ми	-е -я́х
13	лю́д|и《複》	-е́й	-ям	-е́й	-ьми́	-ях
14	портфе́л|ь портфе́л|и	-я -ей	-ю -ям	-ь -и	-ем -ями	-е -ях
15	слова́р|ь словар|и́	-я -е́й	-ю -я́м	-ь -и́	-ём -я́ми	-е́ -я́х
16	учи́тел|ь учител|я́	-я -е́й	-ю -я́м	-я -е́й	-ем -я́ми	-е -я́х
17	уче́бник уче́бник|и	-а -ов	-у -ам	— -и	-ом -ами	-е -ах

变化表

	主格	生格	与格	对格	造格	前置格
18	сапо́г	-á	-ý	—	-óм	-é
	сапог|и́	сапо́г	-áм	-и́	-áми	-áх
19	друг	-а	-у	-а	-ом	-е
	друз|ья́	-éй	-ья́м	-éй	-ья́ми	-ья́х
20	душ	-а	-у	—	-ем	-е
	ду́ш|и	-ей	-ам	-и	-ами	-ах
21	каранда́ш	-á	-ý	—	-óм	-é
	карандаш|и́	-éй	-áм	-и́	-áми	-áх
21*	чер|тёж	-тежá	-тежý	-тёж	-тежóм	-тежé
	чертеж|и́	-éй	-áм	-и́	-áми	-áх
22	муж	-а	-у	-а	-ем	-е
	муж|ья́	-éй	-ья́м	-éй	-ья́ми	-ья́х
23	ме́сяц	-а	-у	—	-ем	-е
	ме́сяц|ы	-ев	-ам	-ы	-ами	-ах
24	слу́ча|й	-я	-ю	-й	-ем	-е
	слу́ча|и	-ев	-ям	-и	-ями	-ях
25	сло|й	-я	-ю	-й	-ем	-е
	сло|и́	-ёв	-я́м	-и́	-я́ми	-я́х
26	кра|й	-я	-ю	-й	-ем	-е
	кра|я́	-ёв	-я́м	-я́	-я́ми	-я́х
27	пролета́ри|й	-я	-ю	-й	-ем	-и
	пролета́ри|и	-ев	-ям	-и	-ями	-ях
28	пут|ь	-и́	-и́	-ь	-ём	-и́
	пут|и́	-éй	-я́м	-и́	-я́ми	-я́х
29	боло́т|о	-а	-у	-о	-ом	-е
	боло́т|а	—	-ам	-а	-ами	-ах
29*	колес|о́	-á	-ý	-ó	-óм	-é
	колёс|а	—	-ам	-а	-ами	-ах
30	о́зер|о	-а	-у	-о	-ом	-е
	озёр|а	—	-ам	-а	-ами	-ах
31	де́рев|о	-а	-у	-о	-ом	-е
	дере́в|ья	-ьев	-ьям	-ья	-ьями	-ьях
32	дн|о	-а	-у	-о	-ом	-е
	дон|ья	-ьев	-ьям	-ья	-ьями	-ьях
33	коле́н|о	-а	-у	-о	-ом	-е
	коле́н|и	-ей	-ям	-и	-ями	-ях
34	не́б|о	-а	-у	-о	-ом	-е
	небес|á	небе́с	-áм	-á	-áми	-áх

	主格	生格	与格	对格	造格	前置格
35	су́дн|о суд|а́	-а -о́в	-у -а́м	-о -а́	-ом -а́ми	-е -а́х
36	го́р|е《单》	-я	-ю	-е	-ем	-е
37	мо́р|е мор|я́	-я -е́й	-ю -я́м	-е -я́	-ем -я́ми	-е -я́х
38	я́блок|о я́блок|и	-а —	-у -ам	-о -и	-ом -ами	-е -ах
39	о́блак|о облак|а́	-а -о́в	-у -а́м	-о -а́	-ом -а́ми	-е -а́х
40	у́х|о у́ш|и	-а -е́й	-у -а́м	-о -и	-ом -а́ми	-е -а́х
41	учи́лищ|е учи́лищ|а	-а —	-у -ам	-е -а	-ем -ами	-е -ах
42	зда́ни|е зда́ни|я	-я -й	-ю -ям	-е -я	-ем -ями	-и -ях
43	пла́т|ье пла́т|ья	-ья -ьев	-ью -ьям	-ье -ья	-ьем -ьями	-ье -ьях
44	и́м|я имен|а́	-ени имён	-ени -а́м	-я -а́	-енем -а́ми	-ени -а́х
45	се́м|я семен|а́	-ени семя́н	-ени -а́м	-я -а́	-енем -а́ми	-ени -а́х
46	ка́рт|а ка́рт|ы	-ы —	-е -ам	-у -ы	-ой -ами	-е -ах
46*	жен|а́ жён|ы	-ы́ —	-е́ -ам	-у́ -ы	-о́й -ами	-е́ -ах
46**	слез|а́ сл|ёзы	-ы́ -ёз	-е́ -еза́м	-у́ -ёзы	-о́й -еза́ми	-е́ -еза́х
47	неде́л|я неде́л|и	-и -ь	-е -ям	-ю -и	-ей -ями	-е -ях
48	дя́д|я дя́д|и	-и -ей	-е -ям	-ю -ей	-ей -ями	-е -ях
49	кни́г|а кни́г|и	-и —	-е -ам	-у -и	-ой -ами	-е -ах
49*	щека́ щёки	щеки́ шёк	щеке́ щека́м	шёку щёки	щеко́й щека́ми	щеке́ щека́х
50	зада́ч|а зада́ч|и	-и —	-е -ам	-у -и	-ей -ами	-е -ах

	主格	生格	与格	对格	造格	前置格
51	ю́нош|а ю́нош|и	-и -ей	-е -ам	-у -ей	-ей -ами	-е -ах
52	у́лиц|а у́лиц|ы	-ы —	-е -ам	-у -ы	-ей -ами	-е -ах
53	ку́риц|а ку́р|ы	-ы —	-е -ам	-у —	-ей -ами	-е -ах
54	иде́|я иде́|и	-и -й	-е -ям	-ю -и	-ей -ями	-е -ях
55	ли́ни|я ли́ни|и	-и -й	-и -ям	-ю -и	-ей -ями	-и -ях
56	тетра́д|ь тетра́д|и	-и -ей	-и -ям	-ь -и	-ью -ями	-и -ях
56′	ло́шад|ь ло́шад|и	-и -е́й	-и -я́м	-ь -е́й	-ью -ьми́	-и -я́х
57	вещ|ь ве́щ|и	-и -е́й	-и -а́м	-ь -и	-ью -а́ми	-и -а́х
58	мат|ь ма́тер|и	-ери -е́й	-ери -я́м	-ь -е́й	-ерью -я́ми	-ери -я́х
59	ве́т|ер ве́т|ры	-ра -ров	-ру -рам	-ер -ры	-ром -рами	-ре -рах
60	сон сны	сна снов	сну снам	сон сны	сном сна́ми	сне снах
61	ков|ёр ков|ры́	-ра́ -ро́в	-ру́ -ра́м	-ёр -ры́	-ро́м -ра́ми	-ре́ -ра́х
62	у́ров|ень у́ров|ни	-ня -ней	-ню -ням	-ень -ни	-нем -нями	-не -нях
63	у́г|оль у́г|ли	-ля -лей	-лю -лям	-оль -ли	-лем -лями	-ле -лях
64	ого́нь огни́	-ня́ -не́й	-ню́ -ня́м	-о́нь -ни́	-нём -ня́ми	-не́ -нях
65	рису́н|ок рису́н|ки	-ка -ков	-ку -кам	-ок -ки	-ком -ками	-ке -ках
66	ребён|ок ребя́т|а	-ка —	-ку -ам	-ка —	-ком -ами	-ке -ах
67	боти́н|ок боти́н|ки	-ка -ок	-ку -кам	-ок -ки	-ком -ками	-ке -ках
68	цвет|о́к цвет|ы́	-ка́ -о́в	-ку́ -а́м	-о́к -ы́	-ко́м -а́ми	-ке́ -а́х

	主格	生格	与格	对格	造格	前置格
69	кон|ёк кон|ьки́	-ька́ -ько́в	-ьку́ -ька́м	-ёк -ьки́	-ько́м -ька́ми	-ькé -ька́х
70	нéм|ец нéм|цы	-ца -цев	-цу -цам	-ца -цев	-цем -цами	-це -цах
71	от|éц от|цы́	-ца́ -цо́в	-цу́ -ца́м	-ца́ -цо́в	-цо́м -ца́ми	-цé -ца́х
72	пáл|ец пáл|ьцы	-ьца -ьцев	-ьцу -ьцам	-ец -ьцы	-ьцем -ьцами	-ьце -ьцах
73	бо|éц бойц|ы́	-йца́ -óв	-йцу́ -áм	-йца́ -óв	-йцо́м -áми	-йцé -áх
74	крéсл|о крéсл|а	-а крéсел	-у -ам	-о -а	-ом -ами	-е -ах
74*	зерн|ó зёр|на	-á -ен	-ý -нам	-ó -на	-óм -нами	-é -нах
75	окн|ó óкн|а	-á óкон	-ý -ам	-ó -а	-óм -ами	-é -ах
75*	стекл|ó стё|кла	-á -кол	-ý -клам	-ó -кла	-óм -клами	-é -клах
76	письм|ó пи́сьм|а	-á пи́сем	-ý -ам	-ó -а	-óм -ами	-é -ах
77	сéрдц|е сердц|á	-а сердéц	-у -áм	-е -á	-ем -áми	-е -áх
78	кольц|ó кóльц|а	-á колéц	-ý -ам	-ó -а	-óм -ами	-é -ах
79	яйц|ó яйц|а	-á яи́ц	-ý -ам	-ó -а	-óм -ами	-é -ах
80	счáсть|е счáсть|я	-ья -ий	-ью -ьям	-ье -ья	-ьем -ьями	-ье -ьях
81	тюрьм|á тю́рьм|ы	-ы́ тю́рем	-é -ам	-ý -ы	-óй -ами	-é -ах
82	весн|á вёсн|ы	-ы́ вёсен	-é -ам	-ý -а	-óй -ами	-é -ах
83	сестр|á сёстр|ы	-ы́ сестёр	-é -ам	-ý сестёр	-óй -ами	-é -ах
84	кáпл|я кáпл|и	-и кáпель	-е -ям	-ю -и	-ей -ями	-е -ях
85	кýхн|я кýхн|и	-и кýхонь	-е -ям	-ю -и	-ей -ями	-е -ях

부록

変化表

	主格	生格	与格	対格	造格	前置格
86	пе́сн|я	-и	-е	-ю	-ей	-е
	пе́сн|и	пе́сен	-ям	-и	-ями	-ях
87	земл|я́	-и́	-е́	зе́млю	-ёй	-е́
	зе́мл|и	земе́ль	-ям	-и	-ями	-ях
88	ви́лк|а	-и	-е	-у	-ой	-е
	ви́лк|и	ви́лок	-ам	-и	-ами	-ах
89	копе́йк|а	-и	-е	-у	-ой	-е
	копе́йк|и	копе́ек	-ам	-и	-ами	-ах
90	вну́чк|а	-и	-е	-у	-ой	-е
	вну́чк|и	вну́чек	-ам	вну́чек	-ами	-ах
91	де́ньг|и 《複》	де́нег	-а́м	-и	-а́ми	-а́х
92	овц|а́	-ы́	-е́	-у́	-о́й	-е́
	о́вц|ы	ове́ц	-ам	ове́ц	-ами	-ах
93	сем|ья́	-ьи́	-ье́	-ью	-ьёй	-ье́
	се́м|ьи	семе́й	-ьям	-ьи	-ьями	-ьях
94	люб|о́вь	-ви́	-ви́	-о́вь	-о́вью	-ви́
	люб|ви́	-ве́й	-вя́м	-ви́	-вя́ми	-вя́х
95	це́рк|овь	-ви	-ви	-овь	-овью	-ви
	це́рк|ви	-ве́й	-ва́м	-ви	-ва́ми	-ва́х

2. 形容詞型変化

		主格	生格	与格	対格	造格	前置格
96	男	но́в|ый	-ого	-ому	!	-ым	-ом
	中	но́в|ое	-ого	-ому	-ое	-ым	-ом
	女	но́в|ая	-ой	-ой	-ую	-ой	-ой
	複	но́в|ые	-ых	-ым	!	-ыми	-ых
97	男	жив|о́й	-о́го	-о́му	!	-ы́м	-о́м
	中	жив|о́е	-о́го	-о́му	-о́е	-ы́м	-о́м
	女	жив|а́я	-о́й	-о́й	-у́ю	-о́й	-о́й
	複	жив|ы́е	-ы́х	-ы́м	!	-ы́ми	-ы́х
98	男	си́н|ий	-его	-ему	!	-им	-ем
	中	си́н|ее	-его	-ему	-ее	-им	-ем
	女	си́н|яя	-ей	-ей	-юю	-ей	-ей
	複	си́н|ие	-их	-им	!	-ими	-их
99	男	ре́дк|ий	-ого	-ому	!	-им	-ом
	中	ре́дк|ое	-ого	-ому	-ое	-им	-ом
	女	ре́дк|ая	-ой	-ой	-ую	-ой	-ой
	複	ре́дк|ие	-их	-им	!	-ими	-их

		主格	生格	与格	対格	造格	前置格
100	男	сух|о́й	-о́го	-о́му	!	-и́м	-о́м
	中	сух|о́е	-о́го	-о́му	-о́е	-и́м	-о́м
	女	сух|а́я	-о́й	-о́й	-у́ю	-о́й	-о́й
	複	сух|и́е	-и́х	-и́м	!	-и́ми	-и́х
101	男	хоро́ш|ий	-его	-ему	!	-им	-ем
	中	хоро́ш|ее	-его	-ему	-ее	-им	-ем
	女	хоро́ш|ая	-ей	-ей	-ую	-ей	-ей
	複	хоро́ш|ие	-их	-им	!	-ими	-их
102	男	тре́т|ий	-ьего	-ьему	!	-ьим	-ьем
	中	тре́т|ье	-ьего	-ьему	-ье	-ьим	-ьем
	女	тре́т|ья	-ьей	-ьей	-ью	-ьей	-ьей
	複	тре́т|ьи	-ьих	-ьим	!	-ьими	-ьих
103	複	трудя́щ|иеся	-ихся	-имся	-ихся	-имися	-ихся

3. 代名詞変化

		主格	生格	与格	対格	造格	前置格
104	単	я	меня́	мне	меня́	мной	мне
	複	мы	нас	нам	нас	на́ми	нас
105	単	ты	тебя́	тебе́	тебя́	тобо́й	тебе́
	複	вы	вас	вам	вас	ва́ми	вас
106	男	он	его́	ему́	его́	им	нём
	中	оно́	его́	ему́	его́	им	нём
	女	она́	её	ей	её	ей	ней
	複	они́	их	им	их	и́ми	них
107	—	—	себя́	себе́	себя́	собо́й	себе́
108		кто	кого́	кому́	кого́	кем	ком
109		никто́	ни·кого́	ни·кому́	ни·кого́	ни·ке́м	ни о ко́м
110		что	чего́	чему́	что	чем	чём
111		ничто́	ни·чего́	ни·чему́	ни·что́	ни·че́м	ни о чём
112	—	—	не́·чего	не́·чему	не́·чего	не́·чем	не́ о чем
113	男	э́тот	э́того	э́тому	!	э́тим	э́том
	中	э́то	э́того	э́тому	э́то	э́тим	э́том
	女	э́та	э́той	э́той	э́ту	э́той	э́той
	複	э́ти	э́тих	э́тим	!	э́тими	э́тих
114	男	тот	того́	тому́	!	тем	том
	中	то	того́	тому́	то	тем	том
	女	та	той	той	ту	той	той
	複	те	тех	тем	!	те́ми	тех

変化表

		主格	生格	与格	対格	造格	前置格
115	男	сам	самого́	самому́	самого́	сами́м	само́м
	中	само́	самого́	самому́	само́	сами́м	само́м
	女	сама́	само́й	само́й	самоё	само́й	само́й
	複	са́ми	сами́х	сами́м	сами́х	сами́ми	сами́х
116	男	сей	сего́	сему́	!	сим	сём
	中	сие́	сего́	сему́	сие́	сим	сём
	女	сия́	сей	сей	сию́	сей	сей
	複	сии́	сих	сим	!	си́ми	сих
117	男	весь	всего́	всему́	!	всем	всём
	中	всё	всего́	всему́	всё	всем	всём
	女	вся	всей	всей	всю	всей	всей
	複	все	всех	всем	!	все́ми	всех
118	男	наш	на́шего	на́шему	!	на́шим	на́шем
	中	на́ше	на́шего	нашему	на́ше	на́шим	на́шем
	女	на́ша	на́шей	на́шей	на́шу	на́шей	на́шей
	複	на́ши	на́ших	на́шим	!	на́шими	на́ших
119	男	мой	моего́	моему́	!	мои́м	моём
	中	моё	моего́	моему́	моё	мои́м	моём
	女	моя́	мое́й	мое́й	мою́	мое́й	мое́й
	複	мои́	мои́х	мои́м	!	мои́ми	мои́х
120	男	чей	чьего́	чьему́	!	чьим	чьём
	中	чьё	чьего́	чьему́	чьё	чьим	чьём
	女	чья	чьей	чьей	чью	чьей	чьей
	複	чьи	чьих	чьим	!	чьи́ми	чьих
121		мно́го	мно́гих	мно́гим	!	мно́гими	мно́гих

4. 数詞変化

		主格	生格	与格	対格	造格	前置格
122	男	оди́н	одного́	одному́	!	одни́м	одно́м
	中	одно́	одного́	одному́	одно́	одни́м	одно́м
	女	одна́	одно́й	одно́й	одну́	одно́й	одно́й
	複	одни́	одни́х	одни́м	!	одни́ми	одни́х
123	男中	два	двух	двум	!	двумя́	двух
	女	две	двух	двум	!	двумя́	двух
124	男中	о́ба	обо́их	обо́им	!	обо́ими	обо́их
	女	о́бе	обе́их	обе́им	!	обе́ими	обе́их

	主格	生格	与格	对格	造格	前置格
125	двое	двоих	двоим	!	двоими	двоих
126	три	трёх	трём	!	тремя	трёх
127	четыре	четырёх	четырём	!	четырьмя	четырёх
128	пять	пяти	пяти	пять	пятью	пяти
129	восемь	восьми	восьми	восемь	восьмью	восьми
130	одиннадцать|ь	-и	-и	-ь	-ью	-и
131	сорок	сорока́	сорока́	сорок	сорока́	сорока́
132	сто	ста	ста	сто	ста	ста
133	пятьдесят	пятидесяти	пятидесяти	пятьдесят	пятьюдесятью	пятидесяти
134	семьдесят	семидесяти	семидесяти	семьдесят	семьюдесятью	семидесяти
135	восемьдесят	восьмидесяти	восьмидесяти	восемьдесят	восьмьюдесятью	восьмидесяти
136	двести	двухсот	двумстам	двести	двумястами	двухстах
137	триста	трёхсот	трёмстам	триста	тремястами	трёхстах
138	четыреста	четырёхсот	четырёмстам	четыреста	четырьмястами	четырёхстах
139	пятьсот	пятисот	пятистам	пятьсот	пятьюстами	пятистах
140	восемьсот	восьмисот	восьмистам	восемьсот	восьмьюстами	восьмистах
141 男中	полтора́	полу́тора	полу́тора	полтора́	полу́тора	полу́тора
女	полторы́	полу́тора	полу́тора	полторы́	полу́тора	полу́тора

5. 動詞変化

	現在単数 1人称 2人称 3人称	現在複数 1人称 2人称 3人称	過去 単数男性 単数女性 複数	命令
142 де́лать	де́лаю де́лаешь де́лает	де́лаем де́лаете де́лают	де́лал де́лала де́лали	де́лай
143 чита́ть	чита́ю чита́ешь чита́ет	чита́ем чита́ете чита́ют	чита́л чита́ла чита́ли	чита́й
144 жале́ть	жале́ю жале́ешь жале́ет	жале́ем жале́ете жале́ют	жале́л жале́ла жале́ли	жале́й
145 теря́ть	теря́ю теря́ешь теря́ет	теря́ем теря́ете теря́ют	теря́л теря́ла теря́ли	теря́й
146 тре́бовать	тре́бую тре́буешь тре́бует	тре́буем тре́буете тре́буют	тре́бовал тре́бовала тре́бовали	тре́буй
147 рисова́ть	рису́ю рису́ешь рису́ет	рису́ем рису́ете рису́ют	рисова́л рисова́ла рисова́ли	рису́й
148 воева́ть	вою́ю вою́ешь вою́ет	вою́ем вою́ете вою́ют	воева́л воева́ла воева́ли	вою́й
149 кри́кнуть	кри́кну кри́кнешь кри́кнет	кри́кнем кри́кнете кри́кнут	кри́кнул кри́кнула кри́кнули	кри́кни
150 поги́бнуть	поги́бну поги́бнешь поги́бнет	поги́бнем поги́бнете поги́бнут	поги́б поги́бла поги́бли	поги́бни
151 верну́ть	верну́ вернёшь вернёт	вернём вернёте<верну́т	верну́л верну́ла верну́ли	верни́
152 тяну́ть	тяну́ тя́нешь тя́нет	тя́нем тя́нете тя́нут	тяну́л тяну́ла тяну́ли	тяни́

	現在単数 1人称 2人称 3人称	現在複数 1人称 2人称 3人称	過　去 単数男性 単数女性 複　数	命　令
153 стро́ить	стро́ю стро́ишь стро́ит	стро́им стро́ите стро́ят	стро́ил стро́ила стро́или	стро́й
154 ве́рить	ве́рю ве́ришь ве́рит	ве́рим ве́рите ве́рят	ве́рил ве́рила ве́рили	верь
155 по́мнить	по́мню по́мнишь по́мнит	по́мним по́мните по́мнят	по́мнил по́мнила по́мнили	по́мни
156 гото́вить	гото́влю гото́вишь гото́вит	гото́вим гото́вите гото́вят	гото́вил гото́вила гото́вили	гото́вь
157 вы́ступить	вы́ступлю вы́ступишь вы́ступит	вы́ступим вы́ступите вы́ступят	вы́ступил вы́ступила вы́ступили	вы́ступь
158 ко́нчить	ко́нчу ко́нчишь ко́нчит	ко́нчим ко́нчите ко́нчат	ко́нчил ко́нчила ко́нчили	ко́нчи
159 обеспе́чить	обеспе́чу обеспе́чишь обеспе́чит	обеспе́чим обеспе́чите обеспе́чат	обеспе́чил обеспе́чила обеспе́чили	обеспе́чь
160 е́здить	е́зжу е́здишь е́здит	е́здим е́здите е́здят	е́здил е́здила е́здили	е́зди
161 вы́разить	вы́ражу вы́разишь вы́разит	вы́разим вы́разите вы́разят	вы́разил вы́разила вы́разили	вы́рази
162 заме́тить	заме́чу заме́тишь заме́тит	заме́тим заме́тите заме́тят	заме́тил заме́тила заме́тили	заме́ть
163 бро́сить	бро́шу бро́сишь бро́сит	бро́сим бро́сите бро́сят	бро́сил бро́сила бро́сили	брось
164 вы́пустить	вы́пущу вы́пустишь вы́пустит	вы́пустим вы́пустите вы́пустят	вы́пустил вы́пустила вы́пустили	вы́пусти

	現在単数 1人称 2人称 3人称	現在複数 1人称 2人称 3人称	過去 単数男性 単数女性 複数	命令
165 говори́ть	говорю́ говори́шь говори́т	говори́м говори́те говоря́т	говори́л говори́ла говори́ли	говори́
166 заключи́ть	заключу́ заключи́шь заключи́т	заключи́м заключи́те заключа́т	заключи́л заключи́ла заключи́ли	заключи́
167 стреми́ться	стремлю́сь стреми́шься стреми́тся	стреми́мся стреми́тесь стремя́тся	стреми́лся стреми́лась стреми́лись	стреми́сь
168 следи́ть	слежу́ следи́шь следи́т	следи́м следи́те следя́т	следи́л следи́ла следи́ли	следи́
169 победи́ть	—— победи́шь победи́т	победи́м победи́те победя́т	победи́л победи́ла победи́ли	победи́
170 согласи́ться	соглашу́сь согласи́шься согласи́тся	согласи́мся согласи́тесь соглася́тся	согласи́лся согласи́лась согласи́лись	согласи́сь
171 прости́ть	прощу́ прости́шь прости́т	прости́м прости́те простя́т	прости́л прости́ла прости́ли	прости́
172 обрати́ться	обращу́сь обрати́шься обрати́тся	обрати́мся обрати́тесь обратя́тся	обрати́лся обрати́лась обрати́лись	обрати́сь
173 измени́ть	изменю́ изме́нишь изме́нит	изме́ним изме́ните изме́нят	измени́л измени́ла измени́ли	измени́
174 получи́ть	получу́ полу́чишь полу́чит	полу́чим полу́чите полу́чат	получи́л получи́ла получи́ли	получи́
175 люби́ть	люблю́ лю́бишь лю́бит	лю́бим лю́бите лю́бят	люби́л люби́ла люби́ли	люби́

	現在単数 1 人称 2 人称 3 人称	現在複数 1 人称 2 人称 3 人称	過　去 単数男性 単数女性 複　数	命　令
176 заявить	заявлю́ зая́вишь зая́вит	зая́вим зая́вите зая́вят	заяви́л заяви́ла заяви́ли	заяви́
177 ходи́ть	хожу́ хо́дишь хо́дит	хо́дим хо́дите хо́дят	ходи́л ходи́ла ходи́ли	ходи́
178 вози́ть	вожу́ во́зишь во́зит	во́зим во́зите во́зят	вози́л вози́ла вози́ли	вози́
179 плати́ть	плачу́ пла́тишь пла́тит	пла́тим пла́тите пла́тят	плати́л плати́ла плати́ли	плати́
180 носи́ть	ношу́ но́сишь но́сит	но́сим но́сите но́сят	носи́л носи́ла носи́ли	носи́
181 пусти́ть	пущу́ пу́стишь пу́стит	пу́стим пу́стите пу́стят	пусти́л пусти́ла пусти́ли	пусти́
182 роди́ться	рожу́сь роди́шься роди́тся	роди́мся роди́тесь родя́тся	роди́лся родила́сь родили́сь	роди́сь
183 услы́шать	услы́шу услы́шишь услы́шит	услы́шим услы́шите услы́шат	услы́шал услы́шала услы́шали	услы́шь
184 уви́деть	уви́жу уви́дишь уви́дит	уви́дим уви́дите уви́дят	уви́дел уви́дела уви́дели	уви́дь
185 зави́сеть	завишу́ зави́сишь зави́сит	зави́сим зави́сите зави́сят	зави́сел зави́села зави́сели	зави́сь
186 крича́ть	кричу́ кричи́шь кричи́т	кричи́м кричи́те крича́т	крича́л крича́ла крича́ли	кричи́
187 спать	сплю спишь спит	спим спи́те спят	спал спала́ спа́ли	спи

	現在単数 1人称 2人称 3人称	現在複数 1人称 2人称 3人称	過　　去 単数男性 単数女性 複　数	命　　令
188 шуме́ть	шумлю́ шуми́шь шуми́т	шуми́м шуми́те шумя́т	шуме́л шуме́ла шуме́ли	шуми́
189 горе́ть	горю́ гори́шь гори́т	гори́м гори́те горя́т	горе́л горе́ла горе́ли	гори́
190 стоя́ть	стою́ стои́шь стои́т	стои́м стои́те стоя́т	стоя́л стоя́ла стоя́ли	стой
191 бежа́ть	бегу́ бежи́шь бежи́т	бежи́м бежи́те бегу́т	бежа́л бежа́ла бежа́ли	беги́
192 сиде́ть	сижу́ сиди́шь сиди́т	сиди́м сиди́те сидя́т	сиде́л сиде́ла сиде́ли	сиди́
193 лете́ть	лечу́ лети́шь лети́т	лети́м лети́те летя́т	лете́л лете́ла лете́ли	лети́
194 висе́ть	вишу́ виси́шь виси́т	виси́м виси́те вися́т	висе́л висе́ла висе́ли	виси́
195 держа́ть	держу́ де́ржишь де́ржит	де́ржим де́ржите де́ржат	держа́л держа́ла держа́ли	держи́
196 смотре́ть	смотрю́ смо́тришь смо́трит	смо́трим смо́трите смо́трят	смотре́л смотре́ла смотре́ли	смотри́
197 наде́яться	наде́юсь наде́ешься наде́ется	наде́емся наде́етесь наде́ются	наде́ялся наде́ялась наде́ялись	наде́йся
198 вы́звать	вы́зову вы́зовешь вы́зовет	вы́зовем вы́зовете вы́зовут	вы́звал вы́звала вы́звали	вы́зови
199 пла́кать	пла́чу пла́чешь пла́чет	пла́чем пла́чете пла́чат	пла́кал пла́кала пла́кали	плачь

	現在単数 1人称 2人称 3人称	現在複数 1人称 2人称 3人称	過　去 単数男性 単数女性 複　数	命　令
200 дви́гаться	дви́гаюсь/ дви́жусь дви́гаешься/ дви́жешься дви́гается/ дви́жется	дви́гаемся/ дви́жемся дви́гаетесь/ дви́жетесь дви́гаются/ дви́жутся	дви́гался дви́галась дви́гались	дви́гайся
201 смея́ться	смею́сь смеёшься смеётся	смеёмся смеётесь смею́тся	смея́лся смея́лась смея́лись	сме́йся
202 присла́ть	пришлю́ пришлёшь пришлёт	пришлём пришлёте пришлю́т	присла́л присла́ла присла́ли	пришли́
203 писа́ть	пишу́ пи́шешь пи́шет	пи́шем пи́шете пи́шут	писа́л писа́ла писа́ли	пиши́
204 доказа́ть	докажу́ дока́жешь дока́жет	дока́жем дока́жете дока́жут	доказа́л доказа́ла доказа́ли	докажи́
205 иска́ть	ищу́ и́щешь и́щет	и́щем и́щете и́щут	иска́л иска́ла иска́ли	ищи́
206 брать	беру́ берёшь берёт	берём берёте беру́т	брал брала́ бра́ли	бери́
207 бра́ться	беру́сь берёшься берётся	берёмся берётесь беру́тся	бра́лся брала́сь брали́сь	бери́сь
208 звать	зову́ зовёшь зовёт	зовём зовёте зову́т	звал звала́ зва́ли	зови́
209 ждать	жду ждёшь ждёт	ждём ждёте ждут	ждал ждала́ жда́ли	жди

变化表

	現在単数 1人称 2人称 3人称	現在複数 1人称 2人称 3人称	過　去 単数男性 単数女性 複　数	命　令
210 разобрáть -ся	разберýсь разберё- шься разберётся	разберёмся разберётесь разберýтся	разобрáлся разобралáсь разобралúсь	разбе- рúсь
211 лезть	лéзу лéзешь лéзет	лéзем лéзете лéзут	лез лéзла лéзли	лезь
212 сесть	сядý сядешь сядет	сядем сядете сядут	сел сéла сéли	сядь
213 вы́расти	вы́расту вы́растешь вы́растет	вы́растем вы́растете вы́растут	вы́рос вы́росла вы́росли	вы́расти
214 попáсть	попадý попадёшь попадёт	попадём попадёте попадýт	попáл попáла попáли	попадú
215 нестú	несý несёшь несёт	несём несёте несýт	нёс неслá неслú	несú
216 растú	растý растёшь растёт	растём растёте растýт	рос рослá рослú	растú
217 вестú	ведý ведёшь ведёт	ведём ведёте ведýт	вёл велá велú	ведú
218 прочéсть	прочтý прочтёшь прочтёт	прочтём прочтёте прочтýт	прочёл прочлá прочлú	прочтú
219 везтú	везý везёшь везёт	везём везёте везýт	вёз везлá везлú	везú
220 лечь	ля́гу ля́жешь ля́жет	ля́жем ля́жете ля́гут	лёг леглá леглú	ляг
221 помóчь	помогý помóжешь помóжет	помóжем помóжете помóгут	помóг помоглá помоглú	помогú

	現在単数 1 人称 2 人称 3 人称	現在複数 1 人称 2 人称 3 人称	過　去 単数男性 単数女性 複　数	命　令
222 умере́ть	умру́ умрёшь умрёт	умрём умрёте умру́т	у́мер умерла́ у́мерли	умри́
223 боро́ться	борю́сь бо́решься бо́рется	бо́ремся бо́ретесь бо́рются	боро́лся боро́лась боро́лись	бори́сь
224 вы́пить	вы́пью вы́пьешь вы́пьет	вы́пьем вы́пьете вы́пьют	вы́пил вы́пила вы́пили	вы́пей
225 бить	бью бьёшь бьёт	бьём бьёте бьют	бил би́ла би́ли	бей
226 пи́ть	пью пьёшь пьёт	пьём пьёте пьют	пил пила́ пи́ли	пей
227 мыть	мо́ю мо́ешь мо́ет	мо́ем мо́ете мо́ют	мыл мы́ла мы́ли	мой
228 петь	пою́ поёшь поёт	поём поёте пою́т	пел пе́ла пе́ли	пой
229 дава́ть	даю́ даёшь даёт	даём даёте даю́т	дава́л дава́ла дава́ли	дава́й
230 взя́ться	возьму́сь возьмёшься возьмётся	возьмёмся возьмётесь возьму́тся	взя́лся взяла́сь взяли́сь	возьми́сь
231 нача́ться	начну́сь начнёшься начнётся	начнёмся начнётесь начну́тся	начался́ начала́сь начали́сь	начни́сь
232 нача́ть	начну́ начнёшь начнёт	начнём начнёте начну́т	на́чал начала́ на́чали	начни́
233 заня́ть	займу́ займёшь займёт	займём займёте займу́т	за́нял заняла́ за́няли	займи́

부록

変化表

	現在単数 1人称 2人称 3人称	現在複数 1人称 2人称 3人称	過　　去 単数男性 単数女性 複　数	命　　令
234 взять	возьму́ возьмёшь возьмёт	возьмём возьмёте возьму́т	взял взяла́ взя́ли	возьми́
235 приня́ть	приму́ при́мешь при́мет	при́мем при́мете при́мут	при́нял приняла́ при́няли	прими́
236 снять	сниму́ сни́мешь сни́мет	сни́мем сни́мете сни́мут	снял сняла́ сня́ли	сними́
237 подня́ть	подниму́ подни́мешь подни́мет	подни́мем подни́мете подни́мут	по́днял подняла́ по́дняли	подними́
238 подня́ться	подниму́сь подни́мешься подни́мется	подни́мемся подни́метесь подни́мутся	подня́лся подняла́сь подняли́сь	подними́сь
239 стать	ста́ну ста́нешь ста́нет	ста́нем ста́нете ста́нут	стал ста́ла ста́ли	стань
240 жить	живу́ живёшь живёт	живём живёте живу́т	жил жила́ жи́ли	живи́
241 плыть	плыву́ плывёшь плывёт	плывём плывёте плыву́т	плыл плы́ла плы́ли	плыви́
242 идти́	иду́ идёшь идёт	идём идёте иду́т	шёл шла шли	иди́
243 прийти́	приду́ придёшь придёт	придём придёте приду́т	пришёл пришла́ пришли́	приди́
244 войти́	войду́ войдёшь войдёт	войдём войдёте войду́т	вошёл вошла́ вошли́	войди́
245 вы́йти	вы́йду вы́йдешь вы́йдет	вы́йдем вы́йдете вы́йдут	вы́шел вы́шла вы́шли	вы́йди

	現在単数 1人称 2人称 3人称	現在複数 1人称 2人称 3人称	過　去 単数男性 単数女性 複　数	命　令
246 прие́хать	прие́ду прие́дешь прие́дет	прие́дем прие́дете прие́дут	прие́хал прие́хала прие́хали	приез- жа́й
247 забы́ть	забу́ду забу́дешь забу́дет	забу́дем забу́дете забу́дут	забы́л забы́ла забы́ли	забу́дь
248 быть	бу́ду бу́дешь бу́дет	бу́дем бу́дете бу́дут	был была́ бы́ли	будь
249 прибы́ть	прибу́ду прибу́дешь прибу́дет	прибу́дем прибу́дете прибу́дут	при́был прибыла́ при́были	прибу́дь
250 дать	дам дашь даст	дади́м дади́те даду́т	дал дала́ да́ли	дай
251 отда́ть	отда́м отда́шь отда́ст	отдади́м отдади́те отдаду́т	о́тдал отдала́ о́тдали	отда́й
252 переда́ть	переда́м переда́шь переда́ст	передади́м передади́те передаду́т	пе́редал передала́ пе́редали	переда́й
253 уда́ться	—— —— уда́стся	—— —— удаду́тся	уда́лся удала́сь удали́сь	——
254 есть	ем ешь ест	еди́м еди́те едя́т	ел е́ла е́ли	ешь
255 хоте́ть	хочу́ хо́чешь хо́чет	хоти́м хоти́те хотя́т	хоте́л хоте́ла хоте́ли	хоти́

6. 名詞악센트型 一覽

a	b	c	d	e
спор	вещество́	зе́ркало	величина́	семья́
спо́ра	вещества́	зе́ркала	величины́	семьи́
спо́ру	веществу́	зе́ркалу	величине́	семье́
спор	вещество́	зе́ркало	величину́	семью́
спо́ром	вещество́м	зе́ркалом	величино́й	семьёй
спо́ре	веществе́	зе́ркале	величине́	семье́
спо́ры	вещества́	зеркала́	величи́ны	се́мьи
спо́ров	веще́ств	зерка́л	величи́н	семе́й
спо́рам	вещества́м	зеркала́м	величи́нам	се́мьям
спо́ры	вещества́	зеркала́	величи́ны	се́мьи
спо́рами	вещества́ми	зеркала́ми	величи́нами	се́мьями
спо́рах	вещества́х	зеркала́х	величи́нах	се́мьях

f	g	h	i	j
вода́	во́лос	конь	голова́	любо́вь
воды́	во́лоса	коня́	головы́	любви́
воде́	во́лосу	коню́	голове́	любви́
во́ду	во́лос	коня́	го́лову	любо́вь
водо́й	во́лосом	конём	голово́й	любо́вью
воде́	во́лосе	коне́	голове́	любви́
во́ды	во́лосы	ко́ни	го́ловы	любви́
вод	воло́с	коне́й	голо́в	любве́й
во́дам	волоса́м	коня́м	голова́м	любвя́м
во́ды	во́лосы	коне́й	го́ловы	любви́
во́дами	волоса́ми	коня́ми	голова́ми	любвя́ми
во́дах	волоса́х	коня́х	голова́х	любвя́х

k	l	m	n
——	ма́сло	земля́	——
——	ма́сла	земли́	——
——	ма́слу	земле́	——
——	ма́сло	зе́млю	——
——	ма́слом	землёй	——
——	ма́сле	земле́	——
де́ньги	масла́	зе́мли	лю́ди
де́нег	ма́сел	земе́ль	люде́й
деньга́м	масла́м	зе́млям	лю́дям
де́ньги	масла́	зе́мли	люде́й
деньга́ми	масла́ми	зе́млями	людьми́
деньга́х	масла́х	зе́млях	лю́дях

7. 形容詞短語尾形 一覧

A
1. красивый, красив, -а, -о, -ы
2. взрослый, (男은 없다.), взросла, -о, -ы
3. счастливый, счастлив, -а, -о, -ы
4. похожий, похож, -а, -е, -и
5. великий, велик, -а, -о, -и
6. интересный, интересен, -сна, -сно, -сны
7. замечательный, замечателен, -тельна, -тельно, -тельны
8. спокойный, спокоен, -койна, -койно, -койны
9. древний, древен, -вня, -вне, -вни
10. единственный, единствен, -венна, -венно, -венны
11. (長語尾는 없다.), рад, -а,(中은 없다.), -ы

B
1. малый, мал, -а́, -о́, -ы́
2. тяжёлый, тяжёл, тяжела́, -о́, -ы́
3. соединённый, соединён, соединена́, -о́, -ы́
4. горячий, горяч, -а́, -о́, -и́
5. равный, равен, равна́, -о́, -ы́
6. чёрный, чёрен, черна́, -о́, -ы́
7. больной, болен, больна́, -о́, -ы́
8. злой, зол, зла, зло, злы
9. (長語尾는 없다.), должен, должна́, -о́, -ы́

C
1. свежий, свеж, -а́, -о́, свежи/свежи́
2. лёгкий, лёгок, легка́, -о́, лёгки/легки́

D
1. целый, цел, цела́, цело, целы
2. весёлый, весел, весела́, весело, веселы
3. дешёвый, дёшев, дешева́, дёшево, дёшевы
4. твёрдый, твёрд, тверда́, твёрдо, твёрды
5. солёный, со́лон, солона́, со́лоно, со́лоны
6. синий, синь, синя́, сине, сини
7. общий, общ, обща́, обще, общи
8. строгий, строг, строга́, строго, строги
9. живой, жив, жива́, живо, живы
10. молодой, мо́лод, молода́, мо́лодо, мо́лоды
11. плохой, плох, плоха́, пло́хо, пло́хи
12. дорогой, до́рог, дорога́, до́рого, до́роги
13. бедный, беден, бедна́, бедно, бедны
14. жаркий, жарок, жарка́, жарко, жарки

E
1. добрый, добр, добра́, добро, добры/добры́

2. холо́дный, хо́лоден, холодна́, хо́лодно, хо́лодны/ холодны́
3. у́зкий, у́зок, узка́, у́зко, у́зки/узки́

F 1. бе́лый, бел, бела́, бе́ло/бело́, бе́лы/белы́
2. жёлтый, жёлт, желта́, жёлто/желто́, жёлты/желты́
3. широ́кий, широ́к, широка́, широ́ко/широко́, широ́ки/ широки́
4. далёкий, далёк, далека́, далёко/далеко́, далёки/далеки́
5. кра́сный, кра́сен, красна́, кра́сно/красно́, кра́сны/красны́
6. тёплый, тёпел, тепла́, тёпло/тепло́, тёплы/теплы́
7. у́мный, умён, умна́, у́мно/умно́, у́мны/умны́
8. по́лный, по́лон, полна́, по́лно/полно́, по́лны/полны́

G 1. коро́ткий, коро́ток/коро́ток, коротка́, коро́тко/коро́тко/ коротко́, коро́тки/коро́тки/коротки́

H 1. си́льный, си́лен/силён, сильна́, си́льно, си́льны/сильны́

命令法·形動詞를 만드는 방법

1. 命令法

現在語幹의 형태·		命令法의 형태
a) 母音으로 끝나는 것		語幹+й(те)
b) 子音으로 끝나는 것	i) 악센트는 語尾	語幹+и́(те)
	ii) 악센트는 語幹	語幹+ь(те)

* 현재어간의 형태는 2인칭단수형에서 어미를 제외한 형태와 동일하나, 악센트의 위치는 부정형 또는 1인칭단수형에 따라서 판단해야 한다.

例: a) чита́ть (чита́-ю, чита́-ешь) → **чита́-й(те)**
　　　стоя́ть (сто-ю́, сто-и́шь) → **сто́-й(те)**
　　b) i) говори́ть (говор-ю́, говор-и́шь) → **говор-и́(те)**
　　　　смотре́ть (смотр-ю́, смо́тр-ишь) → **смотр-и́(те)**
　　　　люби́ть (любл-ю́, лю́б-ишь) → **люб-и́(те)**
　　　　писа́ть (пиш-у́, пи́ш-ешь) → **пиш-и́(те)**
　　　ii) жа́рить (жа́р-ю, жа́р-ишь) → **жа́р-ь(те)**

2. 形動詞

　a) 能動形動詞

i) 現在 (不完 만)	현재 3인칭 복수형의 어미 -т를 떼어 내고, -щ- 를 붙인 형태에 형용사어미를 붙인다.
ii) 過去 (完/不完)	과거남성형에서 어미 -л 를 떼어내고, -вш- 를 붙인형태에 형용사어미를 붙인다.

* 과거남성형에서 -л 를 갖지 않는 것은 그 뒤에 -ш- 를 붙인형태에 형용사어미를 붙인다.

例: i) чита́ть (чита́ю-т) → **чита́ю-щ-ий**, -ая, -ее, -ие
　　　говори́ть (говоря́-т) → **говоря́-щ-ий**, -ая, -ее, -ие
　　　писа́ть (пи́шу-т) → **пи́шу-щ-ий**, -ая, -ее, -ие
　　　лежа́ть (лежа́-т) → **лежа́-щ-ий**, -ая, -ее, -ие

ii) читáть (читá-л) → читá-в-ш-ий, -ая, -ее, -ие
прочитáть (прочитá-л)
→ прочитá-в-ш-ий, -ая, -ее, -ие
говорить (говори́-л) → говори́-в-ш-ий, -ая, -ее, -ие
писáть (писá-л) → писá-в-ш-ий, -ая, -ее, -ие
*нести́ (нёс) → нёс-ш-ий, -ая, -ее, -ие

b) 被動形動詞*

i) 現在 (不完 만)**	현재 1 인칭 복수형에 형용사어미를 붙인다.
ii) 過去 (完 만)	被動形動詞는 단어미형을 갖는 것에 주의

* 피동형동사는 단어미형을 갖는 것에 주의.
** 현대문어에서는 매우 드물게 사용된다.

例: i) читáть (читáем) → читáем-ый, -ая, -ое, -ые
говори́ть (говори́м) → говори́м-ый, -ая, -ое, -ые
ii) прочитáть → *прочи́танный*
зажáрить → *зажáренный*

3. 副動詞

a) 不完了体副動詞	現在語幹에 -я 를 붙인다.
b) 完了体副動詞	과거남성형에서 어미 -л 을 떼어내고 -в(ши) 를 붙인다.

* 과거남성형에서 -л 을 갖지않는 것은 -ши 를 붙인다. 또한 -ся 동사의 경우는 반드시 -вшись 형이 된다.

例: a) читáть (читá-ю, читá-ешь) → читá-я
говори́ть (говор-ю́, говор-и́шь) → говор-я́
b) прочитáть (прочитá-л) → прочитá-в(ши)
зажáрить (зажáри-л) → зажáри-в(ши)
*принести́ (принёс) → принёс-ши
*оказáться (оказá-л-ся) → оказá-вши-сь

化學의 記號・式의 읽는 법

Ac	акти́ний	Ga	га́ллий	Pm	проме́тий
Ag	серебро́, аргéнтум	Gd	гадоли́ний	Pr	празéодим
Al	алюми́ний	Ge	герма́ний	Pt	пла́тина
Am	амери́ций	H	водоро́д, аш	Pu	плуто́ний
Ar, A	арго́н	He	гéлий	Ra	ра́дий
As	мышья́к, арсéникум	Hf	га́фний	Re	рéний
At	аста́т, астати́н	Hg	ртуть, гидра́ргирум	Rh	ро́дий
Au	зо́лото, а́урум	Ho	го́льмий	Ru	рутéний
B	бор	In	и́ндий	S	сéра, эс
Ba	ба́рий	Ir	ири́дий	Sb	сурьма́, сти́биум
Be	бери́ллий	J, I	йод	Sc	ска́ндий
Bi	ви́смут	K	ка́лий	Se	селéн
Bk	беркéлий	Kr	крипто́н	Si	крéмний, сили́циум, си
Br	бром	La	ланта́н		
C	углеро́д, цэ	Li	ли́тий	Sm, Sa	сама́рий
Ca	ка́льций	Lu	лютéций	Sn	о́лово, ста́ннум
Cd	ка́дмий	Md	менделéвий	Sr	стро́нций
Ce	цéрий	Mg	ма́гний	Ta	танта́л
Cf	калифо́рний	Mn	ма́рганец	Tb	тéрбий
Cl	хлор	Mo	молибдéн	Tc	технéций
Cm	кю́рий	N	азо́т, эн	Te	теллу́р
Co	ко́бальт	Na	на́трий	Th	то́рий
Cr	хром	Nb	нио́бий	Ti	тита́н
Cs	цéзий	Nd	неоди́м	Tl	та́ллий
Cu	медь, ку́прум	Ne	нео́н	Tu, Tm	ту́лий
Dy	диспро́зий	Ni	ни́кель	U	ура́н
Em	эмана́ция	No	нобéлий	V	вана́дий
Er	э́рбий	Np	непту́ний	W	вольфра́м
Es	эйнштéйний	O	кислоро́д, о	Xe	ксено́н
Eu	еврóпий	Os	о́смий	Y, Yt	и́ттрий
F	фтор	P	фо́сфор, пэ	Yb	иттéрбий
Fe	желéзо, фéррум	Pa	протакти́ний	Zn	цинк
Fm	фéрмий	Pb	свинéц, плю́мбум	Zr	цирко́ний
Fr	фра́нций	Pd	палла́дий		

$$K_2Cr_2O_7 + 2KOH = 2K_2CrO_4 + H_2O$$

ка́лий-два-хром-два-о-семь плюс два ка́лий-о-аш равня́ется два ка́лий-два-хромо-четы́ре плюс аш-два-о.

$$HgCl_2 + BaO_2 = Hg + BaCl_2 + O_2$$

гидра́ргирум-хлор-два плюс барий-о-два равня́ется гидра́ргирум плюс барий-хлор-два плюс о-два.

$$CaO + H_2O = Ca(OH)_2 + 16 ккал$$

ка́льций-о плюс аш-два-о равня́ется ка́льций-о-аш два́жды плюс шестна́дцать килокало́рий.

數學의 記號·式의 읽는 법

+	плюс	$x=\infty$	x ра́вен бесконе́чности
—	ми́нус	$1\times 1=1$	оди́ножды оди́н (бу́дет) оди́н
±	плюс ми́нус	$a=c\times d$	a равно́ c, помно́женное (умно́женное) на d
·×	умно́жить (знак умноже́ния)		
:	раздели́ть, подели́ть (знак деле́ния)	$1:2$	оди́н к двум (отноше́ние оди́н к двум)
=	равня́ется, равно́ *чему* (знак ра́венства)	$15:3=5$	пятна́дцать, [по]делённое на три, равно́ пяти́
( )	кру́глые ско́бки	$12:3=16:4$	отноше́ние двена́дцать к трем равно́ отноше́нию шестна́дцать к четырём
[ ]	квадра́тные ско́бки		
{ }	фигу́рные ско́бки		
$a=b$	a равно́ b	$a=\dfrac{b}{c}$	a равно́ b, [по]делённому на c
$a\neq b$	a не равно́ b		
$a\approx b$	a приме́рно (приближённо) равно́ b	$a=\dfrac{\frac{b}{c}}{\frac{d}{e}}=\dfrac{be}{cd}$	a равно́ отноше́нию b, поделённого на c к d, поделённому на e, равно́ (равня́ется) отноше́нию произведе́ния be к произведе́нию cd.
$a>b$	a бо́льше b; a бо́льше, чем b		
$a<b$	a ме́ньше b; a ме́ньше, чем b		
$\dfrac{1\times 100}{15}=6\dfrac{2}{3}\approx 6{,}66$	едини́ца, умно́женная на сто и поделённая на пятна́дцать, составля́ет шесть и две тре́ти, или прибли́зительно шесть це́лых и шестьдеся́т шесть со́тых.	$<$	значи́тельно ме́ньше (ма́ло) по сравне́нию *с чем*
		$|a|$	абсолю́тная величина́ числа́ a
		$\log_b$	логари́фм при основа́нии b
		lg	десяти́чный логари́фм
		ln	натура́льный логари́фм
		!	факториа́л; факульте́т
$a+b=c$	a плюс b равно́ (бу́дет) c	$\perp$	перпендикуля́рно *к чему*
$a-b=c$	a ми́нус b равно́ (равня́ется) c	//	паралле́льно *чему*
$35+16=51$	три́дцать пять плюс (приба́вить) шестна́дцать бу́дет (соста́вит) пятьдеся́т оди́н (равня́ется (равно́) пяти́десяти одному́).	#	равно́ и паралле́льно
		⌣	подо́бно *чему*
		△	треуго́льник
		∠	у́гол
		⌒	дуга́
$64-17=47$	шестьдеся́т четы́ре ми́нус (отня́ть; вы́честь) семна́дцать бу́дет (соста́вит) со́рок семь (равно́ (равня́ется) сорока́ семи́).	sin	си́нус
		cos	ко́синус
		tan, tg	та́нгенс
		ctn, cot	кота́нгенс
		sec, sc	се́канс
		csc	косе́канс
x^2	икс квадра́т; икс в квадра́те; икс в сте́пени два; икс во второ́й сте́пени	lim	преде́л; лими́т
		→	стреми́тся к *чему*
		$\sum\limits_{i=1}^{n}$	су́мма, где i изменя́ется от 1 до n
x^3	икс куб; икс в ку́бе; икс в сте́пени три; икс в тре́тьей сте́пени	Δ	прираще́ние
		d	дифференциа́л
10^{-6}	де́сять в сте́пени ми́нус шесть	$\int_a^b$	определённый интегра́л от ни́жнего преде́ла a до ве́рхнего преде́ла b
$\sqrt{a}$	ко́рень квадра́тный из a		
$\sqrt[3]{y}$	ко́рень куби́ческий из y		
$\sqrt[4]{c}$	ко́рень четвёртой сте́пени из c	8°C	во́семь гра́дусов по Це́льсию
≤	ме́ньше или равно́	2 км/ч	два киломе́тра в час
≥	бо́льше или равно́	1′ 12″	одна́ мину́та двена́дцать секу́н

약어 · 약자

a ампе́р
абс. ед. абсолю́тная едини́ца
авг. а́вгуст
авт. автоно́мный
АЗЛК автомоби́льный заво́д и́мени Ле́нинского комсомо́ла
АЗС автозапра́вочная ста́нция
акад. акаде́мик
акц. акционе́рый
АЛС автомати́ческая лу́нная ста́нция
АМН Акаде́мия медици́нских нау́к СССР
АМС автомати́ческая межплане́тная ста́нция
АН Акаде́мия Нау́к
АН [án] самолёт констру́кции О.К. Анто́нова
Ан [án] 同上.
АО автоно́мная о́бласть
АОН [aón] Акаде́мия обще́ственных нау́к при ЦК КПСС
АПН аге́нство печа́ти Но́вости; Акаде́мия педагоги́чеких нау́к РСФСР
апр. апре́ль
АПУ [apú] архитекту́рно-плани́ровочное управле́ние
а-сек ампе́р-секу́нда
АСиА [as'iá] Акаде́мия строи́тельства и архитекту́ры
АССР автоно́мная сове́тская социалисти́ческая респу́блика
АСУ [asú] автоматизи́рованная систе́ма управле́ния
АСУП [asúp] автоматизи́рованная систе́ма управле́ния произво́дством
ат атмосфе́ра техни́ческая
ат. в. а́томный вес
атм. атмосфе́рный
атм. атмосфе́ра физи́ческая
АТС автомати́ческая телефо́нная ста́нция
АХ [áx] Акаде́мия худо́жеств
АХО [axó] администрати́вно-хозя́йственный отде́л
АХУ [axú] администрати́вно-хозя́йственное управле́ние
АХЧ администрати́вно-хозя́йственная часть
а-ч ампе́р-час
АЭС [aés] а́томная электроста́нция
басс. бассе́йн
БелАЗ [b'eláz] Белору́сский автомоби́льный заво́д
б-ка библиоте́ка

БМРТ большо́й морози́льный рыболо́вный тра́улер
БНТИ бюро́ нау́чно-техни́ческой информа́ции
бр. бра́тья
БРИЗ [br'íz] бюро́ по рационализа́ции и изобрета́тельству
БССР Белору́сская Сове́тская Социалисти́ческая Респу́блика
БСЭ Больша́я сове́тская энциклопе́дия
БТИ бюро́ техни́ческой информа́ции
БТЭИ [betei] бюро́ те́хнико-экономи́ческой информа́ции
б. ч. бо́льшей ча́стью
быв. бы́вший
Бэв Биллио́н (миллиа́рд) электро́н-вольт
БЭР [bér] биологи́ческий эквиьале́нт рентге́на
БЭСМ [bésm] быстроде́йствующая электро́нная счётная маши́на
в. век
В. восто́к
в вольт
ва вольт-ампе́р
ВАЗ [váz] Во́лжский автомоби́льный заво́д
ВАК [vák] Вы́сшая аттестацио́нная коми́ссия
ВАО [váo] всесою́зное акционе́рное о́бщество
ВАСХНИЛ [vasxn'íl] Всесою́зная акаде́мия сельскохозя́йственных нау́к и́мени В. И. Ле́нина
вв. века́
ВВС вое́нно-возду́шные си́лы
ВВФ вое́нно-возду́шный флот
ВГИК [vg'ík] Всесою́зный госуда́рственный институ́т кинематогра́фии
в. д. восто́чная долгота́
ВДВ воздуходеса́нтные войска́
ВДНХ Вы́ставка достиже́ний наро́дного хозя́йства СССР
вет. ветерина́рный
ВИНИТИ [v'in'it'í] Всесою́зный институ́т нау́чной и техни́ческой информа́ции
ВКК враче́бно-консультацио́нная коми́ссия
вкл. включи́тельно
ВКП(б) Всесою́зная Коммунисти́ческая па́ртия (большевико́в) (1925-1952)
ВЛКСМ Всесою́зный Ле́нинский Коммунисти́ческий Сою́з Молодёжи
ВМС вое́нно-морски́е си́лы

ВМФ военно-морской флот
ВНИИ [vn'ii] всесоюзный научно-исследовательский институт
ВНИПИ [vn'ip'i] всесоюзный научно-исследовательский и проектный институт
ВНР Венгерская Народная Республика
ВО военный округ; всесоюзное объединение
возв. возвышенность
ВОКС [vóks] Всесоюзное общество культурных связей с заграницей (1925-1958)
вол. волость
вост. восточный
ВОХР [vóxr] военизированная охрана
ВПШ Высшая партийная школа при ЦК КПСС
врид временно исполняющий должность
врио временно исполняющий обязанности
ВРК военно-революционный комитет
ВСМ Всемирный Совет Мира
ВСНХ Высший совет народного хозяйства (1917-1932)
ВСНХ СССР Высший совет народного хозяйства СССР (1963-1965)
вт ватт
ВТО Всероссийское театральное общество
вт-сек ватт-секунда
в т. ч. в том числе
вт-ч ватт-час
ВТЭК [vték] врачебно-трудовая экспертная комиссия
ВУС [vús] военно-учётная специальность
ВФДМ Всемирная федерация демократической молодёжи
ВФП Всемирная федерация профсоюзов
ВХУТЕИН [vxuteín] Высший государственный художественно-технический институт (1926-1930)
ВХУТЕМАС [vxutemás] Высшие государственные художественно-технические мастерские (1921-1926)
ВЦ вычислительный центр
ВЦИК [vts'ík] Всероссийский Центральный Исполнительный Комитет (1917-1937)
ВЦСПС Всесоюзный Центральный Совет Профессиональных Союзов
ВЧ высокая частота; высокочастотный
ВЧК Всероссийская чрезвычайная комиссия по борьбе с контрреволюцией и саботажем (1917-1922)
вып. выпуск
выс. высота

г. год; гора; город; господин
г грамм
га гектар
ГАБТ [gábt] Государственный академический Большой театр
ГАЗ [gáz] Горьковский автомобильный завод
ГАИ [gaí] государственная автомобильная инспекция
гвт гектоватт
гвт-ч гектоватт-час
ГВФ Гражданский воздушный флот СССР
гг. годы
ГДР Германская Демократическая Республика
ген. генерал; генеральный
ген.-л. генерал-лейтенант
ген.-м. генерал-майор
ген.-полк. генерал-полковник
г-жа госпожа
ГИТИС [g'ít'is] Государственный институт театрального искусства имени А. В. Луначарского
ГК Гражданский кодекс
ГКО Государственный Комитет Обороны (1941-1945)
гл. глава
гл гектолитр
гл. обр. главным образом
г-моль грамм-молекула
гн генри
г-н господин
ГНИИ [gn'ií] государственный научно-исследовательский институт
ГО гражданская оборона
гос. государственный
ГОСТ [góst] государственный общесоюзный стандарт
ГОЭЛРО [goelró] Государственная комиссия по электрификации России (1920)
ГПИ государственный педагогический институт
ГПК Гражданский процессуальный кодекс
ГПТУ городское профессионально-техническое училище
ГПУ Государственное политическое управление (1922)
гр. гражданин; гражданка
ГРУ Главное разведывательное управление
ГРЭС [grés] государственная районная электростанция
ГСКБ государственное специальное конструкторское бюро
ГСП городская служебная почта
ГТО «Готов к труду и обороне СССР»
губ. губерния

ГУМ [gúm] Государственный универсальный магазин
гц герц
г-экв грамм-эквивалент
ГЭС [gés] гидроэлектростанция
д. деревня; дом
дб децибел
ДВ длинные волны; длинноволновый
дг дециграмм
дек. декабрь
ден. денежный
деп. депутат
дер. деревня
дес. десятник
дж джоуль
ДК Дворец культуры; Дом культуры
дкг декаграмм
дкл декалитр
дл. длина
дл децилитр
дм дециметр
ДНД Добровольная народная дружина
ДОЗ [dóz] деревообрабатывающий завод
ДОК [dók] деревообрабатывающий комбинат
долг. долгота
долл. доллар
до н. э. до нашей эры
ДОСААФ [dosáf] Всесоюзное Краснознамённое добровольное общество содействия армии, авиации и флоту
доц. доцент
д-р директор; доктор
др. дробь; другие
ДРВ Демократическая Республика Вьетнам
ДСК домостроительный комбинат
ДСО [deseó] добровольное спортивное общество
ед. ч. единственное число
ЕЭС [jeés] Европейское экономическое сообщество; единая энергетическая система
ж. женский; жители
ЖАКТ [zákt] жилищно-арендное кооперативное товарищество
ЖБИ железобетонные изделия
ЖБК железобетонные конструкции
ж.д. железная дорога
ж.-д. железнодорожный
жел. железный
жен. женский
ЖКО жилищно-коммунальный отдел
ЖЭК [zék] жилищно-эксплуатационная контора
З. запад
ЗАГС [zágs] отдел записи актов гражданского состояния
ЗАЗ [záz] Запорожский автомобильный завод
зал. залив
зап. западный
з-д завод
з. д. западная долгота
ЗЖБИ завод железобетонных изделий
ЗЖБК завод железобетонных конструкций
ЗИЛ [z'íl] Московский автомобильный завод имени И. А. Лихачёва
ЗИМ [z'ím] Горьковский автомобильный завод имени Молотова
ЗИП [z'íp] завод измерительных приборов
ЗИС Московский автомобильный завод имени Сталина
ЗСФСР Закавказская Социалистическая Федеративная Советская Республика (1922–1936)
ИВЦ информационно-вычислительный центр
и др. и другие
изд. издание
изд-во издательство
ИККИ [ikk'í] Исполнительный комитет Коммунистического Интернационала (1919–1943)
ИЛ [il] самолёт конструкции С. В. Ильюшина
Ил [il] 同上
им. имени
ИМЛ [imél] Институт марксизма-ленинизма при ЦК КПСС
инж. инженер; инженерный
ин-т институт
ИНТИ [int'í] институт научно-технической информации
и. о. исполняющий обязанности
и пр. и прочие
ИСЗ искусственный спутник Земли
ИСЛ искусственный спутник Луны
и т. д. и так далее
и т. п. и тому подобное
ИТР инженерно-технические работники
к. комната; копейка
к кило; кулон; кюри
°К температура по Кельвину
кав. кавалерия; кавалерийский
кал калория
кам. каменный
КамАЗ [kamáz] Камский автомобильный завод
канд. кандидат
КБ конструкторское бюро
КБО комбинат бытового обслуживания
кв короткие волны
кв. квадратный; квартира
кв киловольт
ква киловольт-ампер

КВН Клуб весёлых и находчивых
квт киловатт
квт-ч киловатт-час
КВЦ координационно-вычислительный центр
кг килограмм
кГ килограмм-сила
КГБ Комитет государственной безопасности при Совете Министров
кГм килограммометр
кгц килогерц
кдж килоджоуль
КЗобСиО [kzobs'ió] Кодекс законов о браке, семье и опеке
КЗоТ [kzót] Кодекс законов о труде
КзоТ [kzót] 同上
КИП [k'ip] комплект измерительных приборов; контрольно-измерительные приборы
ккал килокалория
кл. класс; клуб
кл килолитр
КЛА [klá] космический летательный аппарат
км километр
км/мин километров в минуту
КМО [kmó] Комитет молодёжных организаций СССР
км/сек километров в секунду
км/час километров в час
кн. книга; князь
КНДР Корейская Народно-Демократическая Республика
КНИИ [kn'ií] комплексный научно-исследовательский институт
КНР Китайская Народная Республика
коп. копейка
коэф. коэффициент
КП командный пункт; Коммунистическая партия; контрольный пункт
КПД коэффициент полезного действия
кпд 同上
КПП контрольно-пропускной пункт
КПСС Коммунистическая партия Советского Союза
КрАЗ [kráz] Кременчугский автомобильный завод
к-т комбинат; комитет
к-та кислота
куб. кубический
КУТВ [kútv] Коммунистический университет трудящихся Востока (1921–1932)
кэв килоэлектрон-вольт
КЭЧ [kéʧ'] квартирно-эксплуатационная часть
л. лист; лицо
л литр
Л. Ленинград
ЛГУ Ленинградский государственный университет имени А.А. Жданова
ЛДК лесопильно-деревообрабатывающий комбинат
лев. левый
ЛЗС лесозащитная станция
лк люкс
ЛКСМ Ленинский Коммунистический Союз Молодёжи
лл. листы
лм люмен
л. с. лошадиная сила
ЛЭП [lép] линия электропередачи
м. майор; масштаб; минута; море; мост; мужской; мыс
м метр
М. Москва
МАЗ [máz] Минский автомобильный завод
МАИ [mai] Московский авиационный институт имени С. Орджоникидзе; Московский архитектурный институт
макс. максимальный
мб миллибар
МБР межконтинентальная баллистическая ракета
мв милливольт
МВД Министерство внутренних дел
м-во министерство
мвт милливатт
Мвт мегаватт
МВТ Министерство внешней торговли
МВТУ Московское высшее техническое училище имени Н. Э. Баумана
мг миллиграмм
МГК Московский городской комитет
МГУ Московский государственный университет имени М. В. Ломоносова
Мгц мегагерц
МДФЖ Международная демократическая федерация женщин
мес. месяц
МЖС машинно-животноводческая станция
МИГ [m'íg] самолёт конструкции А. И. Микояна и М. И. Гуревича
Миг [m'íg] 同上
МИД [m'íd] Министерство иностранных дел
мин. министр; минута
мк микрон
МК Московский (областной) комитет
мка микроампер
мкв микровольт
мквт микроватт
мкгн микрогенри
мкс максвелл
мксек микросекунда
мкф микрофарада
мл. младший
мл миллилитр
млн. миллион

млрд. миллиа́рд
мм миллиме́тр
ММС маши́нно-мелиорати́вная ста́нция
мн. мно́жественное (число́)
мн-к многоуго́льник
МНР Монго́льская Наро́дная Респу́блика
МОК [mók] Междунаро́дный олимпи́йский комите́т; Моско́вский областно́й комите́т
МОЛГК [moelgeká] Моско́вская о́рдена Ле́нина Госуда́рственная консервато́рия и́мени П. И. Чайко́вского
мор. морско́й
МПВО ме́стная противовозду́шная оборо́на
МПС Министе́рство путе́й сообще́ния
МРС ма́лый рыболо́вный се́йнер
МРТ ма́лый рыболо́вный тра́улер
МРТУ межреспублика́нские техни́ческие усло́вия
м/сек ме́тров в секу́нду
МСЭ Ма́лая сове́тская энциклопе́дия
МТС маши́нно-тра́кторная ста́нция (1928-1958)
МТФ моло́чно-това́рная фе́рма
МУР [múr] Моско́вский уголо́вный ро́зыск
МХАТ [mxát] Моско́вский Худо́жественный акадеии́ческий теа́тр СССР и́мени М. Го́рького
МХТ Моско́вский Худо́жественный теа́тр (1898-1920)
м/час ме́тров в час
МЭИ [meí] Моско́вский энергети́ческий институ́т
н ньюто́н
наб. на́бережная
напр. наприме́р
нар. наро́дный
нас. населе́ние
наст. настоя́щее (вре́мя); настоя́щий
НАТО [náto] Организа́ция Се́веро-атланти́ческого догово́ра (<NATO)
нац. национа́льный
нач. нача́ло; нача́льник
НВЦ нау́чно-вычисли́тельный центр
неск. не́сколько
НЗ неприкоснове́нный запа́с
ниж. ни́жний
низм. ни́зменность
НИИ [n'íi] нау́чно-иссле́довательский институ́т
НИИТЭ [n'iité] Нау́чно-иссле́довательский институ́т те́хнико-экономи́ческой информа́ции
НИС [n'ís] нау́чно-иссле́довательская ста́нция; нормати́вно-иссле́довательская ста́нция
НКВД Наро́дный комиссариа́т вну́тренних дел (1917-1946)
н.о. национа́льный о́круг
НОВ [nóv] несто́йкие отравля́ющие вещества́
НОТ [nót] нау́чная организа́ция труда́
нояб. ноя́брь
НП наблюда́тельный пункт
НРА Наро́дная Респу́блика Алба́ния
НРБ Наро́дная Респу́блика Болга́рия
н. с. но́вого сти́ля
НСО нау́чное студе́нческое о́бщество
н. ст. но́вого сти́ля
НТБ нау́чно-техни́ческая библиоте́ка; нау́чно-техни́ческое бюро́
НТК нау́чно-техни́ческий комите́т
НТО нау́чно-техни́ческий отде́л; нау́чно-техни́ческое о́бщество
НТС нау́чно-техни́ческий сове́т
НЧ ни́зкая частота́; низкочасто́тный
н. э. на́шей э́ры
НЭП [nép] но́вая экономи́ческая поли́тика (1921-1928)
о. о́бласть; о́стров
об-во о́бщество
обл. о́бласть; областно́й
ОБХСС [obexeés] отде́л борьбы́ с хище́ниями социалисти́ческой со́бственности и спекуля́цией
ОВ огнеопа́сное вещество́; отравля́ющее вещество́
о-ва острова́
ОВИР [ov'ír] отде́л виз и регистра́ции иностра́нцев
о-во о́бщество
ОГИЗ [og'íz] Объедине́ние госуда́рственных изда́тельств (1930-1949)
ОГПУ Объединённое госуда́рственное полити́ческое управле́ние (1922-1934)
оз. о́зеро
ОИЯИ Объединённый институ́т я́дерных иссле́дований
ок. о́коло
ОКБ обще́ственное констру́кторское бюро́; о́пытно-констру́кторское бюро́; осо́бое констру́кторское бюро́
окр. о́круг; окружно́й
ОКС [óks] отде́л капита́льного строи́тельства
окт. октя́брь
ОНО [onó] отде́л наро́дного образова́ния
ОНТИ [ont'í] отде́л нау́чно-техни́ческой информа́ции
ООН [oón] Организа́ция Объединённых На́ций
орг. организацио́нный
ОРС отде́л рабо́чего снабже́ния
ОРУД [orúd] отде́л регули́рования у́личного движе́ния
отд. отде́л; отделе́ние; отде́льный

ОТК отдел технического контроля
офиц. официальный
ОФП общефизическая подготовка
п. падеж ; параграф ; посёлок ; пункт
ПАЗ [páz] противоатомная защита
ПВО противовоздушная оборона
ПВХО противовоздушная и противохимическая оборона
пед. педагогический
пер. перевал ; перевод ; переулок
ПКБ проектно-конструкторское бюро
ПКиО парк культуры и отдыха
пл. площадь
ПНР Польская Народная Республика
п/о почтовое отделение
п-ов полуостров
пол. половина
полк. полковник
пос. посёлок
пр. премия ; проезд ; проспект ; прочие
прав. правый
пред. председатель
прим. примечание
пров. провинция
прол. пролив
пром. промышленный ; промышленность
проф. профессиональный ; профессор
ПТО противотанковая оборона ; профессионально-техническое обучение
ПТР противотанковое ружьё
ПТУ профессионально-техническое училище
ПХЗ противохимическая защита
р. река ; род ; рубль
р рентген
РАПП [rápp] Российская ассоциация пролетарских писателей (1925-1932)
РВ радиоактивные вещества
РГК резерв главного командования
рег. регистровый
ред. редактор ; редакция ; редакционный
реж. режиссёр
РЖ реферативный журнал
РЖО районный жилищный отдел
РЖУ районное жилищное управление
РКИ Рабоче-крестьянская инспекция (1920-1934)
РККА Рабоче-крестьянская Красная Армия (1918-1946)
РКП (б) Российская Коммунистическая партия (большевиков) (1918-1925)
р-н район
РОНО [ronó] районный отдел народного образования
РОСТА [rósta] Российское телеграфное агентство (1918-1935)
РОЭ [róe] реакция оседания эритроцитов

РСДРП Российская социал-демократическая рабочая партия (1898-1912)
РСДРП (б) Российская социал-демократическая рабочая партия (большевиков) (1912-1918)
РСФСР Российская Советская Федеративная Социалистическая Республика
РТС ремонтно-техническая станция
РТУ республиканские технические условия
с. секунда ; село ; страница
С. север
СА Советская Армия
САМ [sám] счётно-аналитическая машина
сан. санитарный
сб. сборник
св. свыше ; святой
св свеча
СВ средние волны ; средневолновый
с.-в. северо-восток ; северо-восточный
СВЧ сверхвысокая частота
с. г. сего года
сг сантиграмм
СГС сантиметр-грамм-секунда
с.-д. социал-демократ ; социал-демократический
СЕАТО [seáto] Организация договора Юго-восточной Азии (<SEATO)
сев. северный
сек. секунда
сек 同上
сент. сентябрь
СЕНТО [sénto] Организация Центрального договора (<CENTO)
сер. середина
СЗ Собрание законов СССР
с.-з. северо-запад ; северо-западный
СКА [ská/eská] спортивный клуб армии
СКБ специальное конструкторское бюро
СКТБ специальное конструкторско-технологическое бюро
след. следующий
см. смотри
см сантиметр
СМУ [smú] строительно-монтажное управление
СНиП [sn'íp] Строительные нормы и правила
СНК ·Совет Народных Комиссаров (1917-1946)
СНХ совет народного хозяйства (1957-1965)
СОВ [sóv] стойкие отравляющие вещества
СОКК и КП [sòk-i-kapé] Союз обществ Красного Креста и Красного Полумесяца СССР

соч. сочине́ние
СП Се́верный по́люс ; Сою́з писа́телей ; стрелко́вый полк
СПБ Санкт-Петербу́рг
СПб 同上
ср. сравни́
СРР Социалисти́ческая Респу́блика Румы́ния
СРТ сре́дний рыболо́вный тра́улер
ССР Сове́тская Социалисти́ческая Респу́блика
СССР Сою́з Сове́тских Социалисти́ческих Респу́блик
ст стокс
ст. ста́нция ; ста́рший ; статья́
СТК спорти́вно-техни́ческая коми́ссия
СТО [stó] Сове́т труда́ и оборо́ны (1920-1937)
стр. страни́ца
ст. ст. ста́рого сти́ля
СФРЮ Социалисти́ческая Федерати́вная Респу́блика Югосла́вия
с. х. се́льское хозя́йство
с.-х. сельскохозя́йственный
СЦБ сигнализа́ция, централиза́ция и блокиро́вка
с. ш. се́верная широта́
США [sʃá/seʃá] Соединённые Шта́ты Аме́рики
СЭВ [sev] Сове́т экономи́ческой взаимопо́мощи
т. тира́ж ; това́рищ ; том ; ты́сяча
т то́нна
табл. табли́ца
ТАСС [táss] Телегра́фное аге́нтство Сове́тского Сою́за
ТВЧ то́ки высо́кой частоты́
т. д. так да́лее
т. е. то есть
т. к. так как
т. н. так называ́емый
т. о. таки́м о́бразом
тов. това́рищ
т. п. тому́ подо́бное
т. пл. температу́ра плавле́ния
тт. това́рищи ; тома́
ТУ [tú] самолёт констру́кции А.Н. Ту́полева
ТЭС [tés] теплоэлектроста́нция
ТЭЦ [téts] теплоэлектроцентра́ль
ТЮЗ [t'úz] теа́тр ю́ного зри́теля
у. уе́зд ; уе́здный
УВЧ ультравысо́кая частота́ ; ультравысокочасто́тный
уд. в. уде́льный вес
УК Уголо́вный ко́декс
УКВ ультракоро́ткие во́лны ; ультракоротковолно́вый
ул. у́лица
ун-т университе́т
УПК Уголо́вно-процессуа́льный ко́декс
ур. м. у́ровень мо́ря
ур-ние уравне́ние
УРС [úrs] управля́емый реакти́вный снаря́д
УССР Украи́нская Сове́тская Социалисти́ческая Респу́блика
ф. фо́рма ; фунт ; фут
ф фара́да
февр. февра́ль
ФЗК фабри́чно-заводско́й комите́т
ФЗМК фабри́чно-заводски́е и ме́стные комите́ты
ФЗО фабри́чно-заводско́е обуче́ние
ФЗУ фабри́чно-заводско́е учени́чество (1918-1960)
фр. франк ; францу́зский
ФРГ Федерати́вная Респу́блика Герма́нии
ф. ст. фунт сте́рлингов
ф-т факульте́т
х-во хозя́йство
хоз. хозя́йство ; хозя́йственный
хр. хребе́т
худ. худо́жник
ц. центр
ц це́нтнер
ЦБНТИ центра́льное бюро́ нау́чно-техни́ческой информа́ции
ЦБТИ центра́льное бюро́ техни́ческой информа́ции
ЦВМ цифрова́я вычисли́тельная маши́на
ЦГАДА [tsgáda] Центра́льный госуда́рственный архи́в дре́вних а́ктов СССР
ЦДКЖ Центра́льный дом культу́ры железнодоро́жников
ЦДРИ Центра́льный дом рабо́тников иску́сств СССР
ЦДСА [tsedesá] Центра́льный дом Сове́тской А́рмии и́мени М.В. Фру́нзе
ЦИК [tsik] Центра́льный Исполни́тельный Комите́т СССР (1924-1937) ; центра́льный исполни́тельный комите́т
ЦК Центра́льный Комите́т
ЦКБ центра́льное констру́кторское бюро́
ЦКК Центра́льная контро́льная коми́ссия
ЦКТБ центра́льное констру́кторское техни́ческое бюро́
ЦНИИ [tsn'íi] центра́льный нау́чно-иссле́довательский институ́т
ЦНИИП [tsn'íip] центра́льный нау́чно-иссле́довательский и прое́ктный институ́т
ЦНИЛ [tsn'íl] центра́льная нау́чно-иссле́довательская лаборато́рия
ЦНИС [tsn'ís] центра́льная нормати́вно-иссле́довательская ста́нция

ЦНТБ центра́льная нау́чно-техни́ческая библиоте́ка
ЦО центра́льный о́рган
ЦПКБ центра́льное прое́ктно-констру́кторское бюро́
ЦПКиО центра́льный парк культу́ры и о́тдыха
ЦПКТБ центра́льное прое́ктно-констру́кторское и технологи́ческое бюро́
ЦРУ Центра́льное разве́дывательное управле́ние (США)
ЦС Центра́льный сове́т
ЦСКА [ʦeeská] Центра́льный спорти́вный клуб А́рмии
ЦСУ [ʦeseú/tseesú] Центра́льное стати́стическое управле́ние
ЦУМ [ʦum] Центра́льный универса́льный магази́н
ЦЧО Центра́льно-чернозёмная о́бласть
ч. час ; часть ; челове́к ; число́
ЧК Чрезвыча́йная коми́ссия по борьбе́ с контрреволю́цией и сабота́жем (1918-1922)
чл. член
чл.-кор. член-корреспонде́нт
ЧП чрезвыча́йное происше́ствие
ЧССР Чехослова́цкая Социалисти́ческая Респу́блика
шилл. шилли́нг
шир. ширина́
шт. штат ; шту́ка
э эрсте́д
эв электро́н-вольт
ЭВМ электро́нная вычисли́тельная маши́на
эдс электродви́жущая си́ла
ЭКГ электрокардиогра́мма
экз. экземпля́р
ЭЦВМ электро́нная цифрова́я вычисли́тельная маши́на
Ю. юг
ЮАР [juár] Ю́жно-Африка́нская Респу́блика
ю.-в. юго-восто́к ; юго-восто́чный
юж. ю́жный
ю.-з. юго-за́пад ; юго-за́падный
ЮНЕСКО [junésko] Организа́ция Объединённых На́ций по вопро́сам образова́ния, нау́ки и культу́ры (<UNESCO)
ю.ш. ю́жная широта́
ЯК [ják] самолёт констру́кции А. С. Я́ковлева
Як [ják] 同上
янв. янва́рь

지명(地名) ГЕОГРАФИЧЕСКИЕ НАЗВАНИЯ

Австра́лия 호주(濠洲).
А́встрия 오스트리아.
Адди́с-Абе́ба 아디스 아바바.
А́ден 아덴.
Адриати́ческое мо́ре 아드리아 해.
Азербайджа́н 아제르바이잔.
А́зия 아시아.
Азо́вское мо́ре 아조프해.
Алба́ния 알바니아.
Алеу́тские острова́ 알류산열도.
Алжи́р 알제리아.
Алма́-Ата́ 알마 아따.
Алма́зные го́ры(Кымганса́н) 금강산.
Алта́й 알따이.
А́льпы 알프스 산맥.
Аля́ска 알라스카.
Амазо́нка 아마존강.
Аме́рика 미국.
Амма́н 암만.
Амнокка́н(Ялуцзя́н) 압록강.
Амстерда́м 암스테르담.
Аму́-Дарья́ 아무 다리야강.
Аму́р 흑룡강.
Ангара́ 안가라강.
А́нглия 영국.
А́нды 안데스산맥.
Анкара́ 앙카라.
Антаркти́да 남극 주, 남극지대.
Анта́рктика 남극 지방.
Апенни́ны 아페닝 산맥.
Ара́вия 아라비아.
Ара́льское мо́ре 아랄해.
Аргенти́на 아르젠티나.
А́рктика 북극 지방.
Арме́ния 아르메니아.
Арха́нгельск 아르한겔스크.
А́страхань 아스트라한.

Асунсьо́н 아순시온.
Атланти́ческий океа́н 대서양.
Афганиста́н 아프가니스탄.
Афи́ны 아테네.
А́фрика 아프리카.
Ашхаба́д 아쉬하바드.
Бага́мские острова́ 바하마제도.
Багда́д 바그다드.
Байка́л 바이깔호(湖).
Баку́ 바쿠.
Балка́нский полуо́стров 발칸 반도.
Балка́ны 발칸 산맥.
Балти́йское мо́ре 발틱해.
Бангко́к 방콕.
Банду́нг 반둥.
Ба́ренцово мо́ре 바렌쯔해.
Барсело́на 바르셀로나.
Бату́ми 바투미.
Бейру́т 베이루트.
Белгра́д 벨그라드.
Бе́лое мо́ре 백해.
Белору́ссия 백러시아.
Бе́льгия 벨기에.
Бе́рингово мо́ре 베링해.
Бе́рингов проли́в 베링 해협.
Берли́н 베를린.
Берму́дские острова́ 버뮤다제도.
Берн 베른.
Би́рма 버어마.
Бли́жний Восто́к 근동(近東).
Болга́рия 불가리아.
Боли́вия 볼리비아.
Бомбе́й 봄베이.
Бонн 본.
Борне́о 보르네오.
Босто́н 보스톤.

Босфо́р 보스포러스 해협.
Брази́лия 브라질.
Брюссе́ль 브뤼셀.
Будапе́шт 부다페스트.
Бухаре́ст 부카레스트.
Буэ́нос-А́йрес 부에노스 아이레스.
Варша́ва 바르샤바.
Ватика́н 바티칸
Вашингто́н 워싱톤.
Великобрита́ния 영국.
Ве́на 비인.
Ве́нгрия 항가리.
Венесуэ́ла 베네주엘라.
Вене́ция 베네치아.
Ви́льнюс 빌리뉴스.
Владивосто́к 블라디보스톡.
Во́лга 볼가강.
Вонса́н 원산.
Восто́чно-Кита́йское мо́ре 동청해(東淸海).
Вьетна́м 월남.

Гаа́га 헤이그.
Габо́н 가봉.
Гава́и, Гава́йские острова́ 하와이 군도.
Га́ити 하이티.
Гава́на 하바나.
Га́на 가나.
Га́мбия 갬비아.
Га́мбург 함부르크
Гватема́ла 과테말라.
Гданск 그단스크.
ГДР см. Герма́нская Демократи́ческая Респу́блика. 동독.
Герма́ния 독일.
Гибралта́рский проли́в 지부랄탈 해협.
Гимала́и 히말라야 산맥
Гири́н 길림(吉林).
Го́би 고비 사막.
Голла́ндия 화란.

Гондура́с 혼두라스.
Гонко́нг 홍콩(香港).
Гренла́ндия 그린랜드.
Гре́ция 그리이스.
Гру́зия 그루지야.
Гуанси́ 광서성(廣西省).
Гуйчжо́у 귀주성(貴州省).

Да́льний 대련(大連).
Да́льний Восто́к 극동(極東).
Дама́ск 다마스커스.
Да́ния 덴마아크.
Де́ли 뉴 델리.
Детро́йт 디트로이트.
Джака́рта 쟈카르타.
Днепр 드녜쁘르강.
Домини́канская Респу́блика 도미니카 공화국.
Дон 돈강.
Донба́сс 돈바쓰.
Ду́блин 더블린.
Дуна́й 다뉴브강.
Душанбе́ 두샨베.
Дю́ссельдорф 뒤셀도르프.

Евро́па 유럽.
Еги́пет 이집트.
Енисе́й 예니쎄이강.
Ерева́н 예레반.

Жёлтое мо́ре 황해.
Жене́ва 제네바.

За́мбия 잠비아.
За́падный Ириа́н 서부 아리안.

Иерусели́м 예루살렘.
Изра́иль 이스라엘.
Инди́йский океа́н 인도양.
И́ндия 인도(印度).
Индокита́й 인도 지나.
Индоне́зия 인도네시아.
Инчо́н 인천.
Иорда́ния 요르단.

Ира́к 이라크.
Ира́н 이란.
Ирла́ндия 아일랜드.
Ирты́ш 이르뜨쉬강.
Исла́ндия 아이슬랜드.
Испа́ния 서반아.
Ита́лия 이태리.
Йе́мен 예멘.
Йокога́ма 요꼬하마(橫賓)
Йоха́ннесбург 요하네스버그.

Кабу́л 카불.
Кавка́з 까프까즈.
Казахста́н 까자흐스딴.
Каи́р 카이로.
Кальку́тта 캘커타.
Ка́ма 까마강.
Камбо́джа 캄보디아.
Камча́тка 캄차카 반도.
Кана́да 카나다.
Канбе́рра 캔베라.
Канвондо́ 강원도.
Кангé 강계.
Канто́н см. Гуанчжо́у.
Карака́с 카라카스.
Кара́чи 카라치.
Карпа́тские го́ры, Карпа́ты 까르빠드 산맥.
Ка́рское мо́ре 까르해.
Касабла́нка 카사블랑카.
Каспи́йское мо́ре 카스피해.
Катма́нду 카트만두.
Кашми́р 캐시미르.
Кванчжу́ 광주.
Квебе́к 퀴벡.
Кейпта́ун 케이프타운.
Кёльн 쿌른.
Кёнгидо́ 경기도.
Ке́ния 케냐.
Кёнсан-Намдо́ 경상남도.
Кёнсан-Пукто́ 경상북도.
Ки́ев 끼예프.
Кио́то 경도(京都).
Кипр 키프러스.

Кирги́зия 끼르기지아.
Кита́й 중국(中國)
Кита́йская Наро́дная Респу́блика 중공(中共).
Кишинёв 끼시뇨프.
КРН см. Кита́йская Наро́дная Респу́блика.
Ко́бе 고베(神戸).
Коло́мбо 콜롬보.
Колу́мбия 콜롬비아.
Ко́льский полуо́стров 꼴리반도.
Ко́нго 콩고강.
Копенга́ген 코펜하겐.
Коре́йский проли́в 대한해협.
Коре́я 한국.
Ко́ста-Ри́ка 코스타리카.
Кра́сное мо́ре 홍해.
Крым 크림.
Куа́ла-Лу́мпур 쿠알라룸프르.
Ку́ба 쿠바.
Куве́йт 쿠웨이트.
Кузба́сс 꾸즈바스.
Кури́льские острова́ 꾸릴열도, 천도열도.
Кымга́н 금강(錦江).
Кымганса́н (Алма́зные го́ры) 금강산.
Кэсо́н 개성.
Кю́сю 규슈(九州).

Ла-Ма́нш 라만쉬 해협.
Лао́с 라오스.
Ла-Па́с 라파스.
Ла́твия 라트비아.
Лати́нская Аме́рика 라틴 아메리카.
Ле́йпциг 라이프찌히.
Ле́на 레나강.
Ленингра́д 레닌그라드
Либе́рия 리베리아.
Лива́н 레바논.
Ли́вия 리비아.
Ли́ма 리마.

Лиссабо́н 리스본.
Литва́ 리트바.
Ло́ндон 런던.
Лос-А́нжелос 로스앤젤레스.
Люксембу́рг 룩셈부르그.

Мадагаска́р 마다가스카르섬.
Мадри́д 마드리드.
Мака́о 마카오.
Мала́йский архипела́г 말레이 군도.
Мала́йская Федера́ция 말레이 연방.
Ма́льта 말타.
Мани́ла 마닐라.
Маньчжу́рия 만주(滿州).
Маро́кко 모로코.
Марсе́ль 마르세이유.
Ме́ксика 멕시코.
Минск 민스크.
Миссиси́пи 미시시피강.
Миссу́ри 미주리강.
Мичига́н 미시간호.
Мозамби́к 모잠비크.
Молда́вия 몰다비야.
Мона́ко 모나코.
Монго́лия 몽고.
Монтевиде́о 몬테비데오.
Монтреа́ль 몬트리올.
Москва́ 모스크바.
Москва́ (река) 모스크바강.
Му́рманск 무르만스크.
Мю́нхен 뮌헨.

Нагаса́ки 나가사끼(長崎).
Наго́я 나고야(名古屋).
Нактонга́н 낙동강.
Нанки́н 남경(南京).
Неа́поль 나폴리.
Нева́ 네바강.
Не́ман 네만강.
Непа́л 네팔.

Нидерла́нды 화란(和蘭).
Никара́гуа 니카라구아.
Нил 나일강.
Нинся́ 영하성(寧夏省).
Но́вая Гвине́я 뉴기니아도(島).
Но́вая Зела́ндия 뉴질랜드.
Норве́гия 노르웨이.
Нью-Йо́рк 뉴욕.
Ню́рнберг 뉴른베르크.

Обь 오비강.
О́дер 오데르강.
Оде́сса 오데싸.
Ока́ 오까강.
Окина́ва 오끼나와.
Оксфо́рд 옥스포드.
Орино́ко 오리노코강.
О́сака 오사까(大阪).
О́сло 오슬로.
Отта́ва 오타와.
Охо́тское мо́ре 오호쯔크해.

Пакиста́н 파키스탄.
Палести́на 팔레스티나.
Пами́р 파미르 산맥.
Пана́ма 파나마.
Пана́мский кана́л 파나마운하.
Панмунджо́м 판문점(板門店).

Парагва́й 파라과이.
Пари́ж 파리.
Пеки́н 북경(北京).
Перси́дский зали́в 페르시아만.
Пе́ру 페루.
Пескадо́рские острова́ 팽호군도.
Пирене́и 피레네 산맥.
Пирене́йский полуо́стров 피레네 반도.
Пном-Пень 프놈펜.
По́льша 폴란드.

Порт-Артур 여순구(旅順口).
Португалия 포르투갈.
Потсдам 포츠담.
Прага 프라하.
Пусан 부산.
Пуэрто-Рико 푸에르토리코.
Пхёнан-Намдо́ 평안남도.
Пхёнан-Пукто́ 평안북도.
Пхеньян 평양.
Пэктусан 백두산.

Рангу́н 랑군.
Рейкьявик 라이갸비크.
Рейн 라인강.
Рига 리가.
Рим 로마.
Рио-де-Жане́йро 리오 데 쟈네이로.
Россия 러시아.
Румыния 루마니아.

Сайгон 사이공(현 호지명시).
Самоа 사모아제도.
Сан-Мари́но 산 마리노.
Сан-Сальвадо́р 산 살바도르.
Санто-Доминго 산토 도밍고.
Сант-Яго 산티아고.
Сан-Франциско 샌프란시스코.
Сан-Хосе 산호세.
Сан-Хуан 산후앙.
Сау́довская Ара́вия 사우디 아라비아.
Сахалин 사할린.
Сахара 사하라사막.
Свазиленд 스와질랜드.
Севастополь 세바스토폴.
Се́верный Ледови́тый океа́н 북빙양.
Сенегал 세네갈.
Сеул 서울.
Сиань 서안(西安).
Сибирь 시베리아.
Сидней 시드니.
Сингапур 싱가포르.

Сирия 시리아.
Сицилия 시실리섬.
Скалистые го́ры 로키산맥.
Скандинавия 스칸디나비아.
Скандина́вский полуо́стров 스칸디나비아 반도.
Сомали 소말리아.
Соннисан 속리산.
Сораксан 설악산.
Средиземное мо́ре 지중해.
Стамбул 이스탐불.
Стокго́льм 스톡홀름.
Судан 수단.
Суматра 수마트라섬.
Сунгари 송화강.
Суху́ми 수후미.
Суэцкий канал 스에즈운하.

Таджикистан 따직스탄.
Таила́нд 타이.
Таити 타이티.
Тайбэ́й 대북, 타이뻬이.
Тайвань 대만, 타이완.
Та́ллин 딸린.
Танзания 탄자니아.
Ташке́нт 타쉬켄트.
Тбилиси 트빌리시.
Тегеран 테헤란.
Тегусига́льпа 테구시갈파.
Тель-Авив 텔아비브.
Те́мза 템즈강.
Тибет 티벳.
Тирана 티라나.
Тихий океа́н 태평양.
То́го 토고.
То́кио 동경(東京).
Тонкинский залив 통킹만.
Торо́нто 토론토.
Тринидад и Тоба́го 트리니다드 토바고.
Триполи 트리폴리.
Тунис 튀니지
Туркмения 뚜르크멘.
Турция 터어키.

Тхэбэксáн 태백산.
Тэгý 대구.
Тэджóн 대전.
Тэдонгáн 대동강.
Тяньцзúнь 천진(天津).

Угáнда 우간다.
Узбекистáн 우즈베키스탄.
Украúна 우크라이나.
Улáн-Бáтор 울란바토르.
Улáн-Удэ́ 울란우데.
Уллындó 울릉도.
Урáл 우랄.
Урáльские горы 우랄산맥.
Уругвáй 우루구아이.
Уссурú 우수리강.
Ухáнь 무한(武漢).
Учáн 무창(武昌).
Уэ́ллингтон 웰링턴.
Уэ́льс 웨일즈.

Филадéльфия 필라델피아.
Филиппúны 필리핀.
Финля́ндия 핀란드.
Фúнский залúв 핀만.
Флорúда 플로리다.
Фрáнкфурт 프랑크푸르트.
Фрáнция 프랑스.
Фрýнзе 후룬제.

Хабáровск 하바로프스크.
Хайфóн 하이퐁.
Халласáн 한라산.
Хамгён-Намдó 함경남도.
Хамгён-Пуктó 함경북도.
Хангáн 한강.
Ханóй 하노이.
Харбúн 하르빈.
Хванхэдó 황해도.
Хéльсинки 헬싱키.
Хуанхэ́ 황하(黃河).
Хубэ́й 호북(湖北)
Хунáнь 호남(湖南).
Хэбэ́й 하남(河北).

Хэнáнь 하남(河南).

Цейлóн 실론섬.
Цзянсú 강서(江西).

Чанчýнь 장춘(長春).
Чеджудó 제주도.
Чёрное мóре 흑해.
Чехословáкия 체코슬로바키아.
Чикáго 시카고.
Чúли 칠레.
Чирисáн 지리산.
Чоллá-Намдó 전라남도.
Чоллá-Пукто 전라북도.
Чонджý 전주.
Чхонджý 청주.
Чхунчхóн 춘천.
Чхунчхон-Намдó 충청남도.
Чхунчхон-Пуктó 충청북도.

Шанхáй 상해(上海).
Шаньдýн 산동(山東).
Шаньсú 산서(山西).
Швейцáрия 스위스.
Швéция 스웨덴.
Шотлáндия 스코틀랜드.
Шри Лáнка 스리랑카.
Шэнья́н 심양(瀋陽).

Эверéст 에베레스트산.
Эгéйское мóре 에게해.
Эквадóр 에쿠아도르.
Эльба 엘베강.
Эр-Рия́д 리야드.
Эстóния 에스또니아.
Эфиóпия 이디오피아.

Югослáвия 유고슬라비아.
Южно-Китáйское мóре 남지나해.
Южный Пóлюс 남극.
Юкатáн 유카탄반도.
Юньнáнь 운남(雲南).
Ютлáндия 유틀란트 반도.

Я́ва 쟈바섬.
Я́лта 얄타.

Янцзы́ 양자강.
Япо́ния 일본.

편자자 최숭

한국외국어대학교 러시아어과(1971)
워싱턴주립대학교 소련 및 동구 지역학과(1979)
한국외국어대학교 강사, 충북대학교 사범대학 강사 등 (1981~)

예문으로 익히는 러한사전

2판 3쇄 발행 2019년 6월 24일
2판 3쇄 발행 2019년 7월 5일

편저자 최숭
펴낸이 서덕일
펴낸곳 도서출판 문예림

출판등록 1962.7.12 (제406-1962-1호)
주소 경기도 파주시 회동길 366 (10881)
전화 (02)499-1281~2 **팩스** (02)499-1283
대표전자우편 info@moonyelim.com
통합홈페이지 www.moonyelim.com
카카오톡 ("도서출판 문예림" 검색 후 추가)

디지털노마드의 시대, 문예림은 Remote work(원격근무)를 시행하고 있습니다.
우리는 세계 곳곳에 있는 집필진과 원하는 장소와 시간에 자유롭게 일합니다.
문의 사항은 카카오톡 또는 이메일로 말씀해주시면 답변드리겠습니다.

값 12,000원

ISBN 978-89-7482-037-4(31790)

잘못된 책이나 파본은 교환해 드립니다.
본 책은 저작권법에 의해 보호를 받는 저작물이므로 무단 전재와 복제를 금합니다.

순 서

차	P
А	1
Б	3
В	12
Г	32
Д	38
Е	50
Ж	52
З	54
И	64
К	71
Л	84
М	88
Н	97
О	108
П	123
Р	159
С	168
Т	196
У	205
Ф	213
Х	214
Ц	217
Ч	218
Ш	223
Щ	225
Э	225
Ю	227
Я	227
부록	231